工业生产计划与控制学习辅导

主编　余建国

北　京
冶　金　工　业　出　版　社
2022

内容提要

本书按照工业企业生产计划与控制中的计划决策递阶层次来组织有关计划与控制学习辅导内容的编写，主要内容包括绪论、企业制造战略、需求预测方法、综合生产计划 APP、主生产计划 MPS、物料需求计划 MRP、生产作业计划、精益生产管理、生产计划与控制系统开发、生产计划与控制新发展等共计 10 章的习题辅导。

本书可作为高等院校工业工程、管理科学与工程等专业本科生及研究生的学习辅导教材，也可供企业的工业工程师和生产管理人员学习使用。

图书在版编目(CIP)数据

工业生产计划与控制学习辅导/余建国主编．—北京：冶金工业出版社，2022.2

ISBN 978-7-5024-9033-1

Ⅰ.①工…　Ⅱ.①余…　Ⅲ.①工业生产计划—高等学校—教学参考资料　Ⅳ.①F402.1

中国版本图书馆 CIP 数据核字(2022)第 014623 号

工业生产计划与控制学习辅导

出版发行	冶金工业出版社	**电　　话**	(010)64027926
地　　址	北京市东城区嵩祝院北巷 39 号	**邮　　编**	100009
网　　址	www.mip1953.com	**电子信箱**	service@mip1953.com

责任编辑　杨盈园　美术编辑　燕展疆　版式设计　郑小利

责任校对　梁江凤　责任印制　禹　蕊

北京印刷集团有限责任公司印刷

2022 年 2 月第 1 版，2022 年 2 月第 1 次印刷

787mm×1092mm　1/16；13 印张；314 千字；198 页

定价 45.00 元

投稿电话　(010)64027932　投稿信箱　tougao@cnmip.com.cn

营销中心电话　(010)64044283

冶金工业出版社天猫旗舰店　yjgycbs.tmall.com

（本书如有印装质量问题，本社营销中心负责退换）

前 言

生产计划与控制课程是工业工程等专业的主干课程，主要包括生产管理绪论、企业制造战略、需求预测方法、综合生产计划、主生产计划、物料需求计划、生产作业计划、精益生产管理、生产计划系统开发和生产计划控制新发展等内容。通过课程学习将加深对工业企业生产计划与控制基本原理的理解，熟悉生产计划与控制的基本内涵、企业战略制定的基本方法；了解需求预测的内涵、需求预测的定性和定量方法；掌握企业各个层次计划的基本含义、年度综合生产计划、主生产计划、物料需求计划和车间作业计划的编制原理和控制方法及其相应的能力需求计划制定方法；得知精益生产的基本原理和生产计划与控制的发展趋势；能运用相关计划与控制知识分析解决企业计划与控制实际问题，具备较强的系统设计与开发综合能力。

生产计划与控制学习辅导教材是课程的学习配套用书，可作为工业工程等专业本科生和研究生的学习辅导用书，也可作为企业的工业工程师和生产管理人员的学习参考书。

本书在编写过程中参考的他人的研究成果，均列入书后的参考文献，在此一并表示感谢！同时本辅导教材得到江西理工大学本科教学工程项目（XZG-20-05-51）的资助，在此表示衷心的感谢！

鉴于作者能力水平限制，本书不足之处，欢迎读者指正和反馈。

作 者

2021 年 10 月

目　　录

1 绪论习题

1.1 对错判断题

（1）制造业的本质是从自然界直接提取所需的物品。（　　）
（2）服务业不仅不制造产品，往往还要消耗产品，因此服务业不创造价值。（　　）
（3）教师讲课不创造实体产品，他们从事的不是生产活动。（　　）
（4）有什么样的原材料就制造什么样的产品，是输入决定了输出。（　　）
（5）社会组织的所有输出都是对社会所做的贡献。（　　）
（6）加工装配式生产一般属于离散性生产方式。（　　）
（7）订货型生产的生产效率相对较低。（　　）
（8）订货型生产可能消除成品库存。（　　）
（9）订货型生产宜采用高效专用设备。（　　）
（10）备货型生产企业的产品大都是标准产品。（　　）
（11）制造性生产多是资本密集型的，而服务性运作通常是劳动密集型的。（　　）
（12）生产转换主要有时间转换、场所转换、形态转换等形式。（　　）
（13）飞机将旅客或货物运送到其他地方，这种产品或服务的效用称为生产的时间效用。（　　）
（14）纯服务业不能通过库存调节。（　　）
（15）运作管理一般包括运作系统设计、系统运作和系统改进三大部分。（　　）
（16）服务业的兴起使得传统的生产概念得以扩展。（　　）
（17）流水生产方式首次产生于美国福特汽车公司。（　　）
（18）甘特在 1913 年发明了流水生产线，拉开了现代工业大生产的序幕。（　　）
（19）JIT 是由日本丰田公司提出，并在全球推广应用的先进生产模式。（　　）
（20）ERP 是一个集组织模型、企业规范、信息技术和实施方法为一体的综合应用管理体系。（　　）
（21）大规模定制是大规模生产模式和定制化模式的优点的综合。（　　）
（22）成组技术是利用事物间的相似性，按照一定的准则分类成组，同组事物能够采用同一方法进行处理，以便提高效益的技术。（　　）
（23）如今市场需求越来越多样化，产品的寿命周期变长，多品种、小批量生产方式逐渐转向大批量生产方式。（　　）
（24）现代生产运作管理起源于 20 世纪初的泰勒科学管理。（　　）
（25）生产、营销和财务三大职能在大多数的组织中都互不相干地运作。（　　）

1.2 单项选择题

(1) 企业生产中组织创造价值的主要环节是（　　）。
A. 营销环节　B. 生产运作环节　C. 财务环节　D. 组织环节

(2) 下列生产属于加工装配型生产的是（　　）。
A. 汽车生产　B. 饮料制造过程　C. 造纸流程　D. 烟草生产

(3) 下列生产属于流程型生产的是（　　）。
A. 机床　B. 计算机　C. 家具　D. 纺织

(4) 能构成生产运作系统主体框架的要素是（　　）。
A. 生产计划　B. 生产库存　C. 生产技术　D. 质量管理

(5) 下列不属于生产管理的基本问题是（　　）。
A. 提高质量　B. 降低成本　C. 保证交货　D. 提高产量

(6) 生产运作过程是一个“投入—转化—产出”的过程，其实质是投入一定的（　　）在转换过程中发生增值。
A. 原材料和零部件　B. 信息、设备、资金
C. 劳动力　D. 资源

(7) 生产过程是产品的实现过程，可分为投入、（　　）和产出三个阶段。
A. 制造　B. 设计　C. 转换　D. 研发

(8)（　　）表明了流水线的生产速度，同时也设定了流水线的生产能力。
A. 节拍　B. 批量　C. 批次　D. 负荷

(9) 生产过程不包括（　　）。
A. 形态转换　B. 质量转换　C. 时间转换　D. 场所转换

(10) 化工与炼油所属的生产类型是（　　）。
A. 大量生产　B. 成批生产　C. 连续生产　D. 单件生产

(11) 在生产运作的三大基本职能中处于核心地位的是（　　）。
A. 财务　B. 营销　C. 运营　D. 人力

(12) 无形产品主要是指（　　）。
A. 生产　B. 服务　C. 产成品　D. 半成品

(13) 生产系统的（　　）是指企业的生产职能扩展到产品销售和售后服务等方面，把为用户安装、维修等活动当作企业生产活动的重要组成部分。
A. 转换　B. 组合　C. 后延　D. 开发

(14) 下列关于服务的说法中正确的是（　　）。
A. 服务不包含产品　B. 产品不包括服务
C. 服务比产品更重要　D. 服务与产品往往相互关联

(15) 有形产品主要是指诸如电脑、家具等（　　）。
A. 物质产品　B. 服务　C. 价值产品　D. 等值产品

(16) 产品品种单一、产量大、生产重复程度高的生产类型称为（　　）。
A. 单件生产　B. 大量生产　C. 批量生产　D. 大批量生产

（17）有形产品的变换过程通常也称为（　　）。
A. 服务过程　B. 生产过程　C. 计划过程　D. 管理过程

（18）无形产品的变换过程有时称为（　　）。
A. 管理过程　B. 计划过程　C. 服务过程　D. 生产过程

（19）制造业企业与服务业企业最主要的一个区别是（　　）。
A. 产出的物理性质　B. 与顾客的接触程度
C. 产出质量的度量　D. 对顾客需求的响应时间

（20）当供不应求时会出现下列情况（　　）。
A. 供方之间竞争激化　B. 价格下跌
C. 出现回扣现象　D. 质量与服务水平下降

（21）生产运作管理的目标是（　　）。
A. 高效　B. 灵活　C. 准时　D. 以上都是

（22）生产与运作管理的研究对象是（　　）。
A. 产品或服务的生产　B. 顾客的需求
C. 生产运作过程和生产与运作系统　D. 生产与运作系统

（23）生产运作系统的核心要素是（　　）。
A. 投入　B. 生产运作过程　C. 产出　D. 服务过程

（24）自 20 世纪 70 年代以来，在世界制造企业的重要职能中，日益成为企业竞争优势的重心和支撑点的是（　　）。
A. 生产职能　B. 人事职能　C. 财务职能　D. 研发职能

（25）下列反映了基于时间的竞争思想的是（　　）。
A. 把生产转移到低工资的国家
B. 把资源集中在最具有经济效益的生产活动中
C. 弹性制造、快速反应
D. 兴建新的设施

（26）以不断追求生产系统的规模经济性为实质的战略是（　　）。
A. 基于成本的战略　B. 基于时间的战略
C. 基于质量的战略　D. 基于服务的战略

（27）缩短交货期，企业在产品开发方式上应采用（　　）。
A. 连续工作方式　B. MRP Ⅱ 技术　C. 并行工程技术　D. 顺序工作方式

（28）随着全球化市场和个性化需求特征的日益明显，最直接及最具竞争力的生产组织方式应该选择（　　）。
A. 大量生产　B. 成批生产
C. 单件生产　D. 批量客户化定制生产

（29）1913 年（　　）发明了流水生产线，拉开了现代工业大生产的序幕。
A. 派恩　B. 泰勒　C. 甘特　D. 福特

（30）在大多数的企业中存在的三个主要职能是（　　）。
A. 制造、生产和运作　B. 运作、营销和财务
C. 运作、会计和营销　D. 运作、制造和财务

（31）古人云：“运筹于帷幄之中，决胜于千里之外”，这里的“运筹帷幄”反映了企业生产运作管理的（　　）。

A. 计划职能　　B. 领导职能　　C. 销售职能　　D. 财务职能

（32）古语：“不战而屈人之兵，善之善者也。故上兵伐谋，其次伐交，其次伐兵，其下攻城。攻城之法为不得已。”从企业管理的角度对这句话理解错误的是（　　）。

A. 管理的最高境界是管思想　　B. 管理需要谋略

C. 管理要有方法　　D. 执行比管理重要

（33）生产与运作管理应遵守的首要原则是（　　）。

A. 节能减排、保护环境的原则　　B. 创新的原则

C. 以市场为导向的原则　　D. 可持续发展的原则

1.3　多项选择题

（1）企业的生产过程由（　　）等环节构成。

A. 投入　　B. 传送　　C. 转换　　D. 产出　　E. 加工

（2）生产运作管理关注的三大问题有（　　）。

A. 交货期　　B. 价格　　C. 品质　　D. 成本　　E. 大量生产

（3）转换过程通常有（　　）等形式。

A. 形态转换　　B. 位置转换　　C. 储存转换　　D. 生理转换　　E. 信息转换

（4）衡量生产管理系统转换过程效率的主要指标有（　　）。

A. 效率　　B. 成本　　C. 质量　　D. 时间　　E. 速度

（5）企业的外部一般环境包括（　　）。

A. 政治环境　　B. 社会环境　　C. 经济环境　　D. 技术环境

E. 竞争对手的多少

（6）生产运作管理系统输入的主要资源有（　　）。

A. 人力资源　　B. 设备和物料　　C. 资金　　D. 信息与技术　　E. 能源和土地

（7）产品结果无论有形还是无形，其共性表现在（　　）。

A. 市场销售　　B. 满足人们某种需要　　C. 投入设备资源

D. 经过变换实现　　E. 实现形状变换

（8）生产运作系统运行管理包括（　　）。

A. 计划　　B. 组织　　C. 控制　　D. 改变　　E. 运筹

（9）生产计划的层次包括（　　）。

A. 战略计划　　B. 战术层计划　　C. 协调层计划　　D. 激励计划　　E. 作业层计划

（10）服务业是为满足人们的物质生活需要特别是精神生活的需要，通过其员工提供劳务与顾客直接接触而产生的社会活动，它的特点有（　　）。

A. 无法计量　　B. 无法测量　　C. 不能储存　　D. 难以核算生产率

E. 员工要与顾客接触

（11）与制造业的产品相比，服务业的产品主要是（　　）。

A. 无形的　　B. 不可见的　　C. 难以形成库存

D. 生产过程与消费过程合二为一

E. 产品质量主要通过消费进行感知

（12）企业经营活动是多个职能有机联系往复循环的过程，其职能主要包括（　　）。
A. 人力资源　B. 财务　C. 营销　D. 技术　E. 生产

（13）制造生产与服务运作的区别有（　　）。
A. 产品物质形态不同　B. 资本的密集程度不同
C. 顾客参与程度不同　D. 运营场所的集中性和规模不同
E. 在质量标准及度量方面不同

1.4 专业名词翻译题

（1）Cost Control；
（2）Value Engineering；
（3）Flexible Manufacture System；
（4）Group Technology；
（5）Concurrent Engineering；
（6）Computer-aided-manufacturing；
（7）Computer-aided-design；
（8）Computer-aided-engineering；
（9）Computer-aided-process Planning；
（10）Product Data Management；
（11）Industrial Engineering；
（12）Enterprise Assets Management；
（13）Customer Relationship Management；
（14）Continue Improvement；
（15）Production Planning and Control。

1.5 简答题

（1）产品价值体现有哪几种形式？并举例说明。
（2）并行工程与顺序工程有何本质差别？
（3）简述现代生产与运作管理的新特征。
（4）合理组织生产过程有哪些基本要求？
（5）简述大规模定制生产的主要特征。
（6）什么是生产管理？
（7）生产计划的作用是什么？
（8）生产计划主要分为哪几个层次？
（9）生产运作管理的主要任务有哪些？
（10）生产运作管理的目标是什么？
（11）简述生产制造与服务运作的主要区别。
（12）简述生产过程规划各个层次的主要内容。

（13）简述“推动式”生产作业计划与控制系统设计思路。

（14）简述“拉动式”生产作业计划与控制系统设计思路。

（15）简述企业运作管理的发展历程。

（16）简述生产系统改进的基本内容。

2 企业制造战略习题

2.1 对错判断题

（1）质量、成本和交货期这三个生产运作管理的基本问题的优先地位是随时间和企业的战略变化而变化的。（ ）

（2）如何保证适时适量地将产品或服务提供给顾客，既涉及速度问题又涉及柔性问题。（ ）

（3）当公司强调质量和新产品引进时，以低成本的制造作为优势是没有用的。（ ）

（4）对于采用基于时间战略的公司而言，时间已成为衡量业绩的最高标准。在减少了各方面业务时间消耗的同时，适当增加了成本，但提高了质量，从而与顾客保持了密切的联系。（ ）

（5）无论从企业自身的效益考虑还是从顾客需要的角度考虑，企业都应该追求高档次和多功能以体现设计的领先水平。（ ）

（6）追求大量客户化定制是“又要马儿跑、又要马儿不吃草”，是不可能实现的。（ ）

（7）企业战略是企业为适应外部环境，谋求企业的生存和发展，对生产经营活动实行总体性管理的决策和谋划。（ ）

（8）希尔指出，赢取订单是制订制造战略的关键准则，也是制造系统和营销系统的主要结合点。（ ）

（9）产品价格低、质量高、性能可靠、更新快和送货及时等均可构成赢单要素。（ ）

（10）达标要素是指企业的竞争优势重点，反映一个企业所提供产品和服务的差异性。（ ）

（11）赢单要素是企业谋求竞争优势的约束条件。（ ）

（12）对于一个企业其赢单要素和达标要素都是不随环境的改变而改变的。（ ）

（13）成本是可以无限降低的。（ ）

（14）未来变化莫测，计划跟不上变化，制定战略没有意义。（ ）

（15）基于时间的竞争就是不计成本、不顾质量和品种，最快地将产品和服务提交给顾客。（ ）

（16）影响企业竞争的主要因素有价格、质量、品种、服务、时间和环保等因素。（ ）

（17）当价格成为影响需求的主要因素时，就出现了基于成本的竞争。（ ）

（18）基于时间竞争战略的焦点在于缩短对顾客需求的响应时间上。（　）

（19）制造过程选择是制造战略制定的主要内容，在制造战略制订阶段，制造过程选择就是对制造设备进行选择。（　）

（20）大量生产型企业主要靠设计能力、质量、交货速度和可靠性来赢得订单，价格通常作为达标要素而非赢单要素。（　）

（21）单件生产型企业赢单要素大多是交货时间或售后服务等其他要素，价格通常作为达标要素而非赢单要素。（　）

（22）企业只有在成本、灵活性、质量、交货及服务五个方面都做到最优，才能真正具有竞争优势。（　）

2.2 单项选择题

（1）（　）属于事业层战略。
A. 多元化　B. 成本领先　C. 垂直一体化　D. 横向一体化

（2）（　）属于公司层战略。
A. 成本领先　B. 差异化　C. 集中化　D. 多元化

（3）企业的战略体系中生产运营战略属于（　）战略。
A. 公司级　B. 部门级　C. 职能级　D. 事业级

（4）运营战略包括成本、质量、交货速度和（　）。
A. 设施规划　B. 工艺设计　C. 制造柔性　D. 产品设计

（5）联邦快递的隔夜送达和可靠服务体现的竞争战略是（　）。
A. 差异化战略　B. 集中化战略　C. 一体化战略　D. 成本领先战略

（6）价格竞争是企业某些时段竞争的重点，价格竞争的前提是（　）。
A. 扩大企业生产规模　B. 提高企业美誉度
C. 提高企业知名度　D. 准时交货

（7）TCL 正在策划进军汽车制造领域，这一战略层次属于（　）。
A. 产品战略　B. 公司战略　C. 竞争战略　D. 职能战略

（8）企业战略管理的第一步是确定企业的（　）。
A. 竞争优势　B. 协同效应　C. 产品与市场领域　D. 成长方向

（9）某轻型汽车公司接到一所大学的合作意向，准备开发一种载重汽车，有一些问题需要研究，这些问题中属于战略层面的是（　）。
A. 合作条款的主要内容　B. 谈判的人选
C. 是否有必要进入载重汽车市场　D. 这所大学的研发能力

（10）北京市自 1998 年起对机动车辆尾气排放标准进行了严格限制，其中轿车必须安装电喷带三元催化器，它属于企业宏观环境中的（　）因素。
A. 技术因素　B. 经济因素　C. 社会文化因素　D. 政治法律因素

（11）在产业内现有企业的竞争中，此起彼伏的价格大战是由于（　）原因引起的。
A. 库存成本高　B. 固定成本高　C. 进入障碍高　D. 退出障碍高

（12）日常生活中常见的“清仓处理大甩卖”之类的企业行为是（　　）的表现。

A. 固定成本高　B. 转换成本高　C. 库存成本高　D. 产品季节性强

（13）目前大中城市餐饮业中消费者越来越倾向于高质量和有品位的餐馆，“物美价廉”已经不再是人们就餐的首要选择，这是宏观环境中（　　）影响的表现。

A. 技术因素　B. 社会文化因素　C. 经济因素　D. 政治法律因素

（14）企业竞争优势的根本源泉是（　　）。

A. 核心能力　B. 价值链　C. 财务状况　D. 经营资源

（15）“把鸡蛋放在一只篮子里的做法”是什么战略的形象表述（　　）。

A. 一体化战略　B. 差异化战略　C. 重点集中战略　D. 多元化战略

（16）1956 年宜家开始试用平板包装，这个举动当初只是为了节约运输空间，而今天却成了宜家竞争优势的一个构成部分，宜家这是采用了（　　）。

A. 服务差异化战略　B. 产品差异化战略

C. 形象差异化战略　D. 人事差异化战略

（17）差异化战略的核心是取得某种对顾客有价值的（　　）。

A. 独特性　B. 差异性　C. 信誉性　D. 使用性

（18）生产战略必须以（　　）为核心。

A. 质量　B. 生产系统　C. 有竞争力的产品　D. 成本

（19）新产品开发、成本、（　　）和交货期是企业的四大竞争优势。

A. 合同　B. 质量　C. 计划　D. 资金

（20）影响顾客对产品和服务需求的六大因素：价格、质量、品种、服务、时间和环保，（　　）是最高的要求。

A. 价格　B. 质量　C. 服务　D. 环保

（21）对产品组合迅速做出调整指的是（　　）。

A. 基于时间的竞争　B. 基于柔性的竞争

C. 基于成本的竞争　D. 基于质量的竞争

（22）一种基于时间的生产方式是（　　）。

A. 柔性生产　B. 准时生产　C. 标准化生产　D. 自动化生产

（23）在现今高新技术推动经济结构变革的阶段，制造企业在制定运营战略时应该将（　　）放在首位。

A. 速度　B. 成本　C. 技术　D. 利润

2.3　多项选择题

（1）激烈竞争的市场对企业的要求包括（　　）。

A. 时间　B. 产量　C. 质量　D. 成本　E. 服务

（2）能构成企业竞争优势的要素有（　　）。

A. 低成本　B. 快速发送　C. 准时发送　D. 高质量产品　E. 柔性

（3）企业根据自身条件可以确定的竞争重点包括（　　）。

A. 成本　B. 时间　C. 空间　D. 柔性　E. 质量

（4）根据迈克尔·波特的竞争战略理论，将企业的竞争战略分为（　　）。

A. 低成本战略　　B. 差异化战略　　C. 目标聚集战略
D. 领先战略　　E. 扩张战略

（5）一般来说企业的战略可以划分的层次有（　　）。
A. 公司发展战略　　B. 公司总体战略　　C. 公司营销战略
D. 公司经营战略　　E. 职能级战略

（6）用户对产品的要求主要有（　　）。
A. 品种款式　　B. 服务　　C. 质量
D. 价格　　E. 交货期

（7）产品把用户的要求和企业竞争战略的要求转化为对运作系统的要求正确的选项有（　　）。
A. 创新　B. 弹性　C. 继承性　D. 质量　E. 按期交货

（8）合理组织生产过程的基本要求有（　　）。
A. 生产过程的连续性　　B. 生产过程的比例性
C. 生产过程的节奏性　　D. 生产过程的适应性
E. 生产过程的准时性

（9）产品竞争力主要体现为产品的（　　）。
A. 性能　B. 质量　C. 产量　D. 价格　E. 交货速度

2.4 简答题

（1）企业的竞争力主要从哪些方面来体现？

（2）缩短交货期对提高企业竞争能力有何意义？

（3）何为赢单要素和达标要素？两者之间有何联系？

（4）制造战略有何作用？如何制定制造战略？

（5）简要分析基于成本的战略含义。

（6）简要分析基于质量的战略含义。

（7）简要分析基于时间的战略含义。

（8）如何在生产运作管理中体现速度领先战略？

（9）麦克公司5年前在A地区创建了一个炸鸡店，它具有独特的炸鸡技术，并提出“让顾客体验家庭的温馨”的服务宗旨。它的服务细致和周到，在过去的两年里，经营状况非常好。现在由于顾客很多，人们用餐前必须排队等候至少15min，许多顾客对此不满意。请问：对于炸鸡店来说，目前竞争重点应该放在何处？若公司决定在邻近的B地区再开一家相同的炸鸡店，B地区的店在生产运作策略方面是否应有所不同？为什么？

3 需求预测方法习题

3.1 对错判断题

（1）预测是采用数学模型对历史数据进行分析来推测未来，不可能出错。（ ）

（2）时间序列预测模型是以历史数据分析为基础的预测方法。（ ）

（3）预测的准确性随着预测时间范围的缩短而提高。（ ）

（4）一个时间序列可以分解成趋势成分、周期成分、季节成分和随机成分。（ ）

（5）稳定性好的预测方法适用于受随机因素影响小的问题。（ ）

（6）研讨性预测是将一些有经验的人员组织起来，对预测问题进行研讨，达到对问题趋于一致的某种判断而做出预测的一种方法。（ ）

（7）定量预测主要依据对历史数据资料的分析来推断未来的需求。（ ）

（8）当采用简单移动平均法预测时，取平均值的数据越多则对实际变化的响应就越灵敏。（ ）

（9）指数平滑法也是一种加权移动平均法。（ ）

（10）需求预测方法中“专家会议法”的缺点是容易受权威人士的影响，参会者不能畅所欲言。（ ）

（11）需求预测的德尔菲（Delphi）法的缺点是花费时间长，且在较大程度上依靠主观判断，不太准确。（ ）

（12）时间序列预测模型是以历史数据分析为基础对将来的预测。（ ）

（13）如果产品需求起伏变动较大，有明显的季节性变动，其需求预测可以通过大量的历史数据采用简单平均法进行。（ ）

（14）二次移动平均法常用于短期的预测，而一次移动平均法多用于近期预测和对预测对象原始数据的处理。（ ）

（15）当采用简单等移动平均法预测时，取平均值的数据越多，则对实际变化的响应就越灵敏。（ ）

（16）加权移动平均法的优点是对近期数据给以更多的重视。（ ）

（17）按简单移动平均法预测，移动平均时间段越长，预测的稳定性越好。（ ）

（18）采用加权移动平均法的预测值比较接近实际销售量的变动趋势。（ ）

（19）简单移动平均法实际上是给每个数据分配相等的权重。（ ）

（20）用一次指数平滑法预测，平滑系数 α 越大，则预测的响应性越好。（ ）

（21）用一次指数平滑法预测，平滑系数 α 越大，则预测的稳定性越好。（ ）

（22）指数平滑法也是一种加权移动平均法。（ ）

（23）平滑系数取 0.1 比取 0.3 能使预测值更快地反映外部需求的变化。（ ）

（24）因果分析法的优点是可分析是哪些具体原因的变化引起预测的变化。（　　）

3.2 单项选择题

（1）对预测的描述不正确的是（　　）。
A. 预测可能是错的　　B. 对于较短的时间，预测更准确些
C. 对于较大的物品组合预测更准确些　　D. 预测不需要采集历史数据

（2）企业的短期预测主要用于（　　）。
A. 销售计划　　B. 生产计划
C. 规划新产品　　D. 购货及工作安排

（3）在所列的5种预测方法中：①决策分析法；②移动平均法；③简单平均法；④市场调查法；⑤试验市场活动。其中常用的定性预测方法有（　　）。
A. ①③④　　B. ①③⑤　　C. ①④⑤　　D. ②④⑤

（4）（　　）不属于定量预测法。
A. 因果分析法　　B. 市场调查法　　C. 简单平均法　　D. 移动平均法

（5）下列预测方法不属于定性预测法的是（　　）。
A. 专家会议法　　B. 销售人员意见综合法
C. 德尔菲法　　D. 因果分析法

（6）定量预测方法中的（　　）为时间序列平滑模型。
A. 移动平均法　　B. 乘法模型　　C. 加法模型　　D. 德尔菲法

（7）时间序列预测中，构成因素有趋势成分、季节成分、（　　）和随机成分。
A. 不规则成分　　B. 季节波动　　C. 中期成分　　D. 循环成分

3.3 多项选择题

（1）常用的定性预测方法主要有（　　）。
A. 专家会议法　　B. 德尔菲法　　C. 销售人员意见综合法
D. 趋势分析法　　E. 主观概率法

（2）常用的定量预测方法主要有（　　）。
A. 回归分析预测法　　B. 简单平均法　　C. 移动平均法
D. 加权移动平均法　　E. 指数平滑法

（3）（　　）是主观判断的预测方法。
A. 主管的意见　　B. 销售队伍的意见　　C. 消费者调查
D. 德尔菲法　　E. 时间序列分析

（4）典型的时间序列需求包括（　　）等因素。
A. 趋势变化　　B. 季节变化　　C. 周期变动　　D. 随机变动　　E. 平滑趋势

3.4 专业名词翻译题

（1）Brain Storming；

（2）Demand Forecast。

3.5 简答题

（1）预测的类型有哪些？

（2）预测工作的步骤有哪些？

（3）企业为什么要对销售进行预测？

（4）简述什么是德尔菲法。

（5）常用的时间序列分析预测方法有哪几种？

（6）常用的生产计划需求预测方法有哪些？

（7）简述需求预测方法中分析用户调查法的优缺点。

（8）典型的时间序列需求包括哪些因素？

3.6 计算题

（1）某电机销售公司某年1~12月的电机销售量见表3-1，试用简单移动平均法分别取 $n=3$ 和 $n=5$ 预测下年1月份的电机销售量，并分析 n 的取值对预测结果的影响。

表3-1　某电机公司电机销售量

时间/月	1	2	3	4	5	6	7	8	9	10	11	12
销售量/台	423	358	434	445	527	429	426	502	480	384	427	446

（2）某企业2009~2019年历年YZP电机的销售统计数据见表3-2，取移动数据期数 $n=4$ 用趋势移动平均法建立线性预测模型，并预测2020年和2022年该企业YZP电机的销售量。

表3-2　某企业YZP电机的销售统计数据

时间/年份	2009	2010	2011	2012	2013	2014	2015	2016	2017	2018	2019
销量/台	200	300	400	600	750	890	1000	1200	1380	1500	1700

（3）某企业2004~2015年的发电总量见表3-3，试用移动平均法（移动数据期数 $n=6$）构建预测模型并计算2016年和2017年该企业的发电总量。

表3-3　某企业2004~2015年发电量信息

时间/年份	2004	2005	2006	2007	2008	2009
发电量/万千瓦时	1688	1958	2031	2234	2566	2820
时间/年份	2010	2011	2012	2013	2014	2015
发电量/万千瓦时	3006	3093	3277	3514	3770	4107

（4）表3-4中的数据是某商品周期16个月的销售额，请用二次移动平均法建立预测模型计算第17个月和第18个月的销售数量，二次移动平均法中的跨越周期 $n=5$，计算结果精确到小数点后两位。

（5）某电视机厂1995~2005年74cm彩色电视机的销售统计数据见表3-5，取移动数据期数 $n=4$ 用二次移动平均法建立线性计算模型并预测2006年和2008年该企业74cm彩色电视机的销售量。

表 3-4 某商品 16 个月的销售额信息

周期/月	1	2	3	4	5	6	7	8
销售额/万元	100	120	140	150	170	180	190	210
周期/月	9	10	11	12	13	14	15	16
销售额/万元	200	190	210	230	230	240	250	270

表 3-5 某电视机厂 74cm 彩色电视机的销售统计数据

时间/年份	1995	1996	1997	1998	1999	2000	2001	2002	2003	2004	2005
销量/台	200	300	400	600	750	890	1000	1200	1380	1500	1700

（6）某机器公司是一家生产数控机床的公司，其产品的平均售价为 50 万元/台，过去两年内数控机床销售量见表 3-6。完成以下任务：1）绘制回归直线，找到回归方程；2）找到趋势和季节因子；3）预测 2021 年该公司数控机床销售量。

表 3-6 某机器公司 2019~2020 年数控机床销售量

时间/年份	季度	销售量/台
2019	Ⅰ	12
	Ⅱ	18
	Ⅲ	26
	Ⅳ	16
2020	Ⅰ	16
	Ⅱ	24
	Ⅲ	28
	Ⅳ	18

（7）已知某种产品最近 12 个月的销售量见表 3-7，用一次指数平滑法（平滑系数分别取 0.1、0.3 和 0.5），一次指数平滑初始值 S_0取前 3 个月的平均值，预测下个月的销售量。

表 3-7 某产品最近 12 个月的销售量

时间/月	1	2	3	4	5	6	7	8	9	10	11	12
销量/万台	10	15	8	20	10	16	18	20	22	24	20	26

（8）某医院过去 6 周 T 型血浆的使用情况见表 3-8，使用 3 周的简单移动平均法预测第 7 周的需求情况；用加权移动平均法预测第 7 周的需求情况，权重依次是 0.1、0.3、0.6，其中 0.6 是最近周的权重。

表 3-8 某医院过去 6 周 T 型血浆的使用情况

时间/周	1	2	3	4	5	6
用量/L	360	389	410	381	368	374

（9）已知某厂 2009~2019 年高压电机的年销售量见表 3-9，平滑指数 α 取 0.3，初始值 S_0取第 1 月数据实际值，试用指数平滑法预测该厂 2020 年高压电机的销售量。

表 3-9 某厂高压电机的年销售量统计

时间/年份	2009	2010	2011	2012	2013	2014	2015	2016	2017	2018	2019
销量/台	200	300	400	600	750	890	1000	1200	1380	1500	1700

(10) 某地 2003~2013 年财政收入的资料见表 3-10，平滑指数 $\alpha=0.9$，平滑计算初值 $S_0^{(1)}$ 为 23，$S_0^{(2)}$ 为 28.40，试用指数平滑法求解趋势直线方程并预测 2016 年财政收入。

表 3-10 某地 2003~2013 年财政收入资料

时间/年份	2003	2004	2005	2006	2007	2008	2009	2010	2011	2012	2013
收入/万元	29	36	40	48	54	62	70	76	85	94	103

(11) 表 3-11 中的数据是某商品 16 个月的销售额，请用指数平滑法建立预测模型计算第 17 个月和第 18 个月的销售数量，指数平滑法中的加权系数 α 取 0.3，计算结果精确到小数点后两位。

表 3-11 某商品 16 个月的销售额

周期/月	1	2	3	4	5	6	7	8
销售额/万元	100	120	140	150	170	180	190	210
周期/月	9	10	11	12	13	14	15	16
销售额/万元	200	190	210	230	230	240	250	270

(12) 某汽车厂 1999~2005 年 A 型车的销售统计数据见表 3-12，取 $\alpha=0.3$，用指数平滑法建立预测模型，并计算 2006 年和 2008 年该企业 A 型车的销售量。

表 3-12 某汽车厂 1999~2005 年 A 型车的销售统计数据

时间/年份	1999	2000	2001	2002	2003	2004	2005
销量/辆	750	890	1000	1200	1400	1760	2000

(13) 某企业通过调查发现，其 A 产品的销售量与当地居民的人均月收入有关，已知 B 地区连续 6 年的历史资料见表 3-13，假设 2020 年 B 地区居民人均月收入为 700 美元，计算 2020 年 B 地区 A 产品的销售量。

表 3-13 B 地区连续 6 年 A 产品的销售量

时间/年份	2014	2015	2016	2017	2018	2019
B 地区居民人均月收入/美元	350	400	430	500	550	600
A 产品实际销量/t	10	11	12	14	15	16

(14) 某科学基金会希望估计从事某研究的学者的年薪 y 与他们的研究成果的质量 x_1、工作时间 x_2、获得资助的能力 x_3 等指标之间的关系，为此按一定的实验设计方法调查了 24 位学者，得到的调查数据见表 3-14，试建立 y 与 x_1、x_2、x_3 之间关系的数学模型。

表 3-14 从事某研究的 24 位学者年薪调查数据 (万元)

学者	1	2	3	4	5	6	7	8	9	10	11	12
x_1	3.5	5.3	5.1	5.8	4.2	6	6.8	5.5	3.1	7.2	4.5	4.9
x_2	9	20	18	33	31	13	25	30	5	47	25	11
x_3	6.1	6.4	7.4	6.7	7.5	5.9	6	4	5.8	8.3	5	6.4
y	33.2	40.3	38.7	46.8	41.4	37.5	39	40.7	30.1	52.9	38.2	31.8
学者	13	14	15	16	17	18	19	20	21	22	23	24
x_1	8	6.5	6.6	3.7	6.2	7	4	4.5	5.9	5.6	4.8	3.9
x_2	23	35	39	21	7	40	35	23	33	27	34	15
x_3	7.6	7	5	4.4	5.5	7	6	3.5	4.9	4.3	8	5.8
y	43.3	44.1	42.5	33.6	34.2	48	38	35.9	40.4	36.8	45.2	35.1

（15）某电力公司 2014~2020 年的电力需求见表 3-15，试用回归分析法计算 2021 年的电力需求情况。

表 3-15 某电力公司 2014~2020 年的电力需求

时间/年份	2014	2015	2016	2017	2018	2019	2020
电力需求/MW	74	79	80	90	105	142	122

（16）假设某保健品公司的销售额与广告费用支出存在因果关系，广告费用支出多则销售额增加。现有 9 个月的广告费用与销售额的统计资料见表 3-16。若下个月的广告费是 30 万元，试计算其销售额。

表 3-16 某保健品公司 9 个月的广告费用与销售额的统计资料

周期/月	1	2	3	4	5	6	7	8	9
广告费/万元	36	12	12	20	16	28	8	24	16
销售额/万元	184	72	80	88	108	136	56	148	120

（17）表 3-17 是从 10 个地区调查来的统计数据，因变量是表示喜欢某种牌号牙膏的居

表 3-17 从 10 个地区调查来的统计数据

地区	喜欢该品牌牙膏人的占比/%	人均年收入 x_1/千元	教育指数 x_2
1	61.6	6	6.3
2	53.2	4.4	5.5
3	65.5	9.1	3.6
4	64.9	8.1	5.8
5	72.7	9.7	6.8
6	52.2	4.8	7.9
7	50.2	7.6	4.2
8	44	4.4	6
9	53.8	9.1	2.8
10	53.5	6.7	6.7

民百分比，自变量则是该地区居民的人均年收入（x_1，以千元计算）和关于居民受教育水平的某种量度（x_2），要求计算回归模型参数估计值。

（18）若劳动量为 25 人工小时，木材耗用量为 30m^3，根据表 3-18 给出的相关数据，构建回归模型并计算总成本。

表 3-18　成本相关因素数据

时间/月	总成本 y/元	劳动量 x_1/小时	木材耗用量 x_2/m^3
1	3. 1	3. 9	2. 4
2	2. 6	3. 6	2. 1
3	2. 9	3. 8	2. 3
4	2. 7	3. 9	1. 9
5	2. 8	3. 7	1. 9
6	3	3. 9	2. 1
7	3. 2	3. 8	2. 4

（19）根据表 3-19 所给数据，观察销量 x 和利润 y 的数据适合哪几类曲线？用二元线性回归模型参数估计的方法估计二次曲线模型并分析和检验该模型的优劣。若 2021 年的销售量为 500kt，计算当年的利润。用幂函数模型计算当 2021 年的销售量为 500kt 时，当年的利润是多少；判断两种计算方法，哪一种准确性更高。

表 3-19　销量和利润关系数据

时间/年份	销量 x/kt	利润 y/万元
2006	30	12. 00
2007	60	30. 00
2008	90	70. 00
2009	120	110. 00
2010	135	150. 00
2011	180	220. 00
2012	210	320. 00
2013	255	450. 00
2014	270	490. 00
2015	300	540. 00
2016	330	650. 00
2017	345	800. 00
2018	390	911. 00
2019	405	960. 00
2020	450	1100. 00

（20）某企业两年内各个月份的高压电机销售量数据见表 3-20，假定高压电机前年最后一个月的销售量为 42 台，前年销售量的平均月增长幅度为 2. 93 台，水平的平滑系数 α 和趋势估算值的平滑系数 β 取值都为 0. 3，试采用霍特法对该企业第 25 个月的高压电机销售量进行计算。

表 3-20　某企业两年内各个月份的高压电机销售量

周期/月	1	2	3	4	5	6	7	8	9	10	11	12
销量/台	44	48	51	52	58	55	57	67	72	68	72	69
周期/月	13	14	15	16	17	18	19	20	21	22	23	24
销量/台	79	82	80	85	94	89	96	100	100	105	110	111

（21）某电机企业近年来发展迅速，年销售额 y 逐年升高，2014～2019 年近 6 年的销售统计数据见表 3-21。水平的平滑系数 $\alpha=0.45$，趋势估算值的平滑系数 $\beta=0.05$，季节性估算值的平滑系数 $\gamma=0.1$，水平的初始值 $L_0=362$，$T_0=0$，各季节性指数初始值 $S_0=0.90$，$S_{-1}=1.14$，$S_{-2}=1.01$，$S_{-3}=0.95$；试对该企业未来的高压电机销售额进行计算。

表 3-21　某电机企业各季度销售数据统计

时间/年份	2014				2015				2016			
季度	1	2	3	4	5	6	7	8	9	10	11	12
销售额/万元	362	385	432	341	382	409	498	387	473	513	582	474
时间/年份	2017				2018				2019			
季度	13	14	15	16	17	18	19	20	21	22	23	24
销售额/万元	544	582	681	557	628	707	773	592	627	725	854	661

（22）某城市农村居民年收入数据见表 3-22，建立 ARIMA 模型，计算 2020 年的农村居民收入情况。

表 3-22　某城市农村居民 1984～2019 年收入数据

时间/年份	收入/元	时间/年份	收入/元	时间/年份	收入/元
1984	261.00	1996	792.18	2008	4027.03
1985	274.00	1997	938.45	2009	4465.99
1986	291.00	1998	1312.24	2010	4845.35
1987	312.00	1999	1655.00	2011	5623.24
1988	344.00	2000	1989.57	2012	6627.26
1989	362.00	2001	2218.89	2013	6627.00
1990	382.00	2002	2199.38	2014	7182.53
1991	421.00	2003	2840.10	2015	9104.00
1992	504.00	2004	2941.80	2016	8864.85
1993	557.00	2005	2981.78	2017	10013.03
1994	659.00	2006	3048.55	2018	11547.00
1995	685.71	2007	3208.84	2019	12736.00

（23）某企业 1961～2012 年的销售额资料见表 3-23，试根据数据特征选择 ARIMA 模型参数，并给出 2013 年该企业销售额的点计算和区间计算值。

表 3-23 某企业 1961~2012 年的销售额资料

时间/年份	销售额/亿元	时间/年份	销售额/亿元	时间/年份	销售额/亿元
1961	5.4167	1979	7.6368	1997	10.5851
1962	5.5196	1980	7.8534	1998	10.7507
1963	5.63	1981	8.0671	1999	10.93
1964	5.7482	1982	8.2992	2000	11.1026
1965	5.8796	1983	8.5229	2001	11.2704
1966	6.0266	1984	8.7177	2002	11.4333
1967	6.1465	1985	8.9211	2003	11.5823
1968	6.2828	1986	9.0859	2004	11.7171
1969	6.4653	1987	9.242	2005	11.8517
1970	6.5994	1988	9.3717	2006	11.985
1971	6.7207	1989	9.4974	2007	12.1121
1972	6.6207	1990	9.6259	2008	12.2389
1973	6.5859	1991	9.7542	2009	12.3626
1974	6.7295	1992	9.8705	2010	12.4761
1975	6.9272	1993	10.0072	2011	12.5786
1976	7.0499	1994	10.159	2012	12.6743
1977	7.2538	1995	10.2764	2013	—
1978	7.4542	1996	10.3876	2014	—

（24）已知 1867~1938 年某国绵羊的数量见表 3-24，运用时间序列 ARIMA 模型计算未来三年该国的绵羊数量。

表 3-24 1867~1938 年某国绵羊数量

时间/年份	绵羊数/万只	时间/年份	绵羊数/万只	时间/年份	绵羊数/万只
1867	2203	1891	2111	1915	1752
1868	2360	1892	2119	1916	1795
1869	2254	1893	1991	1917	1717
1870	2165	1894	1859	1918	1648
1871	2024	1895	1856	1919	1512
1872	2078	1896	1924	1920	1338
1873	2214	1897	1892	1921	1383
1874	2292	1898	1916	1922	1344
1875	2207	1899	1968	1923	1384
1876	2119	1900	1928	1924	1484
1877	2119	1901	1898	1925	1597
1878	2137	1902	1850	1926	1686
1879	2132	1903	1841	1927	1707
1880	1955	1904	1824	1928	1640
1881	1785	1905	1823	1929	1611
1882	1747	1906	1843	1930	1632
1883	1818	1907	1880	1931	1775
1884	1909	1908	1968	1932	1850
1885	1958	1909	2029	1933	1809
1886	1892	1910	1996	1934	1653
1887	1919	1911	1933	1935	1648
1888	1853	1912	1805	1936	1665
1889	1868	1913	1713	1937	1627
1890	1991	1914	1726	1938	1791

4 综合生产计划 APP 习题

4.1 对错判断题

（1）为了使设备得到充分利用，企业应经常保持其最大生产能力。（ ）

（2）我们通常所说的“某企业年产电视机多少台”是按假定产品来定义的。（ ）

（3）代表产品和假定产品一样，是一种实际并不存在的产品。（ ）

（4）在产品结构与工艺相似的成批生产中，可选具体产品作为查定企业生产能力计量单位。（ ）

（5）培训多技能员工可以适当地增大产能。（ ）

（6）生产系统的柔性是指一组设备和工人，在生产组织形式不变的条件下，具有适应加工不同产品的生产能力，并且能够保持高生产率和良好的经济效益。（ ）

（7）工作中心作为平衡负荷与能力的基本单元，是运行能力计划时的计算对象。（ ）

（8）设计能力是企业制定长期规划、安排企业基本建设和技术改造的重要依据。（ ）

（9）计划能力和实际能力是企业进行生产任务与生产条件平衡、编制生产计划的依据。（ ）

（10）企业投产后往往要经过一段熟悉和掌握生产技术的过程，甚至改进某些设计不合理的地方才能达到设计产能。（ ）

（11）产品出产计划是生产大纲的关键输入。（ ）

（12）用收入利润顺序法确定品种时，收入少、利润小的产品不应再生产。（ ）

（13）在进行综合计划决策时，可以有多种方法和手段，但其基本思路可分为稳妥应变型和积极进取型两种。（ ）

（14）综合生产计划要求制定每一具体品种的生产数量。（ ）

（15）综合生产计划要求只确定生产产品的品种。（ ）

（16）企业年度生产计划是根据企业的产品销售计划制订的，它是企业经营计划的重要组成部分，同时又是编制企业其他计划的主要依据。（ ）

（17）工业企业的综合生产计划又称为生产大纲，其计划期通常是年。（ ）

（18）收入利润顺序法是将生产的多种产品按销售收入和利润排序并将其绘制在收入利润图上用来分析筛选产品的一种有效方法。（ ）

（19）备货型生产的产品个性化程度高。（ ）

（20）实际生产中的库存需求率是均匀的而且是连续的。（ ）

（21）在订货型生产环境下编制生产大纲，目标是使生产满足预测需求量和拖欠订货量的控制目标。（ ）

(22) 存货型计划管理的重点是确保交货期，按“期”组织生产过程各环节的衔接平衡。 ( )

(23) 制定综合生产计划时，“改变生产率，使之与需求率同步”是准时生产的思想。 ( )

(24) 处理非均匀需求可以通过改变库存、改变生产率和改变工人数量等策略。 ( )

(25) 外包使得公司注重核心竞争力。 ( )

4.2 单项选择题

(1) 生产系统的生产能力，往往取决于（　　）。
A. 瓶颈环节生产能力　B. 辅助设备生产能力
C. 关键设备生产能力　D. 装配能力

(2) 确定可变流水线上各种产品生产节拍的方法有两种：一种是（　　），一种是劳动量比例分配法。
A. 线性规划法　B. 代表产品换算法
C. 盈亏平衡分析法　D. 德尔菲法

(3) 某加工中心有2台设备，每天一班，每班8h，5月份工作天数为23天，设备开动率为90%，该加工中心的设备能力大约为（　　）。
A. 331h　B. 166h　C. 184h　D. 368h

(4) 在多品种生产的企业中，当产品的结构、工艺和劳动量构成相似时，生产能力的计量单位宜采用（　　）。
A. 具体产品　B. 代表产品　C. 假定产品　D. 标准产品

(5)（　　）具有刚性，损失的时间是无法追回的，损失的机时一般只能通过加班的途径补回来，这需要支付加班工资。
A. 生产资源　B. 生活资源　C. 作业资源　D. 时间资源

(6) 瓶颈指的是实际生产能力小于或等于生产负荷的（　　）。
A. 资产　B. 资金　C. 资源　D. 资财

(7) 假定产品是（　　）。
A. 正在生产的产品　B. 虚构的产品
C. 具有代表性的产品　D. 设计中的产品

(8) 一般意义上的生产能力核定是指（　　）的核定。
A. 人员数量　B. 设备能力　C. 固定资产　D. 原材料

(9) 在多品种生产的企业中，当产品的结构、工艺和劳动量构成差别较大时，生产能力的计量单位宜采用（　　）。
A. 具体产品　B. 代表产品　C. 假定产品　D. 期初计划

(10) 生产能力是指在计划期内企业参与生产的全部（　　）在既定的组织技术条件下所能生产的产品数量或者能够处理的原材料数量。
A. 厂房　B. 机械设备　C. 固定资产　D. 流动资产

（11）企业建厂时在基建任务书和技术文件中规定的生产能力被称为（　　）。
A. 设计能力　B. 查定能力　C. 计划能力　D. 运行能力

（12）以原料处理量为生产能力计量单位的企业是（　　）。
A. 航空公司　B. 家电制造厂　C. 发电厂　D. 炼油厂

（13）追求学习曲线效果会造成生产系统的（　　）。
A. 现代化　B. 柔性化　C. 自动化　D. 刚性化

（14）企业在年度计划中规定本年度要达到的实际生产能力称为（　　）。
A. 设计能力　B. 查实能力　C. 计划能力　D. 经济规模

（15）某装机容量为2000万千瓦的发电厂年发电量为20亿千瓦·时，其采用的生产计量单位是（　　）。
A. 产出量　B. 原料处理量　C. 投入量　D. 信息量

（16）制作生产能力计划时，（　　）适合以投入量为生产能力计划单位。
A. 钢铁厂　B. 家电生产厂　C. 炼油厂　D. 医院

（17）生产柔性是指生产系统对用户需求变化的响应速度，是对生产系统适应市场变化能力的一种度量。通常从品种柔性和产量柔性两个方面来衡量。所谓（　　）是指生产系统从生产一种产品快速地转换为生产另一种产品的能力。
A. 柔性　B. 产量柔性　C. 品种柔性　D. 过程柔性

（18）在生产大纲确定后一般来说紧接着进行（　　）活动。
A. 流程设计　B. 制定战略性的能力计划
C. 编制产品出产计划　D. 编制物料需求计划

（19）对于备货型企业在年度生产计划中确定（　　）是最重要的决策。
A. 交货期　B. 价格　C. 品种和产量　D. 成本和质量

（20）制定（　　）首先要结合对经济、技术和政治环境的分析，做出企业发展的预测，确定企业的发展总体目标。
A. 短期生产计划　B. 长期生产计划　C. 物料需求计划　D. 库存计划

（21）制定生产大纲（　　）是准时生产的思想。
A. 改变生产率，使之与需求率同步　B. 推迟交货
C. 改变库存水平　D. 转包生产

（22）制定综合生产计划需要多项输入，（　　）不是由企业外部决定。
A. 转包能力　B. 市场需求
C. 现有设备能力和员工数量　D. 原料供应能力

（23）生产计划体系中，对企业未来较长一段时间（1年或更长）内产出量、人力规模、库存水平等问题做出决策、规划和初步安排的计划是（　　）。
A. 主生产计划　B. 生产能力计划　C. 综合生产计划　D. 物料需求计划

（24）生产计划的主要指标有品种、产量、质量、产值和（　　）。
A. 提前期　B. 出产期　C. 投入期　D. 生产周期

（25）生产规划是企业经营规划的细化，用以说明企业在可用资源的条件下，在计划展望期中每一（　　）的月生产量。
A. 资源类　B. 产品类　C. 物料类　D. 原材料

（26）编制生产规划时需求预测的对象是（　　）。
A. 产品族　B. 单项产品　C. 最终项目　D. 库存单位

（27）制定生产规划的目的是（　　）。
A. 确定客户服务水平　B. 确定毛销售量
C. 为制定经营规划做准备　D. 确定产品族生产率

（28）企业经营规划的目标通常是以（　　）来表达。
A. 货币　B. 成品计划产出量
C. 产品类计划产出量　D. 物料产出量

（29）（　　）属于年度生产规划活动的内容。
A. 确定产品价格　B. 确定产品族的生产率
C. 维护产品技术信息的准确性　D. 维护产品成本

（30）企业年度生产计划的编制必须贯彻（　　）的原则。
A. 满负荷　B. 以销定产　C. 均衡生产　D. 准时化生产

（31）缺货成本包含的主要内容有（　　）。
A. 脱销成本　B. 空间成本　C. 资金成本　D. 延期交货成本

（32）在产品品种多、变化快的情况下，实现均衡生产的主要途径是（　　）。
A. 可持续发展　B. 柔性化　C. 控制　D. 库存

（33）对于 MTS 企业在编制年度生产计划时，主要的决策是确定（　　）。
A. 品种和产量　B. 成本和质量　C. 价格和交货期　D. 利润和销售量

（34）在（　　）环境下，公司应当采取面向库存生产的策略。
A. 需求不可预测
B. 所要求的交货提前期短于制造产品所需要的时间
C. 客户要求特殊的设计
D. 存在多种产品选项

（35）20 世纪 60 年代制造业为了打破“发出订单，然后催办”的计划管理方式，设置了（　　），为需求与提前期提供缓冲。
A. 最大库存量　B. 安全库存量　C. 订货提前期　D. 安全出库量

（36）（　　）是指在没有接到用户的订单时按已有的标准产品或产品系列进行的生产，生产的目的是补充成品库存。
A. 订货组装生产　B. 订货生产　C. 订货制造生产　D. 备货生产

（37）制定生产大纲时，（　　）是正规的数学方法。
A. 反复试验法　B. 线性规划法　C. 图表法　D. 模拟法

（38）可以起到防止缺货和提高服务水平的库存称为（　　）。
A. 安全库存　B. 周转库存　C. 运输库存　D. 预期库存

（39）关于编制综合计划，不属于调整产能的选项是（　　）。
A. 增加设备　B. 延迟交货　C. 聘用临时工　D. 加班

（40）制定生产大纲（　　）是准时生产的思想。
A. 改变生产率使之与需求同步　B. 推迟交货
C. 改变库存水平　D. 转包

4.3 多项选择题

(1) 企业的生产能力可分为（　　）等几种。
A. 设计能力　B. 计划能力　C. 实际能力　D. 研发能力　E. 长期能力

(2) 影响生产率的因素主要有（　　）。
A. 人力资源　B. 技术水平　C. 管理水平　D. 工作环境　E. 订货提前期

(3) 学习曲线的用途主要有（　　）。
A. 估计未来单件工时的变化　B. 制定成本计划
C. 制定将来的时间定额　D. 制定提高产品质量的计划
E. 辅助战略计划的制定

(4) 影响企业生产能力的因素有（　　）。
A. 职工人数　B. 固定资产数量
C. 固定资产有效工作时间　D. 固定资产生产效率
E. 管理与技术水平

(5) ABC 分类法的实施步骤有（　　）。
A. 收集数据　B. 处理数据
C. 制作 ABC 分析表　D. 根据 ABC 分析表确定分类
E. 根据 ABC 分类结果，对 ABC 三类物品采取不同的管理策略

(6) 生产大纲的决策数据依据有（　　）。
A. 经营计划　B. 销售计划　C. 生产数据　D. 工程数据　E. 财务数据

(7) 企业主生产计划的基本策略有（　　）。
A. 优先调度策略　B. 追逐策略　C. 标准化策略
D. 稳定劳动力水平策略　E. 平准策略

(8) 企业生产计划环境的外部因素主要有（　　）。
A. 竞争者　B. 原材料　C. 消费者需求　D. 外部能力　E. 经济环境

(9) 综合计划的主要指标有（　　）。
A. 品种指标　B. 产量指标　C. 质量指标　D. 产值指标　E. 出产期

(10) 生产计划指标体系包括（　　）。
A. 品种　B. 质量　C. 产量　D. 产值　E. 时间

(11) 设置库存的根本目的是在需要的时间和需要的地点为需要的物料提供需要的数量，在保证这一根本目的的同时，库存作用还有（　　）。
A. 提高生产均衡性、调节季节性需求
B. 保证生产、销售过程顺利进行
C. 防止缺货、提高服务水平
D. 降低缺货成本
E. 保证产品质量

(12) 任何库存控制系统都需要考虑的问题是（　　）。
A. 库存检查的时间间隔是多长　B. 库存的产品数量有多少
C. 补充订货的时间如何确定　D. 库存的品种有多少
E. 每次订货的数量是多少

(13) 库存管理的目标有（　　）。
A. 库存成本最低　B. 库存保证程度最高　C. 不允许缺货
D. 限定资金　E. 快捷

(14) 库存的主要作用有（　　）。
A. 缩短订货提前期　B. 稳定作用
C. 分摊订货费用　D. 防止短缺
E. 防止中断

(15) 库存的成本包括（　　）。
A. 持有成本　B. 准备成本　C. 沉没成本　D. 订货成本　E. 缺货成本

(16) 企业生产能力选择策略有（　　）。
A. 库存调节策略　B. 改变劳动力数量和改变工作时间
C. 外包策略　D. 使用临时员工
E. 改变“自制还是外购”的决策

(17) 合理利用和提高生产能力的途径有（　　）。
A. 提高设备的实际利用时间　B. 提高设备的利用强度
C. 改善生产面积的利用　D. 增加工作班次、增添设备生产面积
E. 减少设备的停歇时间

(18) 可以采用（　　）等办法来处理非均匀需求。
A. 变动价格　B. 促销　C. 推迟交货　D. 加班加点　E. 改变库存

(19) 非均匀需求处理策略中调整供给的主要策略有（　　）。
A. 改变库存水平　B. 通过新聘或暂时解聘来改变劳动力的数量
C. 通过超时工作或减时工作来改变生产率
D. 转包　E. 使用非全日制雇员

(20) 非均匀需求处理策略中调整需求的主要策略有（　　）。
A. 降价刺激需求　B. 促销刺激需求
C. 高峰需求时期的延迟交货　D. 不同季节产品混合　E. 加班

(21) 制定生产大纲，不符合准时生产思想的方式是（　　）。
A. 改变生产率，使之与需求同步　B. 推迟交货
C. 改变库存水平
D. 既改变库存水平，又推迟交货
E. 转包

4.4 专业名词翻译题

(1) Business Plan;
(2) Actual Capacity;
(3) Standard Time;
(4) Production Capacity;
(5) Make-to-stock;

(6) Make-to-order;
(7) Safety Stock;
(8) Shortage Costs;
(9) Cost of Stockout;
(10) Service Level;
(11) Holding Costs。

4.5 简答题

(1) 什么是代表产品和假定产品?

(2) 生产系统生产能力的含义是什么?决定生产能力的主要因素有哪些?

(3) 某产品装配线由5道工序组成,目前各工序的生产能力见表4-1。目前装配线的实际产能为多少?这条装配线存在哪些问题?

表4-1 某产品装配线各工序的生产能力

工序	1	2	3	4	5
实际生产能力/件·天$^{-1}$	20	14	10	16	18

(4) 某企业经过分析发现近期生产能力不足,但从长远来看能力又有富余,请简要分析该企业应采取的措施。

(5) 正常生产能力与最大生产能力有何不同?

(6) 影响企业柔性的因素有哪些?

(7) 简述编制综合生产计划的步骤。

(8) 简述综合生产计划的作用。

(9) 存货型生产和订货型生产有何区别?

(10) 企业为什么要持有库存?

(11) 构成产品成本要素以及降低产品成本途径有哪些?

(12) 制造业如何应对非均匀需求?

(13) 服务业如何应对非均匀需求?

(14) 制定综合生产计划时处理需求波动有哪几种方法,简述其优缺点。

4.6 计算题

(1) 某车间生产的五种产品折算为代表产品A的总产量为3800件/年,产品A在车床组的工时定额为9.3h/件。车床组有8台车床,两班制生产,每班8h,设备的停修率为5%,去除节假日全年共有306个工作日。请计算与分析该车间车床组的生产能力与生产任务是否平衡?

(2) 已知车床组有7台车床,月均工作日为25天,每天两班制,每班工作8h,设备组年检修时间为1200h,单位产品在车床上加工的工时定额为8h,计算该车床组的年生产能力。

(3) 某车间单一生产某产品,单位面积有效工作时间为每日8h,车间生产面积1000m^2,每件产品占用生产面积2.5m^2,每生产一件产品占用时间为2h,求该车间的生产能力?

（4）某厂车床组有车床 10 台，每台车床全年有效的工作时间为 250 天，每天两班制生产，每班工作 7.5h，时间利用率为 90%。在车床上加工 A、B、C、D 四种产品，其计划年产量分别为 100 台、80 台、160 台、60 台，单位产品工时定额分别为 200h、270h、100h、40h，以 C 产品为代表产品求车床组的生产能力。

（5）某车间生产 A、B、C、D 四种结构与工艺相似的产品，A、B、C、D 产品年度计划产量分别为 2000 台、1200 台、1600 台、1200 台，A、B、C、D 单位产品工时定额分别为 25h、40h、50h、60h。设铣床组共有 12 台铣床，每台铣床的全年有效工作时间为 4500h，计算铣床组的生产能力。

（6）某车床组共有车床 7 台，一年工作时间按 305 天计算，每天两班制生产，每班 8h，车床停修率为 5%。加工 A、B、C、D 四种单位产品的工时定额分别是 25h、50h、75h、100h，其年计划产量分别是 2800 件、2000 件、1200 件、100 件。请用代表产品法确定车床组的生产能力，评价计划年度车床组生产能力与计划产量是否相平衡，若不平衡请提出相应的措施。

（7）某厂生产 A、B、C、D 四种产品，其计划年产量分别为 100 台、80 台、150 台、170 台，各单位产品在机械加工车间车床组的计划工时定额分别为 200h、250h、100h、50h，车床组共有车床 15 台，每天两班制生产，每班 8h，设备停修率 10%。全年按 306 个工作日计算，按照假定产品法（假定产品比重按各产品的产量比重来计算）求车床组的年度生产能力。

（8）某厂生产 A、B、C、D 四种工艺不同产品，其年计划产量分别为 100 台、80 台、150 台、170 台，各单位产品在机械加工车间车床组的计划工时定额分别为 200h、250h、100h、50h，车床组共有车床 15 台，每天两班制生产，每班 8h，设备停修率 10%，一年中有效工作时间 365 天，按照假定产品法（假定产品比重按各产品的劳动量比重来计算）求车床组的年度生产能力。

（9）某铣床组共有铣床 3 台，一年工作时间按 306 天计算，每天两班制生产，每班 8h，铣床停修率为 5%。A、B、C、D 四种产品单位产品的工时定额分别为 20h、30h、40h、80h，年计划产量分别为 80 台、100 台、125 台、25 台。请用假定产品法确定铣床组的生产能力，评价铣床组生产能力与计划产量是否相平衡，若不平衡请提出相应的措施。

（10）一位应聘者正在接受测试，以确认其是否能够胜任一条装配线上的工作。管理部门认为在操作 1000 次后大体上就达到了稳定的状态，预计普通装配工人能在 4min 内完成任务。如果应聘者第 1 次操作时间为 10min，第 2 次操作为 9min，是否应该雇佣此应聘者？该应聘者第 10 次操作时间预计是多少？

（11）某个潜在的客户答应转包一项装配工作，该工作只有在平均每次操作时间少于 20h 才可盈利。该协议要求生产 1000 件，测试发现生产第一件产品需 50h，生产第二件产品需 40h，预计生产第三件产品的时间是多少？是否可以接受该协议？解释原因。

（12）某工厂生产一种产品，生产第 150 台的工时为 10h，学习率为 80%，推算这 150 台产品的平均工时。

（13）某机床厂现已生产机床 150 台，每台平均工时 100h，已知学习率为 80%，现准备再生产 300 台，求需要多少工时才能完成？

（14）某厂生产一批产品，生产第 1 件产品需 10h，其学习率为 95%，求生产第 51 件产品的工时为多少？生产前 100 件产品的平均工时为多少？

(15) 某企业生产 A、B、C、D、E、F 等 6 种产品，其销售收入和利润大小的排序见表 4-2，试分析各产品的年度生产计划应如何调整。

表 4-2 某产品的销售收入和利润

产品代号	A	B	C	D	E	F
销售收入/万元	3600	1800	860	760	700	540
利润/万元	350	360	86	28	170	32

(16) 某企业生产 A、B、C、D、E、F、G、H 等 8 种产品，其销售收入和利润大小的排序见表 4-3，试用收入利润法对企业生产的产品品种做出决策。

表 4-3 销售收入和利润次序

产品代号	A	B	C	D	E	F	G	H
销售收入排序	1	2	3	4	5	6	7	8
利润大小排序	2	3	1	6	5	8	7	4

(17) 某企业对电机系列产品编制综合生产计划大纲，计划展望期是 1 年，按月划分时区。年末库存目标是 350 台，当前实际库存是 800 台，拖欠订单数量是 100 台，电机系列产品的年度预测销售量是 4200 台，试编制该企业的综合生产计划。

(18) 某企业对电机系列产品编制综合生产计划大纲，计划展望期是 1 年，按月划分时区。年末未完成订单数量目标是 550 台，当前拖欠订单数量是 970 台，电机系列产品的年度销售预测量是 4200 台，编制该企业的综合生产计划。

(19) 假设某工厂对汽车编制生产规划，计划展望期是 1 年，按月划分时区。期末未完成订单数量为 200 辆，当前未完成订单是 320 辆，汽车的年销售预测量是 1200 辆，根据上述数据编制其年度生产规划。

(20) 某厂半年的总产量和每月的需求量见表 4-4，工厂的三种不同生产方式的能力和相应的制造成本见表 4-5。设每类产品每月的存储费为 10 元，期初库存为 0 件，期末期望库存为 0 件，求该厂成本最小的综合生产计划优化方案。

表 4-4 各类产品的月度需求量

时间/月	1	2	3	4	5	6	合计
需求/件	1000	1800	2600	3000	2500	2200	13100

表 4-5 各月不同生产方式的能力和相应的制造成本

生产方式	生产能力/件	单位成本/元
1) 正班时间生产	2000	100
2) 加班时间生产	300	110
3) 外包/外协生产	500	120

(21) 某厂预测下一年度 4 个季度的需求量分别为 2000、4000、5000、3000 个单位，该厂正常生产能力为 2500 个单位，加班能力为 1000 个单位，外包生产能力为 1000 个单

位，正常生产成本为每个单位 200 元，加班生产比正常生产每单位多花费 15 元，外包生产比正常生产每单位需多花 25 元，库存单位保管成本为 5 元，请用运输模型法确定综合生产计划优化方案。

（22）对某产品的需求预测见表 4-6，假设期初工人数为 35 人，期初库存为 0 件。

表 4-6　对某产品的需求预测及成本

时段/月	1	2	3	4	5	6
需求量/件	2760	3320	3970	3540	3180	2900
单个工人工时/h	84	80	92	84	88	88
单位人工成本 C_W/元·人$^{-1}$	2520	2400	2760	2520	2640	2640

设 C_W 为单位人工成本，每月分别为 2520 元/人、2400 元/人、2760 元/人、2520 元/人、2640 元/人、2640 元/人；C_h 为招聘一个工人的费用，$C_h=450$ 元/人；C_l 为解聘一个工人的费用，$C_l=600$ 元/人；C_i 为维持单件产品库存一个周期的费用，$C_i=5$ 元/(件·月)；P_i 为产品产量；产品单件工时为 1h/件；W_i 为工人数；H_i 为招聘人数；L_i 为解聘人数；I_i 为库存量；i 为月份。试用线性规划模型求最优的综合生产计划。

（23）某公司要制定未来 6 个月某产品群的年度生产计划，已知 6 个月的需求预测量、每月实际工作天数等信息见表 4-7，成本信息见表 4-8，每天正常工作时间为 8h，请制定前 6 个月的综合生产计划优化方案。

表 4-7　某产品群需求预测

时段/月	1	2	3	4	5	6	合计
预测需求量/件	1800	1500	1100	900	1100	1600	8000
每月工作天数/天	22	19	21	21	22	20	125

表 4-8　某产品群成本信息

时间及成本项目	对应数据信息
材料成本	100.00 元/件
库存成本	1.50 元/(件·月)
缺货损失	5.00 元/(件·月)
外包成本（边际成本）	20.00 元/件
招聘成本	200.00 元/人
解聘成本	250.0 元/人
单位产品加工时间	5h/件
正常人工成本（每天 8h）	4.0 元/h
加班人工成本	6.0 元/h
期初库存	400 件
安全库存	月预测需求量的 25%

（24）假设相连季度产量变化的成本（指劳动力变动）为 500 元/件，每一季度库存费为 800 元/件，现有的季度生产能力为 55 件，需求预测见表 4-9。现有两种方案：一是

调节库存（均匀策略，每季度的生产能力为年度需求的平均值），二是调节劳动力（跟踪策略），哪种方案成本较低？

表 4-9　季度需求信息

时间/季度	1	2	3	4
需求量/件	20	30	50	60

（25）电机类产品的资源清单见表 4-10，资源清单中的数字表示的是一个产品系列（类）中所有项目的平均值。电机类产品年度计划产出量见表 4-11，资源年度可用量见表 4-12，请编制电机类产品的资源需求计划。

表 4-10　电机类产品资源清单

产品系列	钢材需要量/$t \cdot 台^{-1}$	铜线需要量/$t \cdot 台^{-1}$	标准工时/h
YGP 系列电机	0.0552	0.0051	11.65
YPB 系列电机	0.0365	0.0035	6.85
YZP 系列电机	0.0665	0.0065	12.85

表 4-11　电机类产品年度计划产出量　（台）

时间/月	1	2	3	4	5	6	7	8	9	10	11	12	合计
YGP 系列电机	10	10	10	10	10	10	10	10	10	10	10	10	120
YPB 系列电机	20	20	20	20	20	20	20	20	20	20	20	20	240
YZP 系列电机	50	50	50	50	50	50	50	50	50	50	50	50	600

表 4-12　电机类产品年度资源可用量

时间/月	钢材资源/t	铜线资源/t	工时资源/h
1	5	0.5	850
2	5	0.5	850
3	5	0.5	850
4	5	0.5	850
5	5	0.5	850
6	5	0.5	850
7	5	0.5	850
8	5	0.5	850
9	5	0.5	850
10	5	0.5	850
11	5	0.5	850
12	5	0.5	850
合计	60	6	10200

（26）宏达电器厂的经营计划目标为完成全年产品市场销售额 10%，据预测全部市场的年销售额为 4800 万元。要做到全年均衡销售，预计关键部件每月可提供 900 台；现有

能力工时为每月800h，初始库存为1500台，未完成订单为100台，期末所需库存为800台，录像机的资源清单见表4-13。假设你作为宏达电器的生产计划编制人员，请完成对应的年度综合生产计划和能力平衡工作。

表4-13　录像机的资源清单

产品	关键部件/个	单台关键部件劳力/h	单台录像机销售收入/元
录像机	10	1	500

4.7　案例分析题

戴尔计算机公司的库存管理启示：

在不到20年的时间内，戴尔计算机公司的创始人迈克尔·戴尔，白手起家把公司发展到250亿美元的规模。即使面对美国经济目前的低迷，在惠普公司等超大型竞争对手纷纷裁员减产的情况下，戴尔公司仍以两位数的发展速度飞快前进。据IDC数据显示，2008年第三季度，戴尔公司亚太出货量增长35%，远高于业内12%的平均涨幅。根据美国一家权威机构的统计，戴尔公司2008年第一季度的个人电脑销售额占全球总量的13.1%，仍高居世界第一。“戴尔”现象，令世人为之迷惑。该公司分管物流配送的副总裁迪克·亨特一语道破天机：“我们只保存可供5天生产的存货，而我们的竞争对手则保存30天、45天，甚至90天的存货。这就是区别。”

信息时代，特别是在高科技领域，材料成本随着日趋激烈的竞争而迅速下降。以计算机工业为例，材料配件成本的下降速度为每周1%。从戴尔公司的经验来看，其材料库存量只有5天，当其竞争对手维持4周的库存时，就等于戴尔公司的材料配件开支与对手相比保持着3%的优势。当产品最终投放市场时，物流配送优势就可转变成2%~3%的产品优势，竞争力的优劣不言而喻。

在提高物流效率方面，戴尔公司和50家材料配件供应商保持着密切、忠实的联系，庞大的跨国集团戴尔公司所需材料配件的95%都由这50家供应商提供。戴尔公司与这些供应商每天都要通过网络进行协调沟通：戴尔公司监控每个零部件的发展情况，并把自己新的要求随时发布在网络上，供所有的供应商参考，提高透明度和信息流通效率，并刺激供应商之间的相互竞争；供应商则随时向戴尔公司通报自己的产品发展、价格变化、存量等方面信息。

几乎所有工厂都会出现过期、过剩零部件。而高效率的物流使戴尔公司的过期零部件比例保持在材料开支总额的0.05%~0.1%之间，2007年戴尔公司全年在这方面的损失为2100万美元。而这一比例在戴尔公司的对手企业都高达2%~3%，在其他工业部门更是高达4%~5%。

即使是面对如此高效的物流配送，戴尔公司的亨特副总裁仍不满意：“有人问5天的库存量是否为戴尔公司的最佳物流配送极限，我的回答：当然不是，我们能把它缩短到2天。”

结合以上案例背景，回答以下问题：

(1) 戴尔公司通过有效降低库存水平大幅度降低了企业的物流成本，你认为企业拥有库存的利和弊分别有哪些？

(2) 戴尔公司在物流管理方面成功的经验对“中国制造”有什么启示？

5 主生产计划 MPS 习题

5.1 对错判断题

（1）主生产计划是相关需求计划。（ ）

（2）主生产计划详细规定生产什么、什么时段应该产出，是独立需求计划。（ ）

（3）ERP 是在 MRP Ⅱ 的基础上进一步发展起来的企业管理信息系统。（ ）

（4）主生产计划是一个不断更新的滚动计划。（ ）

（5）滚动计划把计划期分成若干个滚动间隔期，在各个间隔期的生产计划内容的详细程度相同，不同之处在于间隔期长的计划可用于指导生产准备。（ ）

（6）在滚动计划中，在设备能力和半成品库存等方面都做了必要的缓冲准备以适应未来市场需求的变化。（ ）

（7）在制定主生产计划时，必须首先清楚地了解相关约束条件，根据产品的轻重缓急来分配资源，将关键资源用于关键产品。（ ）

（8）现有库存量是指正执行的采购订单或生产订单，在未来时段物料将要入库或将要完成的数量。（ ）

（9）安全库存是指为了预防需求或供应方面的可以预测的波动，在仓库中经常保持的最低库存数量。（ ）

（10）库存控制是使各种生产物资的种类、数量和存储时间维持在必要的水平上。（ ）

（11）库存控制的主要功能是既要保障企业生产经营活动的正常进行，又要通过规定合理的库存水平和采取有效的控制方式，使库存数量、成本和占用资金维持在最低限度。（ ）

（12）粗能力需求计划的处理过程是将成品的采购计划转换成对相对的工作中心的能力需求。（ ）

（13）生产能力与生产任务不平衡就无法进行生产计划。（ ）

（14）调整企业中短期的生产能力可以从提高设备利用率和生产效率、采用库存调节和利用外部资源三个方面着手。（ ）

（15）调整能力的措施主要有调整劳力、变更工艺路线、转包或增加设备、提高设备的利用率和效率等。（ ）

（16）生产计划必须体现有利于实现生产成本最低化、有利于满足市场需求、有利于最大限度地减少生产资源的闲置和浪费。（ ）

（17）生产过程中出现的工程技术问题是技术部门的事情，其与生产计划无关。（ ）

（18）生产计划员负责跟踪生产订单在生产单位完成执行情况，不需要向计划主管和相关部门通报生产订单执行情况。（ ）

（19）BOM 不准确，生产计划员没有必要通知技术部门，自己修改就可以。（ ）

（20）主生产计划在有效的期限内应保持动态，生产计划员可以随时根据实际情况进行更改。（ ）

（21）生产计划员应熟悉企业产品的生产周期、质量标准、配套要求、入库手续以及统计产品产量的有关规定。（ ）

（22）计划是调整、调动、调遣、指挥、协调和平衡解决生产过程中出现的各种矛盾。（ ）

（23）主生产计划的计划展望期一般大于生产计划大纲的计划展望期。（ ）

5.2 单项选择题

（1）（ ）是产品出产计划的输入。

A. 库存状态文件　B. 生产计划大纲

C. 产品结构文件　D. 车间生产作业计划

（2）（ ）不属于主生产计划考虑的因素。

A. 客户订单和预测　B. 已完成订单　C. 可用物料的数量　D. 现有能力

（3）（ ）不是主生产计划的编制原则。

A. 最多项目　B. 独立具体　C. 适当裕量　D. 适当稳定

（4）主生产计划是确定在每一具体时间段内生产多少数量（ ）的计划。

A. 最终产品　B. 零部件　C. 原材料　D. 半成品

（5）按照需求的判定以及相应的管理方式不同，需求被分为独立需求和（ ）。

A. 稳定需求　B. 随机需求　C. 确定需求　D. 相关需求

（6）确定企业生产的最终产品的出产数量和出产时间的计划是（ ）。

A. 主生产计划　B. 生产能力计划

C. 综合生产计划　D. 物料需求计划

（7）生产类型是（ ）的企业必须做销售预测。

A. 现货生产　B. 订货生产　C. 定制生产　D. 工程生产

（8）主生产计划的逻辑模型中，整个计划跨度共可被分成（ ）。

A. 一个时区、一个时界　B. 两个时区、两个时界

C. 三个时区、两个时界　D. 两个时区、三个时界

（9）（ ）计划层次是宏观到微观的过渡。

A. 经营规划　B. 销售与运作规划　C. 主生产计划　D. 物料需求计划

（10）生产订单的完成日期和开始日期由（ ）确定。

A. 该生产订单的物料清单

B. 工艺路线文件中的准备时间和单件加工时间

C. 每个工作中心前的工作数量

D. 由 MRP 系统建立的计划

(11) 企业生产计划的内容不包含（　　）。

A. 生产什么东西，指产品或零件名称

B. 在哪里生产，指生产部门或单位

C. 生产什么时候开始，什么时候交货

D. 如何生产，指建立生产计划标准

(12) 使用固定周期批量法，订货的（　　）保持相对稳定，但订货量可能随需求的不同而变化。

A. 间隔期　　B. 提前期　　C. 保险期　　D. 休整期

(13) 经济订货批量是指（　　）。

A. 库存保管成本最低时的订货批量

B. 订货成本最低时的订货批量

C. 缺货成本最低时的订货批量

D. 年总库存成本最低时的订货批量

(14) 可将每个时期对项目的净需求量作为订货批量的批量方法是（　　）。

A. 固定批量法　　B. 直接批量法

C. 经济订货量法　　D. 固定周期批量法

(15) 制定 MPS 基本模型的程序不包括（　　）步骤。

A. 计算现有库存量　　B. 决定 MPS 产品生产量与生产时间

C. 计算待分配库存　　D. 计算综合计划

(16) 在进行 MPS 计算时计划接受量（Scheduled Receipts）是指（　　）。

A. 加工完成的产品　　B. 在制的产品

C. 在途的采购原料　　D. 采购到货的原料

(17) 净需求=本时段毛需求-前一时段末的可用库存量-本时段计划接收量+(　　)。

A. 安全库存　　B. 计划产出量　　C. 计划接收量　　D. 正常周转库存

(18) 某企业 11 月 11 日对产品 A 的毛需求为 200 台，现库存可用量为 50 台，11 月 11 日的计划接收量为 30 台，且 A 产品的安全库存为 20 件，则该企业 11 月 11 日对 A 产品的净需求为（　　）。

A. 120 台　　B. 140 台　　C. 200 台　　D. 170 台

(19) 在主生产计划中处于（　　）的计划变动代价最小。

A. 计划时区　　B. 预测时区　　C. 需求时区　　D. 计划时界

(20) 在如下关于计划订单和已下达订单的陈述中，（　　）是正确的。

A. 计划订单是由计算机系统生成和管理，而已下达订单是由人生成和管理

B. 计划订单是由人生成和管理，而已下达订单是由计算机系统生成和管理

C. 只有在计划时界之内，MRP 系统才能够修改计划订单，而在计划时界之外 MRP 系统只能够修改已下达订单

D. MRP 系统不能修改计划订单，但是能够修改已下达订单

(21) 可承诺量和预计可用量之间的区别是（　　）。

A. 可承诺量是累计量，而预计可用量不是

B. 可承诺量是主生产计划量与客户订单量的差，而预计可用量是主生产计划量与总需求量的差

C. 可承诺量度量预测与主生产计划量之间的平衡程度，而预计可用量则是度量预测的准确度

D. 可承诺量仅仅用于客户订单录入，而预计可用量仅仅应用于制定主生产计划

（22）（　　）是一种新的计划方法，可以用于编制灵活、有弹性的各种计划，使企业在适应市场需求的同时，保持生产的稳定和均衡。

A. 收入利润顺序法　　B. 滚动计划法

C. 生产计划图表法　　D. 线性规划法

（23）备货生产的管理对象是（　　）。

A. 最终产品　　B. 组部件　　C. 零部件　　D. 原材料

（24）在闭环 MRP 中，确定主生产计划时应进行（　　）。

A. 粗能力计划平衡　　B. 细能力计划平衡

C. 人员平衡　　D. 生产平衡

（25）所谓（　　）是指在闭环 MRP 中设定完成主生产计划后，通过对关键工作中心生产能力和计划生产量的对比，判断主生产计划是否可行。

A. 细能力计划　　B. 粗能力计划　　C. 宏观能力计划　　D. 微观能力计划

（26）（　　）方法能够证明生产能力能够得到满足。

A. 粗能力计划平衡　　B. 物料需求计划

C. 能力需求计划　　D. 流程设计

（27）对能力需求计划进行调整通常有调整能力和调整负荷两种方法，（　　）属于调整能力的方法。

A. 撤销订单　　B. 修改 MRP　　C. 延迟交货　　D. 加班

（28）粗能力需求计划的计划对象是（　　）。

A. 关键工作中心　　B. 最终产品　　C. 工序　　D. 工作中心

（29）关于订货点法说法错误的是（　　）。

A. 订货点法是一种使库存量不得低于安全库存的库存补充方法

B. 在稳定消费的情况下订货点是一个固定值

C. 如果不增加订货量又不消耗安全库存，就必须提高订货点，即提前订货

D. 订货点法能保证消耗量和消耗速度在多变情况下不出现供应短缺

（30）与关键工作中心不相符的特点是（　　）。

A. 经常加班、满负荷工作　　B. 专业设备、价格昂贵

C. 操作技术要求高　　D. 可以在短时间内增加能力

（31）累计提前期是指（　　）。

A. 设计提前期、加工提前期和装配提前期

B. 设计提前期、装配提前期和采购提前期

C. 采购提前期、加工提前期和装配提前期

D. 准备提前期、加工提前期和装配提前期

（32）时界是 MPS 计划的参考点，是控制计划变化的参考与根据，以保持计划的严肃性、稳定性和灵活性，MPS 设有需求时界和（　　）两个时界点。

A. 计划时界　　B. 预测时界　　C. 装配时界　　D. 生产时界

(33)(　　)指出主生产计划展望期中的一个时间点，在其之前如果改变计划将会对子项的计划、能力计划、客户交货和成本产生负面影响。
A. 需求时界　B. 订单时界　C. 计划时界　D. 预测时界

(34) 在 ERP 系统中，在需求时区生产计划变动的审批权是(　　)。
A. 厂长　B. 系统管理员　C. 主生产计划员　D. 计划员

(35) 在 ERP 系统中，在计划时区生产计划变动的审批权是(　　)。
A. 厂长　B. 系统管理员　C. 主生产计划员　D. 计划员

(36) 在 ERP 系统中，在预测时区生产计划变动的审批权是(　　)。
A. 厂长　B. 系统管理员　C. 主生产计划员　D. 计划员

5.3 多项选择题

(1) 关于生产计划描述正确的有(　　)。
A. 综合生产计划是确定企业产品生产的总量而不是具体品种或规格产品的产量，主生产计划确定每一具体品种或规格产品的产量
B. 综合生产计划的计划期一般为一年
C. 主生产计划的计划期一般是几个月，确定每周完成数量
D. 综合生产计划一般由中层管理人员制定
E. 主生产计划是综合生产计划的细化和分解，可以由基层单位制定

(2) 主生产计划的编制原则有(　　)。
A. 最少项目原则　B. 关键项目原则
C. 全面代表原则　D. 适当裕量原则
E. 适当稳定原则

(3) 在 MPS 编制过程中，时区一般分为(　　)。
A. 提前时区　B. 需求时区　C. 计划时区　D. 预测时区　E. 展望时区

(4) 生产批量的确定方法主要有(　　)。
A. 固定批量法　B. 经济批量订货法
C. 固定订货间隔期法　D. 直接批量法
E. 最小总成本法

(5) 调节生产能力的主要方法有(　　)。
A. 追加资源投入　B. 调整生产时间
C. 利用存货平滑产出量　D. 外协转包　E. 延迟交货

(6) 生产能力计划的主要特性有(　　)。
A. 生产能力计划具有战略性　B. 生产能力计划具有风险性
C. 生产能力的时效性　D. 生产能力定量上的不确定性
E. 生产能力计划的稳定严肃性

(7) 对服务业而言，调整服务能力的可用策略有(　　)。
A. 进行有效的人员班次排序
B. 对组织结构、服务流程进行重组
C. 雇佣和培养多技能员工
D. 利用临时工
E. 利用兼职人员

（8）目前经常采用的批量策略有（　　）。

A. 直接批量法　　B. 间接批量法

C. 随机批量　　D. 固定批量法

E. 固定间隔期法

5.4 专业名词翻译题

（1）Master Production Scheduling；

（2）Customer Order；

（3）Demand Management；

（4）Available to Promise。

5.5 简答题

（1）简述主生产计划的作用与意义。

（2）综合生产计划和主生产计划之间的区别是什么？

（3）简述主生产计划编制的原则。

（4）粗能力需求计划的优点是什么？

（5）如何控制主生产计划的变动？

（6）划分时段的目的是什么？

（7）什么是滚动计划方法？有什么优点？

（8）为什么要围绕物料转化组织生产？

（9）就如何做好生产计划问题，你认为必须要考虑哪些方面？

5.6 计算题

（1）某电视机厂要对某型号的电视机编制主生产计划表，现有库存量为 180 台，安全库存量为 50 台，生产批量为 100 台，批量增量为 100 台。生产提前期是 1 周，计划展望期为 11 周，需求时界第 3 周，计划时界第 8 周，销售预测第 1~11 周均为 200 台；第 1~11 周实际已签订的合同量依次为：280 台、200 台、190 台、230 台、190 台、150 台、250 台、230 台、170 台、160 台、110 台。毛需求在需求时区取合同量，在计划时区取合同和预测的最大值，在预测时区取预测值，编制该项目表 5-1 的主生产计划报表。

表 5-1　主生产计划报表　　（台）

时段/周	当期	1	2	3	4	5	6	7	8	9	10	11
预测量												
合同量												
毛需求量												
PAB 初值												
预计 PAB 值												
净需求量												
计划产出量												
计划投入量												

（2）物料名称为彩色电视机，现有库存 80 台，安全库存 50 台，生产批量 100 台，批量增量 100 台，在时段 2 的计划接收量为 50 台。提前期为 1 周，需求时界第 3 周，计划时界第 8 周。毛需求在需求时区取合同量，在计划时区取合同和预测的最大值，在预测时区取预测值。按照表 5-2 中的数据，编制该项目的主生产计划。

表 5-2 主生产计划 （台）

时段/周	1	2	3	4	5	6	7	8	9	10	11
预测量	100	120	120	100	100	100	100	100	120	100	120
合同量	120	150	150	80	120	80	150	100	150	80	80
毛需求量											
计划接收量											
PAB 初值											
预计 PAB 值											
净需求量											
计划产出量											
计划投入量											

（3）某企业生产某种产品，该产品生产的批量为 20 台，提前期为 1 周，需求时界为第 3 周，计划时界为第 6 周，当前可用库存为 50 台，第 1 周的计划接收量为 15 台，产出率为 100%，安全库存为 10 台，已知所接收的订单情况和销售预测见表 5-3。毛需求的确定方式是：需求时区为订单量，计划时区为预测和订单量的最大值，预测时区为预测量。试根据表 5-3 的数据制定该产品的主生产计划。

表 5-3 主生产计划 （台）

时段/周	当期	1	2	3	4	5	6	7	8	9	10
预测量		30	30	30	30	30	30	30	30	30	30
合同量		0	52	10	10	50	90	35	70	22	10
毛需求量											
计划接收量											
PAB 初值											
预计库存量											
净需求量											
计划产出量											
计划投入量											
可供销售量											

（4）假设某工厂对某电子计算机编制主生产计划，现有库存量为 8 台，安全库存为 0 台，生产批量为 20 台，批量增量为 20 台，在时段 1 的计划接收量是 10 台。生产提前期为 1 周，需求时界为第 3 周，计划时界为第 8 周，计划展望期为 11 周，预测和合同的有关数据见表 5-4。毛需求在需求时区取合同量，在计划时区取合同和预测的最大值，在预测时区取预测值。试编制该电子计算机的主生产计划报表。

表5-4 物料的预测和合同数据 （台）

时段/周	当期	1	2	3	4	5	6	7	8	9	10	11
预测量		5	5	5	5	5	5	5	5	5	5	5
合同量		12	8	0	2	7	6	0	13	5	0	2
毛需求量												
计划接收量												
预计库存量												
净需求量												
计划产出量												
计划投入量												
可供销售量												

（5）假定某电机厂对YZP型号电机编制主生产计划表，现有库存量90台，第1周的计划接收量是100台，已分配量为10台，安全库存量50台，生产批量为100台，批量增量为100台。生产提前期是1周，需求时界第3周，计划时界第8周，YZP电机制造合格率假定为100%。合同和预测数据见表5-5，毛需求在需求时区取订单合同量，在计划时区取需求预测量和订单合同量的最大值，在预测时区取需求预测量，请编制对应的MPS计划。若编好MPS计划后企业又临时接到产品3个订单，其订货量分别是10台、30台、10台，交货期分别为第2周、第7周、第3周，在不改变MPS计划情况下如何接单？

表5-5 电机MPS预测及合同数据 （台）

时段/周	1	2	3	4	5	6	7	8	9	10	11
需求预测量	60	60	60	60	60	60	60	60	60	60	60
订单合同量	110	80	50	70	50	60	110	150	50	0	20

（6）雪兔冷饮店销售某种型号的冰激凌，预计本周每天的总需求量、预计到货量见表5-6，安全库存为0个，期初库存量为80个，采购批量为50个，批量增量为50个。已知订货提前期为1天，试编制计算该产品本周的主生产计划报表。

表5-6 冰激凌需求量及预计到货量 （个）

时段/星期	一	二	三	四	五	六	日
总需求量	30	55	60	100	50	55	40
预计到货量	0	0	0	0	0	0	0

（7）某企业生产A产品，该厂1~10周各周需求预测量、订货量见表5-7，安全库存为0个，期初现有库存为8个。已知A产品生产提前期为1周，批量为5个，批量增量为5个，总需求按预测和合同的最大值来计算，各时段计划接收量为0个，试编制1~10周A产品主生产计划报表。

表 5-7　A 产品各周需求预测量和订货量　（个）

时段/周	1	2	3	4	5	6	7	8	9	10
需求预测量	5	5	5	5	5	5	5	5	5	5
订货量	5	6	6	7	4	0	3	6	1	3

（8）设某产品的成本为 50 元，周保管费率为 2%，订货费用为 120 元；未来 12 周的净需求量见表 5-8，期初库存量为 0 件，产品提前期为 1 周，请用最小总成本法列表计算确定订货时间和订货批量。

表 5-8　某产品未来 12 周的净需求量

时间/周	1	2	3	4	5	6	7	8	9	10	11	12
净需求量/件	30	10	20	25	20	10	30	10	20	30	10	20

（9）某电机产品近 10 周的需求预测和订货数据见表 5-9。若订货、生产或消耗均在每时刻起点开始，该电机产品提前期为 1 周，需求时界第 3 周，计划时界第 7 周。当前库存量 26 台，已分配库存量 10 台，安全库存量 5 台，在时段 1 的计划接收量为 10 台。毛需求在需求时区取订单合同量，在计划时区取需求预测量和订单合同量的最大值，在预测时区取需求预测量。讨论采用固定批量法（批量和批量增量均为 20 台）、直接批量法（直接以每期净需求量作为批量）、经济批量法（为简化计算，直接取全部周期平均毛需求量的 3 倍作为经济批量大小）和固定周期法（周期批量 = 直接批量法从 2～10 周每 3 周为一个周期的净需求量总和，即 2～4 周为一个周期，5～7 周为一个周期，8～10 周为一个周期）等不同的批量方法，编制该电机产品的主生产计划 MPS 报表。

表 5-9　某电机产品预测及合同数据　（台）

时段/周	1	2	3	4	5	6	7	8	9	10
需求预测量	10	20	10	30	18	15	32	25	20	20
订单合同量	20	25	10	25	20	10	35	20	18	20

（10）某物资公司生产 A 和 B 两种产品，两种产品都可以有库存，并且一件单位的 A 产品每月平均维持库存费用为 2 元，而 B 产品则为 4 元。表 5-10 给出了该公司今后 6 个月的需求预测数据，该公司的三个加工中心生产 A、B 两种产品的工时定额见表 5-11。

表 5-10　某物资公司 6 个月的需求预测　（件）

时段/月	1	2	3	4	5	6
产品 A	800	650	800	900	800	850
产品 B	425	300	500	500	400	500

表 5-11　三个加工中心生产 A、B 两种产品的工时定额

加工中心	X	Y	Z
A/h/件$^{-1}$	1.4	0.7	1.1
B/h/件$^{-1}$	1.5	1.3	0.8

1）若 X 加工中心按照预测的数据生产 A、B 两种产品，请计算 X 加工中心的工作负荷；

2）为制定均衡工作负荷，考虑到 B 产品的单位维持库存费用是 A 产品的两倍，所以计划制定者决定按 B 产品的预测量进行生产，并打算合理安排 A 产品的生产，以使 X 加工中心的工作总负荷始终高于 6 个月的平均值，制定一个生产计划来满足这些目标（各期不可以缺货，当期生产的产品只能为当期交货服务）。

（11）某产品 A 对应的物料清单、主生产计划、工艺路线及工时定额信息分别见表 5-12～表 5-15，除 D 为外购件外，其他零件都为自制件，试采用能力清单法编制其粗能力需求计划。

表 5-12 某产品 A 的单层展开式 BOM

装配件	零部件	每个装配件所需数量/个	零部件提前期/周
A	B	1	1
	C	2	2
	D	4	1
B	E	1	2
	F	1	1

表 5-13 某产品 A 对应的主生产计划

时段/周	1	2	3	4	5	6	7	8	9	10
主生产计划/个	25	25	20	20	20	20	30	30	30	25

表 5-14 某产品 A 工艺路线及工时定额

项目	工序号	关键工作中心	单件加工时间/h	生产准备时间/h	平均批量/个	单件准备时间/h	单件总时间/h
A	10	30	0.09	0.40	20	0.0200	0.1100
B	10	25	0.06	0.28	40	0.0070	0.0670
C	10	15	0.14	1.60	80	0.0200	0.1600
	20	20	0.07	1.10	80	0.0138	0.0838
E	10	10	0.11	0.85	100	0.0085	0.1185
	20	15	0.26	0.96	100	0.0096	0.2696
F	10	10	0.11	0.85	80	0.0106	0.1206

表 5-15 关键资源的定额能力

关键工作中心	10	15	20	25	30
额定能力/h·周$^{-1}$	5.5	14.0	5.5	2.0	3.0

（12）某产品 A 对应的物料结构、计划数据、能力数据和工艺数据与上述（11）题的数据一致，假设产品 A 的累计制造提前期为 4 周，每道工序的加工提前期为 1 周，其工序网络图如图 5-1 所示。按分时间周期的能力清单法计算该产品的粗能力需求计划。

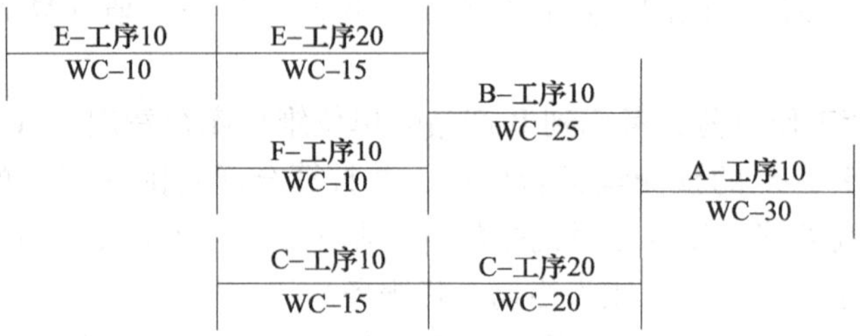

图 5-1　产品 A 的工序网络

（13）某公司制定了见表 5-16 的 6 个月的产品出产计划，表 5-17 给出了该公司五个关键加工中心的产品工时定额，列表计算该公司关键生产中心 6 个月的总工作负荷。

表 5-16　产品出产计划　（台）

时段/月	1	2	3	4	5	6
产品 A	171	318	362	547	421	290
产品 B	175	197	216	224	206	190
产品 C	400	400	390	362	325	300
产品 D	400	400	460	500	560	600

表 5-17　产品工时定额　（h/台）

产品	A	B	C	D
加工中心 2	0. 61	0. 19	0. 22	0. 71
加工中心 3	0. 56	0. 42	0. 68	1. 74
加工中心 4	0. 71	0. 41	0. 59	0
加工中心 6	0. 14	0	0. 24	0. 61
加工中心 8	0. 44	0. 61	0. 28	1. 06

（14）产品 A 对应的各工作中心定额能力见表 5-18，物料结构如图 5-2 所示，工艺路线见表 5-19，MRP 计划见表 5-20，请编制其粗能力需求计划 RCCP。

表 5-18　各工作中心定额能力数据

工作中心编码	10	15	20	25	30
定额能力/h · 周$^{-1}$	24	25	20	20	20

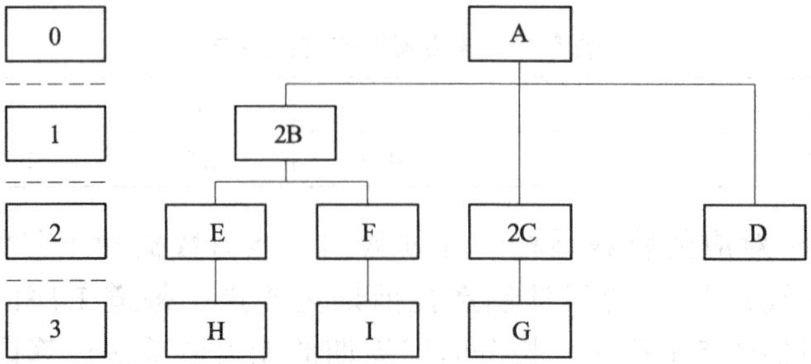

图 5-2　产品 A 的物料结构

表 5-19 产品 A 的工艺路线信息

物料	工序号	工作中心	单件加工时间/h	单件生产准备时间/h	平均批量/件	单件准备时间/h	单件总时间/h
A	10	30	0.09	0.40	20	0.02	0.11
B	10	25	0.06	0.28	40	0.007	0.067
C	10	15	0.14	1.60	80	0.02	0.16
	20	20	0.07	1.10	80	0.138	0.208
E	10	10	0.11	0.85	100	0.0085	0.1185
	20	15	0.26	0.96	100	0.0096	0.2696
F	10	10	0.11	0.85	80	0.0106	0.1206

表 5-20 产品 A 的 MRP 输出

物料	时段/周	1	2	3	4	5	6	7	8	9	10
A/件	计划投入量	25	25	20	20	20	20	25	30	30	25
B/件	毛需求量	50	50	40	40	40	40	50	60	60	50
	计划接收量	76			100						
	预计可用库存量 28	54	4	40	0	40	0	60	0	50	0
	计划投入量		76		80		120		44		
C/件	毛需求量	50	50	40	40	40	40	50	60	60	50
	计划接收量	72									
	预计可用库存量 33	55	5	40	0	40	0	60	0	50	0
	计划投入量	75		80		120			110		
E/件	毛需求量		76		80		120		44		
	计划接收量		152								
	预计可用库存量 10	10	86	86	6	6	110	0	0	0	0
	计划投入量				224						
F/件	毛需求量		76		80		120		44		
	计划接收量										
	预计可用库存量 44	44	128	128	48	48	88	88	138	138	138
	计划投入量	160				160		160			

6 物料需求计划 MRP 习题

6.1 对错判断题

(1) 独立需求的一大特点是具有很大的不确定性。 ( )

(2) MRP 也可以用于多品种小批量生产环境。 ( )

(3) MRP 处理的是相关需求。 ( )

(4) 产品出产计划是通过分解生产大纲得出的。 ( )

(5) MRPⅡ与 MRP 是完全不相关的系统。 ( )

(6) MRP 注重批量订单而 JIT 注重单件生产，因此 MRP 与 JIT 无法兼容。 ( )

(7) MRP 的三项主要输入是产品出产计划、库存状态文件和物料清单文件。 ( )

(8) 产品出产计划说明哪些零件何时出产多少。 ( )

(9) MRP 以物料为中心组织生产，要求上道工序应该按下道工序的需求进行生产，前一生产阶段应该为后一生产阶段服务。 ( )

(10) 产品是独立需求性质，而零件一定是相关需求性质。 ( )

(11) 汽车轮胎在汽车厂是相关需求库存，在轮胎商店是独立需求库存。 ( )

(12) 物料编码是 MRP 系统识别物料的唯一标识。 ( )

(13) 把生产活动与财务活动联系在一起是基本 MRP 迈向闭环 MRP 的关键。( )

(14) 相关需求的数量是随机的和不确定的。 ( )

(15) 产品的包装物不是相关需求。 ( )

(16) MRP 对产品结构进行自下向上分析，按产品结构层次向上累计需求。 ( )

(17) 本质上看 MRPⅡ仍是以 ERP 为核心，在功能和技术上却超越了 ERP。 ( )

(18) 对产品的需求而产生的对构成该产品的物料（原料及零部件等）的需求，就属于独立性需求。 ( )

(19) MRPⅡ是一种计划主导型管理模式。 ( )

(20) 主生产计划只是对最终产品的计划，一个产品可能由成百上千种相关物料组成，物料需求计划负责对物料做出合理的计划和安排。 ( )

(21) 电视机厂的电视机是最终产品，而供给维修部门的显像管等备件则属于相关需求件。 ( )

(22) MRP 处理的是相关需求，因此不需要安全库存。 ( )

(23) MRP 以物料为中心来组织生产，要求上道工序应该按下道工序的需求进行生产，前一生产阶段应该为后一生产阶段服务。 ( )

(24) 物料清单是一种用规范的数据格式来描述产品结构的文件。 ( )

(25) MRP 不需要知道产品的零件结构就能把主生产计划展开成零件计划。 ( )

（26）工艺路线和工序一般是不变的，没有必要随着生产类型、技术进步、产品发展和员工素质的改变而变化。（ ）

（27）主生产计划在 MRP 系统中起“主控”作用。（ ）

（28）闭环 MRP 在时段 MRP 基础上添加了能力需求计划。（ ）

（29）企业资源计划的英文缩写是 MRPⅡ。（ ）

（30）周转库存一般用于应对供需波动。（ ）

（31）BOM 也称为物料用量清单或产品结构，是描述产品构成的一种方法，一般按从原料到成品的实际加工划分层次，建立上下物料的从属关系和数量。（ ）

（32）客户要求的交货提前期短于制造产品所需要的时间，这种环境下企业应采取当面订单生产的制造策略。（ ）

（33）ABC 分类法是按物品的单价高低进行的。（ ）

（34）产品结构中最上层低层码为 0，下一层部件低层码为 1，依此类推。（ ）

（35）按照 ABC 分类法得出的 A 类物资总是占少数。（ ）

（36）MRP 鼓励提前和超额完成生产计划。（ ）

（37）生产作业计划是 MRP 的输出之一。（ ）

6.2 单项选择题

（1）（ ）方法将产品出产计划中的具体产品的需求转化为构成产品的零部件和原材料的需求。

A. 粗需求能力计划 B. 物料需求计划 C. 能力需求计划 D. 库存计划

（2）（ ）不是 MRP 的输入。

A. 生产大纲 B. 产品出产计划 C. 产品结构文件 D. 库存状态文件

（3）（ ）不是相关需求。

A. 原材料 B. 在制品 C. 成品 D. 自制零件

（4）MRP 的输出是（ ）。

A. 总需要量 B. 计划订货量

C. 净需要量 D. 对所有零件的需求计划

（5）MRP 是在（ ）。

A. 订购点法的基础上发展起来的

B. 制品定额法的基础上发展起来的

C. 累计数法的基础上发展起来的

D. 网络计划法的基础上发展起来的

（6）在 MRP 系统中起“主控”作用的是（ ）。

A. 物料清单 B. 库存信息 C. 主生产计划 D. 工艺路线

（7）下列属于相关需求的是（ ）。

A. 客户订购的产品 B. 科研试制需要的样品

C. 售后维修需要的备品备件 D. 半成品、零部件、原材料需求

（8）是否考虑生产活动与财务活动的联系是（ ）的主要区别。

A. 基本 MRP 与闭环 MRP B. 闭环 MRP 与 MRPⅡ

C. MRPⅡ与 ERP D. 敏捷制造与传统制造模式

(9) 独立需求从库存控制的角度理解，其本质含义是指（　　）。

A. 具有不确定性，企业自身不能控制的需求

B. 具有确定性，企业自身不能控制的需求

C. 具有确定性，企业自身能控制的需求

D. 临时和随机的客户需求

(10) 英文缩写 MRP 用来指（　　）。

A. 物料需求计划　B. 制造资源计划　C. 企业资源计划　D. 供应链管理

(11) 基本 MRP 系统由四部分组成：（　　）、产品结构资料的组织和维护、库存业务的资料登陆和维护、物料需求计划的编制。

A. 年度生产计划　B. 综合生产计划

C. 采购计划　D. 主生产计划编制和维护

(12) 棉纺织厂购进的棉花属于该厂的（　　）。

A. 主要原材料　B. 辅助原材料　C. 消耗品　D. 低值易耗品

(13) 在企业物资中用于生产和管易方面的蒸汽、压缩空气、电等物资属于物资中的（　　）。

A. 原材料范畴　B. 辅助材料范畴　C. 动力范畴　D. 工具范畴

(14) 在制造企业中，对原材料、零件、低级组件及部件等的需求属于（　　）。

A. 相关需求　B. 独立需求　C. 连续需求　D. 最终需求

(15) MRP 法的主要特色是（　　）。

A. 定时订购　B. 定量订购

C. 适品、适时、适量　D. 及时生产

(16) 把客户需求和企业内部的生产活动，以及供应商的制造资源整合在一起的一种全新管理方法被称为（　　）。

A. ERP　B. MRPⅡ　C. MRP　D. JIT

(17) MRP 是根据需求和预测来测定未来物料供应和生产计划与控制的方法，它提供了（　　）的准确时间和数量。

A. 产品需求　B. 资料需求　C. 零件需求　D. 物料需求

(18) 在闭环的 MRP 完成对生产计划与控制的基础上进一步扩展，将经营、财务和生产管理子系统相结合形成（　　）系统。

A. 闭环物料需求计划　B. 制造资源计划

C. ERP　D. 物料需求计划

(19) 在 MRP 系统中一般按品种、型号和规格规定它们在每一时间内的生产数量和出产时间的（　　）。

A. 物料需要量计划　B. 主生产计划

C. 产品出产计划　D. 生产能力计划

(20)（　　）行业最适合应用 MRP。

A. 机床厂　B. 医院　C. 造纸厂　D. 炼油厂

(21) 英文缩写 MRPⅡ用来指（　　）。

A. 物料需求计划　B. 制造资源计划　C. 企业资源计划　D. 供应链管理

（22）英文缩写 ERP 用来指（　　）。

A. 物料需求计划　B. 制造资源计划　C. 企业资源计划　D. 供应链管理

（23）与 ERP 对比起来 MRP Ⅱ 主要侧重于（　　）。

A. 对企业内部资源的管理　B. 对企业外部资源的管理

C. 对企业经营过程的管理　D. 对企业综合能力的管理

（24）MRP 发展历程所经历的几个阶段是（　　）。

A. MRP—MRP Ⅱ—闭环 MRP—ERP　B. MRP—ERP—闭环 MRP—MRP Ⅱ

C. MRP—闭环 MRP—MRP Ⅱ—ERP　D. MRP—闭环 MRP—ERP—MRP Ⅱ

（25）同 MRP 不相符的是（　　）。

A. MRP 是针对独立需求的计划

B. MRP 是基于产品结构的计划

C. MRP 是具有时间分段的计划

D. MRP 是需求优先级的计划

（26）下列关于立体仓库的说法错误的是（　　）。

A. 立体仓库能够大大提高仓库的单位面积利用率

B. 立体仓库不可避免地增加了劳动强度

C. 立体仓库能够减少货物处理和信息处理过程的差错

D. 立体仓库能够合理有效地进行库存控制

（27）（　　）将产品出产计划中的具体产品的需求转化为构成产品的零部件和原材料的需求。

A. 粗略能力计划　B. 物料需求计划　C. 能力需求计划　D. 库存计划

（28）在 ERP 系统的主要功能中（　　）是 ERP 系统的核心所在，它将企业的整个生产过程有机地结合在一起，使得企业能够有效地降低库存和提高效率。

A. 财务管理　B. 物流管理

C. 生产计划与控制管理　D. 人力资源管理

（29）对于一家生产圆珠笔的企业来说，（　　）物料属于独立需求。

A. 笔杆　B. 笔芯　C. 笔帽　D. 圆珠笔

（30）按订货点法的基本原理，补充订货的条件是（　　）。

A. 已到库存补充时间　B. 库存余量等于零

C. 库存余量等于订货点　D. 库存余量小于安全库存

（31）关于 MRP Ⅱ 的特点说法错误的是（　　）。

A. MRP Ⅱ 是一种以计划为主导的信息化管理系统

B. 订货点法是 MRP Ⅱ 发展的初级阶段，也是 MRP Ⅱ 的基本核心

C. MRP Ⅱ 实现了物流和资金流的集成

D. MRP Ⅱ 利用时区与时界概念，向计划员提供了一个控制计划的手段

（32）关于物料需求计划 MRP 说法错误的是（　　）。

A. MRP 系统不用考虑工厂生产能力

B. 用 MRP 计算出来的物料需求有可能因设备工时的不足而没有能力生产

C. MRP 是 MRPⅡ发展的初级阶段，也是 MRPⅡ的基本核心
D. MRP 根据物料独立需求和时间分割原理进行生产计划的管理

（33）在 MRPⅡ中，关于物料定义及特性说法错误的是（　　）。
A. 为了产品出厂，需要列入计划的一切不可缺少的物质的统称
B. 物料可以用途不同，性质各异，但在 MRPⅡ里均同一地以“物料”对待
C. 物料是有价值的，不仅采购要付货款，保管保险也要发生费用
D. 物料总是从需求向供应的方向流动的，是物料相关性的必然结果

（34）在展开 MPS 进行物料需求计算时，计算的顺序是（　　）进行的。
A. 从下往上　B. 从上而下　C. 从左到右　D. 从右到左

（35）某客户向汽车总装厂订购汽车 1000 辆和配套保险杠配件 500 套，则下列选项正确的是（　　）。
A. 汽车 1000 辆是独立需求、保险杠配件 500 套是相关需求
B. 汽车 1000 辆是相关需求、保险杠配件 500 套是独立需求
C. 汽车 1000 辆、保险杠配件 500 套均是独立需求
D. 汽车 1000 辆、保险杠配件 500 套均是相关需求

（36）负荷计划又称为工时计划，它的主要目的是（　　）。
A. 维持生产的标准作业率
B. 确保生产量与交期的对策与警报
C. 既要考虑作业条件，又要找出最适合、最经济的作业方法
D. 明确规范作业方法、作业条件以及作业动作等

（37）不仅解决了企业内部的物流问题，而且形成了从原材料起点到最终用户的一个供销链的是（　　）。
A. 基本 MRP　B. 闭环 MRP　C. MRPⅡ　D. ERP

（38）闭环 MRP 与基本 MRP 的明显差异是（　　）。
A. 考虑了物料的价值　B. 考虑了人员的数量
C. 考虑了能力的约束　D. 考虑了材料的需求

（39）ERP 的核心是计划和（　　）。
A. 实施　B. 预测　C. 控制　D. 管理

（40）在库存的 ABC 管理法中 A 类物料的库存管理特点是（　　）。
A. 严格控制库存时间，不严格控制库存数量
B. 严格控制库存数量，不严格控制库存时间
C. 既严格控制库存数量，又严格控制库存时间
D. 不严格控制库存数量，又不严格控制库存时间

（41）在库存控制中一般把资金占 15%左右、品种数占 30%左右的物资定为（　　）。
A. A 类物资　B. B 类物资　C. C 类物资　D. 重点物资

（42）进行工艺选择时自己有生产能力但缺少质量保证，可以考虑（　　）。
A. 自制　B. 外购　C. 工艺专业化　D. TQM

（43）MRP 有三种输入信息，即主生产计划、库存状态和（　　）信息。
A. 产品结构　B. 最小批量　C. 安全库存量　D. 在制品定额

（44）物料编码的（　　）是指同一种物料只能对应一个编码，同一编码只能代表一种物料。

A. 兼容性　　B. 综合性　　C. 唯一性　　D. 可扩展性

（45）运用 MRP 计算企业生产过程各阶段的计划任务时，是按照（　　）原理进行的。

A. 原工艺路线　　B. 次工艺路线　　C. 反工艺路线　　D. 随机工艺路线

（46）在 ERP 系统中一种物料可以有（　　）个 MRP 底层码。

A. 1　　B. 2　　C. 3　　D. 0

（47）准备的物料清单数据属于（　　）。

A. 动态数据　　B. 静态数据　　C. 中间数据　　D. 统计数据

（48）物料清单属于（　　）。

A. 管理文件　　B. 技术文件　　C. 工作文件　　D. 会议文件

（49）物料编码是计算机识别和检索物料的（　　）。

A. 名称　　B. 代码　　C. 规格　　D. 型号

（50）任何制造业在编制计划时都要回答的问题：生产什么？要用到什么？已经有了什么？还缺什么？什么时候下达采购或加工计划？在 ERP 中（　　）准确地回答了“要用到什么”这个问题。

A. MPS　　B. BOM　　C. BPR　　D. MRP

（51）低位码（Low Level Code）是指某种物料在所有产品结构树中所处的最低层数，每种物料有且仅有一个低位码，该码的作用在于（　　）。

A. 指出各种物料最早使用的时间　　B. 便于计算物料的数量

C. 可以唯一识别物料　　D. 便于产品结构树的生成

（52）为了达到一定的管理目的，而人为设置的零件是（　　）。

A. 虚拟件　　B. 产成品　　C. 物料编码　　D. 检测设备

（53）ABC 库存管理是常用的库存管理策略之一，其主要是根据库存物品的（　　）划分物品的重要性。

A. 数量　　B. 价格　　C. 包装　　D. 供应商

（54）（　　）不是库存补充的方法。

A. ABC 分类法　　B. 库存调拨法　　C. 订货点法　　D. MRP 采购法

（55）产品 A 由子项物料 B 和 C 制成，子项 B 由子项 D 和 E 制成，应当预测（　　）物料的需求。

A. 仅物料 A　　B. 物料 A、B 和 C

C. 物料 D 和 E　　D. 物料 B、C、D 和 E

（56）下列关于库存 ABC 分析法说法错误的是（　　）。

A. 经济学上帕累托原理在库存管理上的一种应用

B. 它的基本原则是 8/2 法则

C. 可以在管理上帮助人们抓住主次

D. ABC 分类法让人们忽视对非重点物品的管理

(57) 库存是万恶之源，其内涵是（　　）。

A. 库存占用了资金　　B. 库存掩盖甚至滋生了管理问题

C. 库存占用了资源　　D. 库存影响了生产的正常进行

(58) 某种零件的总需要量是由（　　）决定的。

A. 净需要量　　B. 现有数

C. 上层元件总需要量　　D. 上层元件计划发出订货量

(59)（　　）是企业维持库存的原因。

A. 给员工提供安全感　　B. 满足需求波动

C. 防止供应商改变设计　　D. 防止员工工资增加

(60) 某种零件的总需要量是由（　　）决定的。

A. 其直接下层元件的总需要量　　B. 其直接上层元件的总需要量

C. 现有库存量　　D. 其直接上层元件的计划产出量

(61) 一辆自行车包括两个轱辘，若已知某规格自行车及轱辘的现有库存量分别为 10 辆、10 辆。要求本月自行车交货 100 辆（安全库存量为 0 辆），则本月应生产轱辘（　　）。

A. 90 辆　　B. 70 辆　　C. 190 辆　　D. 170 辆

(62) 在编制 MRP 时，不用考虑的策略因素是（　　）。

A. 制造/采购标识码　　B. 提前期

C. 批量政策　　D. MPS

(63) 计划展望期短于一种物料的累计提前期会出现（　　）问题。

A. 物料清单较高层次上的物料将无法计划

B. 物料的累计提前期将缩短

C. 将改善客户服务水平

D. 物料清单较低层次上的物料将无法计划

(64) 设某种物料的安全库存为 0 件，在 MRP 计算预计可用量的过程中，第一项净需求在（　　）时出现。

A. 预计可用库存量第一次出现负值的时候

B. 预计可用库存量变为 0 的时候

C. 在下一个时区，预计可用库存量将小于毛需求量的时候

D. 预计可用库存量小于订货批量的时候

(65) 存货属性中“自制”“委外”及“外购”属性并存时，MPS/MRP 计划时建议计划订单的优先顺序为（　　）。

A. 外购→委外→自制　　B. 自制→委外→外购

C. 自制→外购→委外　　D. 委外→自制→外购

(66)（　　）的基本特点是在网上寻找供应商，寻找品种，网上洽谈贸易，网上订货，甚至在网上支付货款，但是在网下送货进货。

A. 物料需求计划采购　　B. JIT 采购

C. 供应链采购　　D. 电子商务采购

（67）产品 A 的零件废品系数为 2%，在组装时的组装废品系数为 5%，如 A 需求为 100 件，订单投产量应为（　　）件。
A. 102　　B. 108　　C. 105　　D. 107
（68）某产品初始库存为 6 个，安全库存为 0 个，第 1 周预计到货为 2 个，第 4 周有 4 个需求量，第 8 周有 10 个需求量，第一次产生净需求量的时期是（　　）。
A. 第 1 期　　B. 第 4 期　　C. 第 8 期　　D. 第 10 期
（69）在导致物料短缺的原因中，（　　）不是物料控制部门的责任。
A. 生产计划出现变更　　B. 物料计划不合理
C. 未设定合理的安全存量　　D. 对物料进度没有进行有效控制
（70）可以说是否具有相关需求和时间分割是判别一套软件是否是生产管理软件的分水岭，是否具有（　　）是判别一套生产管理软件是否实用的试金石。
A. 能力平衡　　B. 主生产计划　　C. 物料需求计划　　D. 物料 BOM
（71）工作中心的负荷由（　　）确定。
A. 销售计划或预测
B. 关键工作中心前的排队数量
C. 把所有的已经下达的生产订单的工艺路线中能力需求按时区累加
D. 把所有的已经下达和计划的生产订单的工艺路线中的能力需求按时区累加
（72）下面的要求，MPS 和 MRP 无法达到的有（　　）。
A. 何时需要　　B. 需要多少　　C. 需要什么　　D. 为什么需要
（73）有一张工单要生产 150 个产品，为生产此项目的准备时间是 1.5h，每生产一个需要 0.2h，要完成此工单需要（　　）h。
A. 30　　B. 31.5　　C. 225　　D. 255
（74）确定工序优先级的方法有（　　）。
A. 面向库存生产、面向订单生产、面向订单装配
B. 订货点法、按需订货、经济订货批量
C. 毛需求、净需求、安全库存
D. 紧迫系数法、最小单个工序平均时差法、订单的最早完成日期法

6.3 多项选择题

（1）物料需求计划中的物料是指构成产品的所有物品，包括（　　）。
A. 部件　　B. 零件　　C. 外购件　　D. 标准件　　E. 毛坯材料
（2）ERP 的计划层次共有（　　）。
A. 企业经营计划层　　B. 生产计划大纲层
C. 主生产计划层　　D. 物料需求计划层
E. 车间作业及采购计划层
（3）MRPⅡ对企业的影响描述正确的有（　　）。
A. 销售管理方面生产与销售不再脱节
B. 生产管理方面从经验管理走向科学管理
C. 采购管理上克服了“提前期综合征”
D. 财务管理方面及时获得成本数据
E. 技术管理方面从企业整体考虑产品开发

（4）MRP 的发展经历了（　　）阶段。
A. 订货点法　B. 时段式 MRP　C. 闭环 MRP　D. MRP Ⅱ　E. ERP

（5）订货点法的缺陷是（　　）。
A. 高库存　B. 低服务水平　C. 块状需求　D. 盲目性　E. 需求稳定

（6）MRP 的输入包括（　　）。
A. 主生产计划　B. 物料清单
C. 库存状态文件　D. MRP 源代码
E. SPT

（7）ABC 分类法的实施步骤有（　　）。
A. 收集数据　B. 处理数据　C. 制作 ABC 分析表
D. 根据 ABC 分析表确定分类
E. 根据 ABC 分类结果，对 ABC 三类物品采取不同的管理策略

（8）企业对零部件采取自制方式的可能原因有（　　）。
A. 生产成本低　B. 无合适的供应商
C. 保证充足的供应　D. 利用过剩的劳动力，发挥边际效用
E. 保护专利设计，保证质量

（9）企业对零部件采取外购方式的可能原因有（　　）。
A. 生产能力不足
B. 降低存货成本
C. 保证供应的灵活性和可替代性
D. 产品受到专利或商业秘密的保护
E. 获得技术或管理能力

（10）物料需求计划基本计算过程中，计算参数主要有（　　）。
A. 毛需求量或总需求量　B. 可用库存量　C. 净需求量
D. 计划投入量　E. 计划产出量

（11）物料需求计划编制中计划因子主要有（　　）。
A. 计划期　B. 计划周期　C. 提前期　D. 批量规则　E. 安全库存

（12）决定某种零件的总需要量的是（　　）。
A. 净需要量　B. 现有数　C. 上层元件的总需要量
D. 上层元件的计划发出订货量　E. 独立需求量

（13）工作中心的作用有（　　）。
A. 运行能力计划时的计算对象
B. 定义物料工艺路线的前提
C. 车间作业安排和编制作业进度的基本单元
D. 计算加工成本的基本单元
E. 成本核算信息的数据采集点

（14）细能力需求计划计算的依据是（　　）。
A. 主生产计划　B. 工艺路线　C. 工作日历
D. 零部件作业计划　E. 工作中心

6.4 专业名词翻译题

（1）Enterprise Resource Planning;

(2) Material Requirement Planning;
(3) Manufacturing Resource Planning;
(4) Dependent Demand;
(5) Independent Demand;
(6) Purchase Lead Time;
(7) Work Center;
(8) Bill of Materials;
(9) Lead Time;
(10) Engineering Change Notice;
(11) Low-level Code;
(12) Fixed Order Quantity;
(13) Purchasing Management;
(14) Capacity Requirements Planning;
(15) Work Center Capacity;
(16) Critical Work Center。

6.5 简答题

(1) MRP 的发展经历了哪几个阶段?
(2) 应用 MRP Ⅱ有何现实意义?
(3) 简述什么是闭环 MRP 系统?
(4) 简述物料需求计划的基本原理。
(5) MRP Ⅱ五个层次计划的区别和共同特性是什么?
(6) MRP、MRP Ⅱ、ERP 的核心思想分别是什么?
(7) 解释独立需求和相关需求的含义。
(8) MRP Ⅱ的局限性是什么?
(9) 简述库存订货点理论应用的条件有哪些?
(10) 简述 MRP 用于制造过程的优点。
(11) 简述物料需求计划的计算步骤。
(12) ABC 库存管理法的要点是什么?
(13) 简述 BOM 的概念。
(14) 简述 BOM 的作用。
(15) 实施 MRP 系统在生产管理中能起哪些作用?
(16) 简述 MRP 计算的特点。
(17) 简述 MRP 的输入和输出文件。
(18) 为什么先要有主生产计划，再根据其制定物料需求计划（MRP）?
(19) 当生产能力超出生产任务（需求）时，应该采取哪些调整措施?
(20) 当生产能力满足不了生产任务（需求）时，应该采取哪些调整措施?
(21) 能力需求计划的作用与意义是什么?
(22) 什么是无限能力计划? 若企业采用无限能力计划，它反映了什么样的企业管理思想?

（23）分析细能力需求计划与粗能力需求计划的主要区别。

（24）在考虑需求量与供应能力的平衡时要考虑哪些因素？

（25）为何流程中的瓶颈环节有可能“漂移”？

6.6 计算题

（1）某企业保持有 9 种商品的库存资料见表 6-1，为了对这些库存商品进行有效的控制和管理，该企业打算根据商品的投资大小进行分类。请选用 ABC 分析法将这些商品分为 A、B、C 三类？并给出 A 类库存物资的管理方法？

表 6-1 商品库存信息

商品编号	单价/元	库存量/件
a	5.00	200
b	2.00	100
c	4.00	125
d	1.40	200
e	1.00	140
f	7.50	1000
g	3.00	120
h	1.00	120
i	0.70	100

（2）某生产百叶窗的公司接到 1 张订单共 100 单位，交货到期日是第 4 周，每个百叶窗都是由 4 个木板条及 2 个框架所组成。木板条由公司自制且加工需 1 周，而框架则是订购的，其前置时间为 2 周，配百叶窗需要 1 周。第 1 周开始有 70 个预定接收的木板条。计划订单发出量的时间与批量，需配合逐批订购（即订购量等于净需求），各种物料的安全库存为 0 个，批量为 1 个，现有库存为 0 个，计算百叶窗相关物料的 MRP 计划。

（3）某产品 P 包括两个构件 A 和 B，每制造一件产品 P 需要 2 个 A 和 4 个 B，第 6 周开始时必须发货 100 个单位该产品。目前可用库存量为 50 个 A 和 100 个 B，该产品的生产提前期为 2 周，A 和 B 各为 1 周，请用直接批量法为该产品制定 MRP 计划。

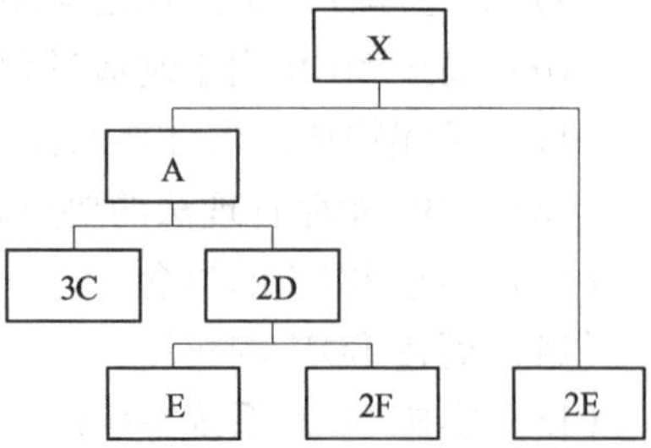

图 6-1 产品 X 的物料结构

（4）已知某种产品 X 的物料结构如图 6-1 所示，该产品的主生产计划与库存状态见表 6-2 和表 6-3，全部物料预计到货量为 0 件，试完成表 6-4 物料需求计划的计算。

表 6-2 主生产计划

时间/周	1	2	3	4	5	6	7	8	9
需求量/件									150

表 6-3 库存状态信息表

物料代码	物料名称	现有库存量/件	提前期/周	批量/件
001	X	10	1	1
002	A	50	3	1
003	C	0	2	1
004	D	100	2	1
005	E	0	1	100

表 6-4 物料需求计划计算过程

物料	需求项目＼周次	1	2	3	4	5	6	7	8	9
产品 X /件	总需求量									150
	预计到货量									
	预计可用库存 10									
	净需求量									
	计划产出量									
	计划投入量									
零件 A /件	总需求量									
	预计到货量									
	预计可用库存 50									
	净需求量									
	计划产出量									
	计划投入量									
零件 C /件	总需求量									
	预计到货量									
	预计可用库存 0									
	净需求量									
	计划产出量									
	计划投入量									
零件 D /件	总需求量									
	预计到货量									
	预计可用库存 100									
	净需求量									
	计划产出量									
	计划投入量									
零件 E /件	总需求量									
	预计到货量									
	预计可用库存 0									
	净需求量									
	计划产出量									
	计划投入量									

（5）产品 A 的物料结构图如图 6-2 所示，各种物料的基本数据见表 6-5，产品 A 的需

求计划表见表6-6，各物料的安全库存均为0个单位，请编制C、D、E、G、H的物料需求计划计算。

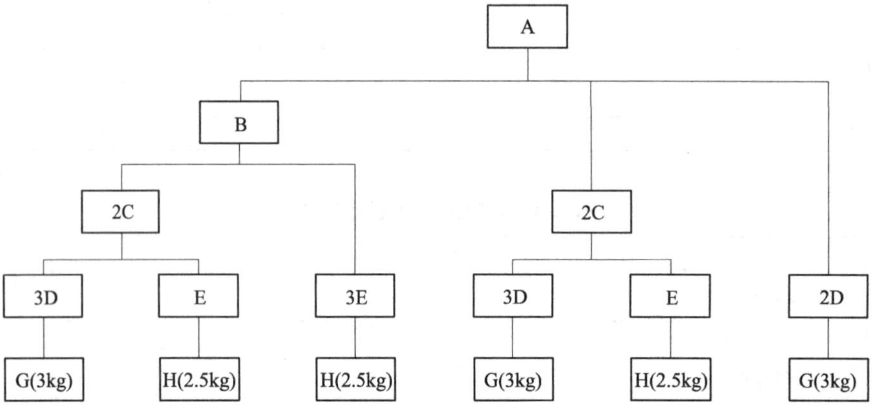

图6-2　产品A的物料结构

表6-5　各种物料的基本数据

物料名称	层次/层	批量/个	期初库存/个	提前期/周
A	0	1	0	2
B	1	1	12	1
C	2	1	15	2
D	3	1	5	3
E	3	1	3	1
G	4	100	0	2
H	4	50	15	2

表6-6　产品A的需求计划

时间/周	1	2	3	4	5	6	7	8	9	10	11
总需求量/个								10			15

（6）零件A的采购提前期是4周，零件A现有数量为22件，今后8周对零件A的需求量见表6-7。A零件的订货批量Q为20件，批量增量为20件，安全库存为0件，请用MRP方法计算零件A的订货时间和数量。

表6-7　今后8周对零件A的需求量

时间/周	1	2	3	4	5	6	7	8
需求量/件	0	17	0	14	2	28	9	18

（7）产品A的错口式物料清单见表6-8，已接到第7周200件产品A的订单。假如既没有可用的存货也没有已订未到的货，安全库存为0件，请计算确定各物料A、B、C、D、E每次订货的数量和发出订单的时间。

（8）已接到20件产品A和50件产品R的订货，物料结构见表6-9和表6-10，交货时间为第 8 周。A、R、B、C、D、E 的现有库存量分别为 1 件、4 件、74 件、90 件、190 件、160 件。请计算全部物料的 MRP 计划。

表 6-8 产品 A 的错口式物料清

物品代号及层次			每一装配件需要的数量/件	提前期（LT）
0 层	1 层	2 层		
产品 A				A：LT=3 周
*	E（形成 A 的零件）		4	E：LT=1 周
*	C（形成 A 的零件）		3	C：LT=3 周
*	B 在制品		2	B：LT=2 周
*	*	E（形成 B 的零件）	3	E：LT=1 周
*	*	D（形成 B 的零件）	2	D：LT=1 周

表 6-9 产品 A 的错口式物料清单

物品代号及层次			每一装配件需要的数量/件	提前期（LT）
0 层	1 层	2 层		
产品 A				A：LT=3 周
*	E（形成 A 的零件）		4	E：LT=1 周
*	C（形成 A 的零件）		3	C：LT=3 周
*	B 在制品		2	B：LT=2 周
*	*	E（形成 B 的零件）	3	E：LT=1 周
*	*	D（形成 B 的零件）	2	D：LT=1 周

表 6-10 产品 R 的错口式物料清单

物品代号及层次			每一装配件需要的数量/件	提前期（LT）
0 层	1 层	2 层		
产品 R				R：LT=4 周
*	B		4	B：LT=2 周
*	*	D	2	D：LT=1 周
*	*	E	3	E：LT=1 周

（9）某厂批量生产 A、B 两种产品，物料结构图如图 6-3 所示，库存记录见表 6-11，主生产计划见表 6-12，各物料的安全库存设置为 0 个，除生产计划外，各物料各期的计划接收量为 0 个，在生产或采购过程中各物料的损耗率为 0%，试编制该厂全部物料的 MRP 计划。

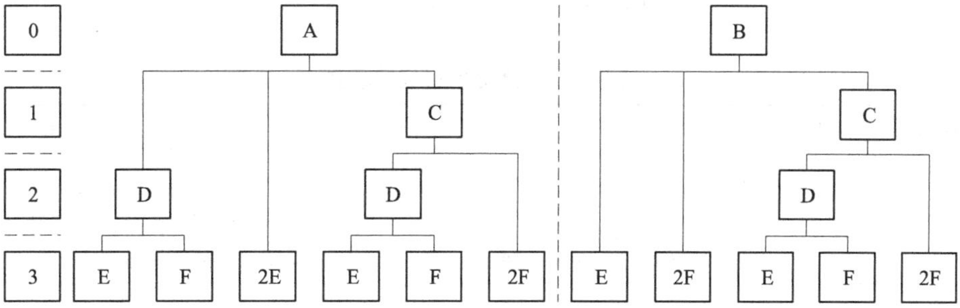

图 6-3 产品 A、B 的物料结构图

表 6-11　产品 A，B 的库存记录

物料项目	批量规则	期初可用库存量/个	提前期/周
产品 A	直接批量	50	2
产品 B	直接批量	60	2
部件 C	直接批量	40	1
部件 D	直接批量	30	1
零件 E	固定批量 2000 个	330	1
零件 F	固定批量 2000 个	1000	1

表 6-12　产品主生产计划

时间/周	9	10	11	12	13	14	15	16	17
产品 A/个	1250				850				550
产品 B/个	460				360				560
部件 D/个	250				250				330
零件 E/个	400				430				380

（10）假设产品 Z 由 2 单位 A 与 4 单位 B 制成，A 由 3 单位 C 与 4 单位 D 制成，D 由 2 单位 E 制成。采购或制造每种产品到最终产品的提前期分别为：Z 需要 2 周；A、B、C、D 各为 1 周，E 需要 3 周。假设当前 A 的库存量为 30 个，D 的库存量为 80 个，预计 C 第 5 周到货 70 个。假设第 11 周需要产出 55 个单位 Z，请生成一张 MRP 进度计划表，并指明总需求、净需求和计划订单发出的日期。

（11）已知产品 A、B 的物料结构图如图 6-4 所示，各产品的市场需求量见表 6-13，各产品的库存量、生产（订购）批量、预计入库量（计划接收量）和周期见表 6-14，计算全部物料的 MRP 计划表。

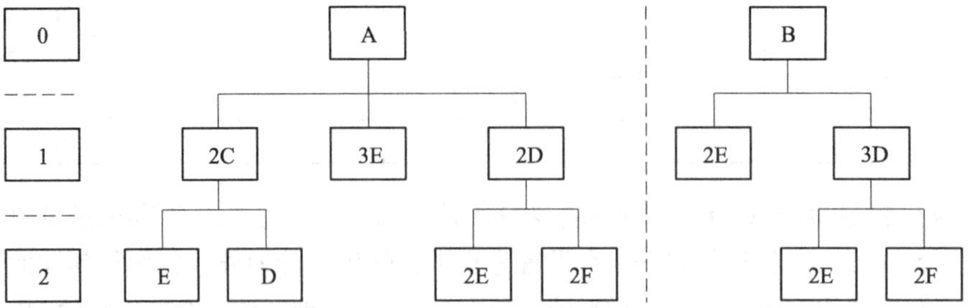

图 6-4　产品 A、B 的物料结构

表 6-13　各产品的市场需求量

时间/周	1	2	3	4	5	6	7	8	9	10	11	12
A/个									300	450		500
B/个									200		300	
E/个			50	50	50	50	50	50	50	50	50	50
F/个					200					300		

表 6-14 各产品的库存量、生产（订购）批量和周期

物料	A	B	C	D	E	F
现有库存量/个	20	30	15	10	30	50
安全库存量/个	0	10	0	0	10	20
生产（订购）批量/个	1	1	1	1	500	200
预计入库量/个	90（3）	30（4）	95（4）	195（2）		200（2）
生产（订购）周期/周	2	3	1	2	2	3

注：表中预计入库量或计划接收量说明：例如，90（3）表示第三周有 90 件入库。

（12）某产品 P 包括两个构件 A 和 B，每制造一件产品 P 需要 2 个 A 和 4 个 B。第 6 周开始时必须发送 100 个单位该产品，目前持有量为 50 个 A 和 100 个 B。该产品的生产提前期为 2 周，A、B 各为 1 周，用直接批量法制定 MRP 计划。

（13）某电机产品 F 的单层展开式 BOM 见表 6-15，产品 F 提前期为 1 天，已计算完成的产品 F 全部零部件 MRP 计划初稿见表 6-16，工作中心及其可用能力见表 6-17，产品 F 的工艺路线和定额工时见表 6-18。假设每批零部件加工的准备时间和订单数量无关，工作中心的不同订单数量的工序负荷计算见表 6-19，产品 F 的生产作业时间见表 6-20，工作中心的等待时间、移动时间和排队时间见表 6-21，试编制该产品的细能力需求计划。

表 6-15 电机产品 F 的单层展开式 BOM

装配件	零部件	每个装配件所需数量/个	零部件提前期/天
F	A	2	1
	B	1	1
B	C	1	1
	D	2	1

表 6-16 电机产品 F 的 MRP 计划初稿

物料	时段/天	当期	1	2	3	4	5	6	7	8	9	10
F/台	计划产出量			90	90	90	120	120	120	120	150	150
	计划投入量		90	90	90	120	120	120	120	150	150	
A/台	计划产出量			300	150	150	300	300	150	300	300	
	计划投入量		300	150	150	300	300	150	300	300		
B/台	计划产出量			100	100	100	100	200	100	100	200	
	计划投入量		100	100	100	100	200	100	100	200		
C/台	计划产出量			200		200	200		200	200		
	计划投入量		200		200	200		200	200			
D/台	计划产出量			300		300	300	300	300	300		
	计划投入量		300		300	300	300	300	300			

表 6-17 工作中心及其可用能力

工作中心	每天工作时间/h	利用率/%	效率/%	能力/h · 天$^{-1}$
WC02	8	98	99	7. 76
WC07	8	98	99	7. 76
WC15	8	95	98	7. 45
WC23	8	95	95	7. 22
WC39	8	95	90	6. 84

表 6-18 电机产品 F 的工艺路线和定额工时 (h)

物料	工序编码	工作中心	单价加工时间	准备时间
F	5	WC02	0. 03	0. 52
A	5	WC07	0. 01	0. 35
	10	WC15	0. 04	0. 35
B	5	WC02	0. 02	0. 65
C	5	WC07	0. 03	0. 65
	10	WC23	0. 03	0. 65
D	5	WC39	0. 05	0. 65

表 6-19 工作中心的工序负荷

物料	工序编码	工作中心	订单数量/个	能力负荷/h
F	5	WC02	90	90×0. 03+0. 52=3. 22
			120	120×0. 03+0. 52=4. 12
			150	150×0. 03+0. 52=5. 02
A	5	WC07	150	150×0. 01+0. 35=1. 85
			300	300×0. 01+0. 35=3. 35
	10	WC15	150	150×0. 04+0. 35=6. 35
			300	300×0. 04+0. 35=12. 35
B	5	WC02	100	100×0. 02+0. 65=2. 65
			200	200×0. 02+0. 65=4. 65
C	5	WC07	200	200×0. 03+0. 65=6. 65
	10	WC23	200	200×0. 03+0. 65=6. 65
D	5	WC39	300	300×0. 05+0. 55=15. 55

表 6-20 电机产品 F 的生产作业时间

物料	工序编码	工作中心	可用能力/h · 天$^{-1}$	订单数量/个	能力负荷/h	作业时间/天	作业时间/h
F	5	WC02	7. 76	90	3. 22	3. 22/7. 76=0. 41	4
				120	4. 12	4. 12/7. 76=0. 53	5
				150	5. 02	5. 02/7. 76=0. 65	6

续表 6-20

物料	工序编码	工作中心	可用能力/h·天$^{-1}$	订单数量/个	能力负荷/h	作业时间/天	作业时间/h
A	5	WC07	7.76	150	1.85	1.85/7.76=0.24	2
				300	3.35	3.35/7.76=0.43	4
	10	WC15	7.45	150	6.35	6.35/7.45=0.85	7
				300	12.35	12.35/7.45=1.66	14
B	5	WC02	7.76	100	2.65	2.65/7.76=0.34	3
				200	4.65	4.65/7.76=0.60	5
C	5	WC07	7.76	200	6.65	6.65/7.76=0.86	7
	10	WC23	7.22	200	6.65	6.65/7.22=0.92	8
D	5	WC39	6.84	300	15.55	15.55/6.84=2.27	19

备注：为方便计算，表中生产作业时间按小时向上取整数。

表 6-21 工作中心的等待时间、移动时间和排队时间 (h)

工作中心	等待时间	移动时间	排队时间
WC02	0	1	2
WC07	1	1	2
WC15	1	1	1
WC23	1	1	1
WC39	1	1	1
库房	0	1	0

6.7 论述题

论述从 MRP 到 ERP 的发展过程，说明生产管理思想的演变？

7 生产作业计划习题

7.1 对错判断题

（1）节拍是指零件从开始加工到完成加工所经历的时间。（ ）

（2）节拍是指流水线上前后出产两个相同制品的时间间隔。（ ）

（3）重复性生产一般是按订单生产。（ ）

（4）滚动计划的连续性和应变性好，但严肃性差。（ ）

（5）装配线可通过机器上的改变来达到平衡。（ ）

（6）生产线可通过机器上的改变来达到平衡。（ ）

（7）工序是指在一个工作地点，一位工人对劳动对象连续实施的生产作业，是生产过程最基本的组成单位。（ ）

（8）大量生产的特点是生产产品品种少、产量大，经常重复生产一种或少数几种相似的产品。（ ）

（9）流水线上相邻两工序间由于生产效率不平衡而形成的在制品称为保险在制品。（ ）

（10）节拍是流水线最重要的工作参数，它表明流水线生产效率的高低。（ ）

（11）生产期是指从下达生产指令起到生产出合格产品的期限。（ ）

（12）期量标准也称为作业计划标准，是对劳动对象（产品零部件）在生产过程中运动的时间和数量方面经过科学的分析和计算所规定的一套标准数量。（ ）

（13）流水线上各道工序的单机作业时间应等于节拍。（ ）

（14）流水生产线内各道工序的生产能力是相等的。（ ）

（15）流水线是在“分工”和“作业标准化”的原理上发展起来的。（ ）

（16）可变流水线是在同一条流水线上按固定顺序同时生产多种品种产品。（ ）

（17）机械产品的三个生产过程包括毛坯的制造过程、零件的加工过程和产品的发运过程。（ ）

（18）一批产品从原材料投入生产期到成品完成为止的工作日成为生产周期。（ ）

（19）生产稳定的条件下，日产量不变，则批量与生产间隔期成反比。（ ）

（20）周期性生产类型的期量标准主要包括批量、生产间隔期、生产周期和生产提前期等标准。（ ）

（21）以产品多样化来满足顾客个性化需求，最为理想的生产形式是大量生产。（ ）

（22）单件小批生产的效率较低。（ ）

（23）单件生产不像连续生产那样要求多技能工人。（ ）

(24) 批量小则间隔期长，相应的在制品数量多，生产周期较长，这样对使用流动资金是不利的。 ( )

(25) 箭线型网络图是以箭线表示活动。 ( )

(26) 在关键路线上赶工会导致关键路线增多。 ( )

(27) 在网络图中关键路线是时间最短的路线。 ( )

(28) 要想缩短工期只有在非关键路线上赶工。 ( )

(29) 项目型生产计划中的进度计划优化包括时间优化、时间和费用优化、时间和资源优化。 ( )

(30) 关键路线是节点最多的路线。 ( )

(31) 工程项目管理通常涉及质量、费用和进度三个主要目标。 ( )

(32) 关键路径上的活动其总时差一定为零。 ( )

(33) 虚活动在箭线型网络图中除了不消耗资源外，在计算网络参数时应像实活动一样对待。 ( )

(34) 虚活动的主要作用是表明前后活动之间的关系。 ( )

(35) 箭线型网络图应该有，也只能有一个起始节点和一个终止节点。 ( )

(36) 活动（i，j）的最早可能开始时间等于事件 i 的最早可能发生时间。 ( )

(37) 活动（i，j）的最迟必须开始时间等于事件 i 的最迟必须发生时间。 ( )

(38) 要想缩短工期只有在关键路径上赶工。 ( )

(39) 在 PERT 网络中关键路径可能有多条。 ( )

(40) Johnson 算法应用于只存在一台机器或者一个加工阶段的情形。 ( )

(41) 排序是指安排工件在机器上的加工顺序。 ( )

(42) 确定加工路线是排序要解决的主要问题。 ( )

(43) 按 Johnson 算法得出的最优顺序，若从中去掉某些工件得出的顺序仍为余下工件的最优顺序。 ( )

(44) 流水车间排序问题是指所有工件的加工顺序都相同的排序问题。 ( )

(45) 按 Johnson 算法若得出多个优化顺序则应从中选优。 ( )

(46) 甘特图揭示了活动之间的先后顺序关系。 ( )

(47) 甘特图通常是描述活动和时间之间的关系。 ( )

(48) 从根本上讲作业排序所追求的目标是在保证完工期的前提下有效地利用资源，并且能够对情况的变化有迅速的反应。 ( )

(49) 生产作业计划属于短期计划。 ( )

(50) 列车时刻表属于作业计划。 ( )

(51) 铁路、航空等部门往往采取固定时间表来安排其作业计划，优点是既可满足绝大多数顾客需求，又可减少服务能力的浪费。 ( )

(52) 生产作业计划从时间上可分为季度、月份、旬（周）、日的作业计划；从空间上可分为厂、车间、工段（或班组）和个人四级作业计划。 ( )

(53) 生产作业计划是企业运营管理的一个中长期决策内容。 ( )

7.2 单项选择题

（1）通过（　　）活动可将生产计划任务最终落实到操作工人身上。

A. 流程设　　B. 能力计划

C. 生产大纲　　D. 排序和车间生产作业计划

（2）SCR（Smallest Critical Ratio）作业排序规则的含义是（　　）。

A. 工件剩余的交货时间和工件余下加工时间之比最小优先

B. 作业时间最短优先　　C. 最小松动时间优先

D. 最早交货期优先

（3）（　　）是生产计划的具体实施计划，它把生产计划规定的任务一项一项的具体分配至每个生产单位、每个工作中心和每个操作工人，规定他们在月、周、日以至每一轮班中的工作任务。

A. 生产作业计划　B. 物料需求计划　C. 产品生产周期　D. 线性规划

（4）按生产专业化程度的高低，可将生产划分为（　　）、成批生产、单件生产和多品种小批量生产。

A. 订货型生产　B. 流程型生产　C. 大量生产　D. 备货型生产

（5）车间管理系统是根据（　　）提供的数据形成车间任务。

A. 粗能力计划　　B. 物料需求计划 MRP

C. 采购计划　　D. 主生产计划 MPS

（6）ERP 中（　　）可以不用预测系统功能。

A. 主生产计划　B. 生产作业计划　C. 物料需求计划　D. 分销需求计划

（7）扩展的 BOM 在传统意义上更加深入地体现“资源”的意义，已经变成 Bill of Manufacturing，其编制时不需要考虑的因素是（　　）。

A. 工艺流程　　B. 产品结构

C. 设备、人工和资金　　D. 物料需求计划 MRP

（8）车间作业计划与控制的信息源主要来自（　　）。

A. 车间计划文件和控制文件　　B. 工作中心文件和车间任务文件

C. 车间计划文件和车间任务文件　　D. 工艺路线文件和控制文件

（9）按工艺特性分类，生产可分为离散制造型、项目生产型和（　　）。

A. 流程生产型　B. 物质生产型　C. 订货型　D. 备货型

（10）（　　）不属于大量生产运作。

A. 电视机生产　B. 批发　C. 汽车制造　D. 大型船舶制造

（11）流水生产的缺点是（　　）。

A. 质量不稳定　B. 缺乏柔性　C. 生产率低　D. 管理复杂

（12）下列关于流水生产的特点说法错误的是（　　）。

A. 连续性好　B. 效率高　C. 柔性好　D. 工序同期化

（13）（　　）信息是在计算节拍时不需要的信息。

A. 工作时间　　B. 产量

C. 生产效率和停工时间　　D. 可用员工数量

（14）流水线最重要的工作参数是（　　）。
A. 工作站　B. 工序　C. 节拍　D. 期量标准

（15）工序间流动在制品是指（　　）。
A. 正在各工序加工的在制品
B. 正在各工序加工、检验、装配的在制品
C. 由于各工序生产效率不等而在各工作地期初或期末存放的在制品
D. 正在各工序间运输途中的在制品

（16）大量生产类型的企业，编制生产作业计划可采用（　　）。
A. 在制品定额法　B. 累计编号法　C. 生产周期图表法　D. 订货点法

（17）某加工过程的加工周期为 13min，要求按照节拍 3min/件进行产出，则最少需要（　　）个工作日。
A. 5　B. 12　C. 4　D. 3

（18）大量生产模式下（　　）是指在一定的技术组织条件下，各生产环节为了保证生产衔接必需的、最低限度的在制品储备量。
A. 流水线工作指标图表　B. 在制品定额
C. 生产周期　D. 生产间隔期

（19）通常把一个流程中生产节拍最慢的环节叫作（　　）。
A. 瓶颈　B. 节拍　C. 工序　D. 空闲时间

（20）在制品库存用来作为（　　）之间的缓冲。
A. 生产和供应　B. 产成品库存和客户需求
C. 前后两道工序　D. 生产和分销渠道

（21）（　　）不属于大量生产运作类型。
A. 飞机制造　B. 汽车制造　C. 快餐　D. 中小学教育

（22）（　　）流程用来生产高度标准化产品。
A. 连续流程　B. 间歇流程　C. 项目生产　D. 批量生产

（23）某流水线一天的有效工作时间 420min，产量为 210 件，则节拍为（　　）。
A. 2 件/min　B. 2min/件　C. 0.5 件/min　D. 0.5min/件

（24）大量生产一般（　　）。
A. 重复性小　B. 柔性高　C. 设备利用率高　D. 产品品种少

（25）在编制生产作业计划时，在制品定额法适用于（　　）。
A. 单件生产　B. 小批量生产　C. 成批轮番生产　D. 流水生产

（26）大量流水生产的期量标准有（　　）、流水线指标图和在制品定额等。
A. 生产周期　B. 节拍　C. 批量　D. 提前期

（27）（　　）可以定义为计划有效工作时间/计划期应完成的产量。
A. 生产周期　B. 流水线节拍　C. 流水线周期化　D. 均衡率

（28）以下生产类型中，生产重复程度最高的是（　　）。
A. 大量生产　B. 单件生产
C. 成批生产　D. 多品种小批量生产

（29）生产间隔期×平均日产量=（　　）。
A. 产品生产周期　B. 在制品定额　C. 批量　D. 节拍

(30) 生产调度的依据是（　　）。
A. 生产作业计划　B. 主生产计划　C. 生产大纲　D. 产能计划

(31) 从原料及外购件投入生产起，到经检验合格办完入库手续之前，存在各环节的零部件都称为（　　）。
A. 原料　B. 外购件　C. 在制品　D. 半成品

(32) 相对于流程式生产，加工装配式生产的特点是（　　）。
A. 品种数较多　B. 资本密集　C. 有较多标准产品　D. 设备柔性较低

(33) 在编制作业计划时提前期法适用于（　　）。
A. 单件生产　B. 小批量生产　C. 成批轮番生产　D. 流水生产

(34) 产品在各工艺阶段投入、产出的时间与成品出产时间相比所要提前的时间称为（　　）。
A. 工艺提前期　B. 生产提前期　C. 计划提前期　D. 销售提前期

(35) 前后相邻两批同种产品投入（出产）的时间间隔是（　　）。
A. 生产周期　B. 生产间隔期　C. 生产提前期　D. 在制品定额

(36) 周期性生产类型的期量标准主要包括生产间隔、生产周期、生产提前期和（　　）。
A. 产量　B. 批量　C. 销量　D. 质量

(37) 在多品种成批轮番生产条件下，编制生产作业计划的方法宜采用（　　）。
A. 累计编号法　B. 在制品定额法　C. 网络计划技术法　D. 订货点法

(38) 下列有关期量标准的说法中不正确的是（　　）。
A. 生产周期是指从原材料投入到成品产出为止的全部日历时间
B. 某工序出产提前期是指某一工序制品的出产日期比该产品交货期日期提前的天数
C. 最后一道工序的投入提前期为零
D. 最小批量法是根据允许的设备调整时间损失系数来确定的批量

(39) 提前期的计算是按工艺过程（　　）的顺序进行的。
A. 相同　B. 相反　C. 交叉　D. 无关

(40) 以下不属于提前期的是（　　）。
A. 生产准备提前期　B. 采购提前期　C. 装配提前期　D. 销售提前期

(41) 制品在某一工艺阶段出产的日期比成品完工出产日期应提前的天数称为（　　）。
A. 生产提前期　B. 投入提前期　C. 出产提前期　D. 订货提前期

(42) 以产品多样化来满足顾客个性化需求，最为理想的生产形式是（　　）。
A. 大量生产　B. 成批生产　C. 单件生产　D. 项目生产

(43) 生产过程的（　　）是指生产过程的组织形式要灵活，能及时适应市场的变化，满足市场发生的新的需求。
A. 连续性　B. 比例性　C. 节奏性　D. 柔性

(44)（　　）就是适应变化的性能。
A. 自动化　B. 均衡化　C. 科学化　D. 柔性化

(45) 单件小批生产的好处是（　　）。
A. 生产周期短　B. 效率高
C. 成本低　D. 可“以不变应万变”

(46) 柔性制造系统可以实现（　　）。
A. 降低成本　B. 比自动化更高的柔性
C. 加工不同零件快速转换　D. 以上都是

(47) 为了适应市场需求，企业越来越多地采用的生产方式是（　　）。
A. 大量大批生产　B. 单件生产
C. 多品种、小批量　D. 重复生产

(48) 单件小批量生产作业计划的编制宜采用（　　）。
A. 在制品定额法　B. 生产周期法　C. 提前期法　D. 累计编号法

(49) 网络图是由结点和（　　）两种符号所组成的图形。
A. 活动　B. 工序　C. 箭线　D. 线路

(50) 下列各活动中适宜于应用网络计划技术的是（　　）。
A. 飞机制造　B. 家电装配　C. 服装生产　D. 饮料生产

(51) 活动的最早可能完成时间是（　　）。
A. 该活动箭头事件的最早可能发生时间
B. 该活动箭尾事件的最早可能发生时间
C. 该活动箭头事件的最迟必须发生时间
D. 该活动箭尾事件的最早可能发生时间加上活动所需时间

(52) 活动的最早可能开始时间是（　　）。
A. 该活动箭头事件的最早可能发生时间
B. 该活动箭尾事件的最早可能发生时间
C. 该活动箭头事件的最迟必须发生时间
D. 以上都不是

(53) 事件时差是指（　　）。
A. 最悲观时间和最乐观时间之差　B. 结束时间和开始时间之差
C. 事件最迟时间和最早时间之差　D. 以上都是

(54) 关键路线是指（　　）。
A. 活动（作业）最多的路线　B. 活动时间持续最长的路线
C. 存在时差的作业构成的路线　D. 成本高的作业构成的路线

(55) 项目管理主要是控制（　　）。
A. 质量　B. 进度　C. 成本　D. 以上都是

(56) 在工期一定的条件下，可以通过调整（　　）上的资源，以达到工期与资源的最佳结合。
A. 总时差　B. 关键路线　C. 非关键路线　D. 单时差

(57) 在网络图中既不消耗时间，也不消耗资源的作业属于（　　）。
A. 强作业　B. 弱作业　C. 实作业　D. 虚作业

(58) 在网络计划技术中，若 a 代表乐观时间，b 代表悲观时间，m 代表最大可能时间，运用三种时间估计计算作业时间的计算公式是（　　）。

A. $(a+4m+b)/6$　　B. $(a+4b+m)/6$

C. $(a+m+b)/6$　　D. $(a+6b+m)/6$

(59) 下列关于网络图的绘制规则的说法，错误的是（　　）。

A. 相邻两结点间只能画一条箭线

B. 同一个网络图中，只能有一个始点事项，但可以有多个终点事项

C. 网络图中不能出现闭环路线

D. 箭线的首尾都必须有结点，不能从一条箭线的中间引出另一条箭线

(60) 网络图中最早开始时间和最迟开始时间相同的作业称为（　　）。

A. 节点　　B. 虚工序　　C. 时差　　D. 关键作业

(61) 以下关于关键路线的说法，不正确的是（　　）。

A. 项目控制的关键环节　　B. 消耗的时间最长

C. 应向关键路线要进度　　D. 无法向关键路线要进度

(62) 在三点时间估计法中，最乐观时间指的是（　　）。

A. 在最正常情况下完成一项活动所需要的时间

B. 在最有利的条件下顺利完成一项活动所需要的时间

C. 在最不利的情况下完成一项活动所需要的时间

D. 在一般的情况下完成一项活动所需要的时间

(63) 以下不属于安排顾客需求的方法的是（　　）。

A. 排序　　B. 预订　　C. 排队等待　　D. 预约

(64) 评估服务作业绩效的主要标准是（　　）。

A. 成本　　B. 质量　　C. 准确　　D. 顾客满意

(65) 工序是生产作业人员或机器设备为了完成指定的任务而做的一个动作或一连串动作，是加工物料和装配产品的最基本的（　　），是组成工艺路线的基本单位。

A. 机器设备　　B. 加工作业方式　　C. 工作中心　　D. 外协供应商

(66) 一般情况下针对单设备作业排序问题，按（　　）原则进行作业排序，能使总流程时间最短。

A. 后到先服务　　B. 交货期最早优先

C. 剩余缓冲时间最少　　D. 最短作业时间优先

(67) 作业排序中使工件的平均流动时间最短的是（　　）。

A. Random 规则　　B. SPT 规则　　C. EDD 规则　　D. FCFS 规则

(68) 对于任务分派，将 5 个工件分派到 5 台机器上有（　　）种不同方法。

A. 5　　B. 25　　C. 120　　D. 3125

(69) 作业排序时，为使最大交货拖期量最小，应按（　　）准则进行。

A. SPT 准则　　B. EDD 准则　　C. SCR 准则　　D. FCFS 准则

(70) Johnson 准则的唯一性是指（　　）。

A. 方案唯一　　B. 交货期唯一

C. 工作负荷唯一　　D. 最短作业时间唯一

（71）（　　）不是排序的优先调度法则。

A. 优先选择余下加工时间最长的工件　B. 优先选择加工时间最短的工件

C. 优先选择临界比最小的工件　D. 优先选择临界比最大的工件

（72）有 A 和 B 两项任务，A 的计划交货期比 B 早一天，而作业时间 A 为 8h，B 为 8 天，先安排 B 加工，这种作业安排依据的规则是（　　）。

A. 先到先服务规则　B. 最早到期规则

C. 最短作业时间规则　D. 最短松弛时间规则

（73）进度控制的最终目标是（　　）。

A. 销售进度　B. 工序进度　C. 投入进度　D. 产出进度

（74）车间管理中的投入产出报表分析，当计划投入大于实际投入时，说明车间存在的问题是（　　）。

A. 在制品增加　B. 加工件提前到达

C. 加工件准时到达　D. 加工件推迟到达

7.3　多项选择题

（1）生产按专业化程度分类可分为（　　）。

A. 多品种小批量生产　B. 单件生产

C. 订货生产　D. 成批生产　E. 大量生产

（2）企业的生产过程就其对产品生产所起的作用来看，主要可分为（　　）。

A. 生产技术准备过程　B. 基本生产过程

C. 辅助生产过程　D. 在制品生产过程　E. 生产服务过程

（3）制造日程安排其最终目的是（　　）。

A. 安排未来新工作主进度　B. 确定产品的交货日期

C. 确保产品的材料、零件、工具能配合生产需要，并且能及时获取

D. 预知生产瓶颈及材料、人力、设备的短缺从而事先加以解决

E. 使工厂负荷平衡、生产线平衡、生产力最大、成本最低

（4）流水线生产条件下的期量标准一般包括（　　）。

A. 机时　B. 节拍　C. 流水线作业指示图表

D. 在制品占用量定额　E. 批量

（5）进行工序同期化的措施有（　　）。

A. 提高设备的生产效率　B. 改进工艺装备

C. 改进工作的布置和操作方法，减少辅助作业时间

D. 提高操作工人的熟练程度

E. 合理地进行工序的合并和分解

（6）大批量生产类型的突出特点有（　　）。

A. 设备按工艺专业化布置　B. 产品品种单一

C. 设备利用率高　D. 劳动定额制定详细

E. 生产设备广泛采用专用设备

(7) 生产过程主要包括（　　）。
A. 工艺过程　　B. 检验过程　　C. 运输过程
D. 自然过程　　E. 等待过程

(8) 关于流水线生产特点的说法正确的选项有（　　）。
A. 流水线生产适用于生产数量大、品种数量少的厂家
B. 它生产比较稳定，容易实现均衡生产
C. 从各零件到总装，每个环节衔接紧密
D. 各生产线是平行的，零件配套性好
E. 大量采用专用设备，设备利用率高

(9) 流水线按照移动方式可以分为（　　）。
A. 固定流水线　　B. 连续流水线　　C. 间断流水线
D. 移动流水线　　E. 自动流水线

(10) 零件在各道工序间的移动方式有（　　）。
A. 平行顺序移动方式　　B. 交叉移动方式　　C. 顺序移动方式
D. 混合移动方式　　E. 平行移动方式

(11) 相对于流程式生产，加工装配式生产的特点是（　　）。
A. 品种数较多　　B. 资本密集　　C. 有较多标准产品
D. 设备柔性较高　　E. 自动化程度较低

(12) 提前期是指某一工作的工作时间周期，即从工作开始到工作结束的这段时间周期，其主要类型有（　　）。
A. 采购提前期　　B. 生产加工提前期　　C. 装配提前期
D. 累计提前期　　E. 总提前期

(13) 在生产过程的时间组成中，（　　）属于有效时间。
A. 自然过程时间　　B. 工艺加工时间　　C. 工序等待时间
D. 工艺阶段等待时间　　E. 准备结束时间

(14) 成批生产的主要期量标准有（　　）。
A. 批量　　B. 生产间隔期　　C. 生产周期
D. 生产提前期　　E. 在制品定额

(15) 按在生产过程和配送过程中所处的状态，库存可分为（　　）。
A. 独立需求库存　　B. 原材料库存　　C. 在制品库存
D. 相关需求库存　　E. 完成品库存

(16) 柔性制造系统的优点有（　　）。
A. 适宜于多品种生产　　B. 缩短制造周期
C. 提高设备利用率　　D. 提高对市场反应能力
E. 实现信息转换

(17) 小批量生产的优点有（　　）。
A. 在制品库存量低　　B. 每种产品生产的频数低
C. 维持库存费低　　D. 检查和返工的成本低
E. 物料流动快

（18）箭线型网络图由（　　）构成。
A. 节点　B. 通路　C. 箭线
D. 作业时间　E. 作业关系
（19）项目所含的要素为（　　）。
A. 资金要素　B. 质量要素　C. 资源要素
D. 时间要素　E. 成本要素
（20）网络计划的调整与优化工作包括（　　）几个方面。
A. 时间分析　B. 质量分析　C. 费用分析
D. 资源分析　E. 利润分析
（21）网络计划方法的步骤有（　　）。
A. 项目分解　B. 确定各种活动之间的先后关系
C. 估计活动所需的时间　D. 计算网络参数，确定关键路线
E. 优化、监控、调整
（22）在进行时间优化时缩短关键路线上活动时间的途径有（　　）。
A. 利用平行、交叉作业缩短关键活动的时间
B. 在非关键路线上赶工
C. 在关键路线上赶工
D. 采用新技术缩短工作时间
E. 进一步压缩最短路线上的工作时间
（23）在网络图中对于每一个活动需要确定的时间有（　　）。
A. 最早开始时间　B. 总时间　C. 最迟开始时间
D. 最早结束时间　E. 最迟结束时间
（24）项目管理的主要目标有（　　）。
A. 效率　B. 资源　C. 质量
D. 成本　E. 进度
（25）项目的特点有（　　）。
A. 项目的目的性　B. 项目的长期性　C. 项目的约束性
D. 项目的不确定性　E. 项目的系统性
（26）项目的性质主要有（　　）。
A. 多元性，由多个组织构成
B. 周期性
C. 计划性
D. 集合性，把具备不同知识和技能的人员集中到一起
E. 项目实施与项目产物保全和扩展一般由不同的群体完成
（27）在网络时间-费用优化中，压缩活动的优先原则有（　　）。
A. 非关键线路上的活动优先　B. 关键线路上的活动优先
C. 费用变化率高的活动优先　D. 费用变化率低的活动优先
E. 总时差是最大的活动优先

(28) 一般作业排序的目标有（　　）。
A. 满足顾客或下一道工序的交货期要求
B. 流程时间最短，即各作业在加工过程中所消耗的时间最小
C. 准备时间最短或成本最小化
D. 在制品库存最低
E. 机器设备或劳动力利用最大化

(29) 企业在安排生产作业排序时，其目标有（　　）。
A. 保证按时交货　B. 保证流程时间最短
C. 使在制品的库存最少
D. 使设备和劳动力的利用率最高
E. 使其闲置时间最少

(30) 常用的作业排序规则有（　　）。
A. 先到先服务规则　B. 最短作业时间规则
C. 超限最短加工时间规则　D. 最早到期规则
E. 最短松弛时间规则

(31) 要想暴露生产中的问题，可以通过以下方法和手段（　　）。
A. 加快生产速度　B. 增加压力　C. 增加难度
D. 增加产品数量　E. 减少产品数量

(32) 常用的质量统计分析方法有（　　）。
A. 排列图　B. 因果图　C. 直方图
D. 分层图　E. 散点图

(33) 生产过程控制的主要内容有（　　）。
A. 生产进度控制　B. 在制品控制　C. 生产质量控制
D. 生产成本控制　E. 生产率控制

(34) 降低产品成本的途径主要有（　　）。
A. 改进质量　B. 降低物料消耗　C. 提高生产率
D. 降低库存　E. 减少机器停机时间

7.4　专业名词翻译题

(1) Critical Path Method;
(2) Decision Critical Path Method;
(3) Program Evaluation and Review Technique;
(4) Graphic Evaluation and Review Technique;
(5) Queue Graphic Evaluation and Review Technique;
(6) Venture Evaluation and Review Technique;
(7) Operation Scheduling;
(8) Bottleneck Resources;
(9) Back Scheduling;
(10) First-come First-served Rule;
(11) Shortest Processing Time Rule;

(12) Earliest Due-date Rule;
(13) Late-come First-served Rule;
(14) Input/Output Control;
(15) Production Control;
(16) Working in Process Inventory。

7.5 简答题

(1) 为什么说大批量生产方式正面临着严峻挑战?
(2) 大批量流水线生产方式有什么特点?
(3) 生产中的在制品对企业经济效益有何影响?
(4) 什么是工序同期化? 工序同期化的目的是什么?
(5) 简述组织流水生产的必要条件。
(6) 流程型生产和加工装配型生产的主要区别有哪些?
(7) 降低在制品库存可以采取哪些措施?
(8) 大批量生产、成批生产和单件生产各有何特点?
(9) 随机型网络计划的关键路线与确定型网络计划的关键路线在概念上有何差别?
(10) 常用的作业排序规则有哪些?
(11) 作业排序的评价标准有哪些?
(12) 生产作业计划工作的内容有哪些?
(13) 简述生产与作业系统面临的问题。
(14) 进度管理的具体工作是什么?
(15) 简述影响生产进度的原因。
(16) 生产进度控制的主要内容有哪些?
(17) 生产进度控制常见的方法有哪些?
(18) 生产过程控制的内容有哪些?
(19) 在生产过程控制中,采取哪些措施来调整和消除偏差?
(20) 阐述生产现场管理对企业的重要意义。

7.6 计算题

(1) 设计某流水线,计划年产量为20000件,废品率2%,两班制工作,每班8h,时间利用率为0.95,一年中有效工作天数为251天,计算该流水线生产节拍。

(2) 某流水线计划日产量为150件,采用两班制生产,每班8h工作制,每班规定有21min停歇时间(休息时间),计划不合格产品率为2%,计算该流水线的节拍。

(3) 某电子7人柔性线各工位的作业时间见表7-1,该生产线的平衡率是多少?该生产线作业安排存在哪些主要问题?

表7-1 某电子7人柔性线数据

岗位名称	打线1	打线2	插室温管	插线	功能检查	外观检查
工位时间/s	18	16	24	37	45	14
作业人数/个	1	1	1	1	2	1

（4）某电机装配间断流水线，看管期产量 Q 为 40 件，看管期 T 为 120min，工序定额数据表见表 7-2，请设计该间断流水线的作业指示图。

表 7-2　工序及工时定额数据

工序号	1	2		3	4		5	6	7	8	9
工时定额/min·件$^{-1}$	2	6		2.8	4		1.5	3	1.5	2.5	2.6
工作时间长度/min	80	240		112	160		60	120	60	100	104
工作地数/个	1	2		1	2		1	1	1	1	1
各工作地工作时间/min	80	120	120	112	40	120	60	120	60	100	104

（5）大批大量生产条件下重点在于解决各车间在生产数量上的衔接，根据大量大批生产的这一特点，用在制品定额作为调节生产任务数量的标准，以保证车间之间的衔接。运用预先制订的在制品定额，按工艺过程相反的次序依次计算各车间的产出量和投入量，完成表 7-3 的计算项目。

表 7-3　在制品定额计算

产品名称			130 汽车	
产品产量			10000 台	
零件编号			A1-001	A1-012
零件名称			齿轮	轴
每辆件数			1	4
装配车间/台	1	出产量	10000	40000
	2	废品及损耗	—	—
	3	在制品定额	1000	5000
	4	期初预计在制品结存量	600	3500
	5	投入量		
零件库/件	6	半成品外售量	—	2000
	7	库存半成品定额	900	6000
	8	期初预计结存量	1000	7100
加工车间/件	9	出产量		
	10	废品及损耗	100	1400
	11	在制品定额	1900	4500
	12	期初预计在制品结存量	600	3400
	13	投入量		
毛坯库/件	14	半成品外售量	500	6100
	15	库存半成品定额	2000	10000
	16	期初预计结存量	3000	10000
毛坯车间/件	17	出产量		
	18	废品及损耗	900	—
	19	在制品定额	400	2500
	20	期初预计在制品结存量	300	1500
	21	投入量		

(6) 某企业组织一条可变流水生产线生产 A、B、C 三种零件，三种零件的年产量及单件加工工时见表 7-4。

表 7-4 零件的年产量及单件加工工时

零件	年产量/件	单件总工时/h	各工序工时定额/h				
			1	2	3	4	5
A	52500	16. 33	4. 20	2. 05	4. 10	3. 96	2. 02
B	16500	23. 82	6. 00	3. 02	6. 05	5. 90	2. 85
C	26000	17. 91	4. 63	2. 15	4. 48	4. 64	2. 01

设定流水线每年工作 251 天，每天工作两班，每班工作 8h，工作时间有效系数为 0. 95。试计算：

1）流水线全年有效工作时间，以分钟为单位；

2）用加工劳动量比重法计算 A、B、C 三种零件的生产节拍；

3）计算每道工序需要的设备数量；

4）计算每道工序的设备负荷系数；

5）计算整个流水线的设备负荷系数。

(7) 某批产品，装配车间的批量为 40 件，生产周期是 20 天，生产间隔期是 10 天；机加工车间的批量是 120 件，生产周期为 40 天，生产间隔期是 30 天，保险期为 10 天；毛坯车间的批量是 240 件，生产周期为 30 天，生产间隔期是 60 天，保险期为 5 天，计算各车间的投入和产出提前期。

(8) 假设某厂 A 产品有关零部件的期量标准见表 7-5，试计算 A 产品的投入和出产提前期。

表 7-5 A 产品零部件期量标准数据

A 产品的零部件期量标准	总装配	机械加工	毛坯生产
批量/台	40	120	240
生产周期/周	1	1	1
保险期/周	0	1	1
生产间隔期/周	1	3	6

(9) 假设某厂 A 产品的年产量为 1000 台，为留有余地，在计划上全年按 50 周计算，则 A 产品平均每周应出产 20 台。有关零部件的期量标准见表 7-6。假设 A 产品出产的第一件记为第 1 号。求第 10 周末 A 产品，K 部件，J 零件（机械加工车间和毛坯制造车间）的投入与出产累计号数？

表 7-6 A 产品零部件期量标准数据

期量标准	A 产品总装配	K 部件装配	J 零件（每台两件）	
			机械加工	毛坯制造
批量	20 台	20 台	80 件	80 件
生产周期/周	1	1	2	1
保险期/周	0	1	1	1
生产间隔期/周	1	1	2	2

（10）已知甲产品月计划产量250台，月工作日数25天，平均日产量10台，要求在3月份第5个工作日装配车间出产第一批50台，各车间期量标准见表7-7。试在表7-8相应空格中填写各车间投入量、出产量及累计量。

表7-7 甲产品期量标准

甲产品的期量标准	装配车间	机工车间	毛坯车间
批量/台	50	100	200
生产周期/天	5	5	10
生产间隔期/天	5	10	20
出产提前期/天	0	10	25
投入提前期/天	5	15	35

表7-8 各车间投入和出产累计数计划

车间	时间/天	二月份					三月份				
		5	10	15	20	25	5	10	15	20	25
装配车间/台	出产										
	累计										
	投入										
	累计										
机加工车间/台	出产										
	累计										
	投入										
	累计										
毛坯车间/台	出产										
	累计										
	投入										
	累计										

（11）某项目作业详细的工序明细表见表7-9，请完成以下5项任务：1）绘制该项目双代号网络图；2）在图上计算各工序的最早开始和最迟开始时间；3）用表格计算工序的6个时间参数；4）指出该项目的关键工序和关键路线CPM；5）求该项目的完工时间。

表7-9 某项目工序明细

工序	紧前工序	工序时间/天	工序	紧前工序	工序时间/天
a	—	6	g	a, b	10
b	—	9	h	e, f	12
c	a	13	i	d, h	8
d	c	5	j	i	17
e	c	16	k	h, g	20
f	a, b	12	l	g	25

（12）某项目工序的正常时间、应急时间及对应的费用见表 7-10。表中正常成本是在正常时间完成工序所需要的成本，应急成本是在采取应急措施时完成工序的成本，每天的应急成本是工序缩短一天额外增加的成本。完成以下任务：1）绘制项目网络图，按正常时间计算完成项目的总成本和工期；2）按应急时间计算完成项目的总成本和工期；3）按应急时间的项目完工期，调整计划使总成本最低；4）已知项目缩短 1 天额外获得奖金 5 万元，减少间接费用 1 万元，求总成本最低的项目完工期，也称为最低成本日程。

表 7-10 某项目工序的时间和成本参数

工序	紧前工序	时间/天		成本/万元		时间的最大缩量/天	应急增加成本/万元·天$^{-1}$
		正常	应急	正常	应急		
a	—	19	15	52	80	4	7
b	a	21	19	62	90	2	14
c	b	24	22	24	30	2	3
d	b	25	23	38	60	2	11
e	b	26	24	18	26	2	4
f	c	25	23	88	102	2	7
g	d、e	28	23	19	39	5	4
h	f	23	23	30	30	0	—
i	g、h	27	26	40	55	1	15
j	i	18	14	17	21	4	1
k	i	35	30	25	35	5	2
l	j	28	25	30	60	3	10
m	k	30	26	45	57	4	3
n	l	25	20	18	28	5	2
合计		354	313	506	713	41	83

（13）某企业第一次尝试生产 A 产品，有关产品的各项工序信息见表 7-11，假定各个工序的作业时间近似服从 β 分布，表中给出了各个工序的最短时间 a、最可能时间 m 和最长时间 b 三个参数。要求绘制出产品生产的工序网络图，设法求出网络时间和关键路线，若产品要求 16 周内生产完成，请计算该产品如期完工的概率。

表 7-11 A 产品工序关系及时间参数信息

工序	紧前工序	工序最短时间 a/周	工序最可能时间 m/周	工序最长时间 b/周
a	—	1.5	2.0	2.5
b	a	2.0	2.5	6.0
c	—	1.0	2.0	3.0
d	c	1.5	2.0	2.5
e	b，d	0.5	1.0	1.5
f	e	1.0	2.0	3.0
g	b，d	3.0	3.5	7.0
h	g	3.0	4.0	5.0
i	f，g	1.5	2.0	2.5

（14）表 7-12 为一铸件制造过程，计算各项时间和工期，找出关键路线。若使工期在 15h 内结束，且已知为完成各项工作的最短工作时间和比原计划缩短 1h 所需增加的费用，见表 7-13。分析计划应如何调整，可使全部作业能在 15h 内完成，而增加的费用最少？

表 7-12　各项目的作业时间

序号	作业名称	作业内容	计划完成时间/h	紧前作业
1	a	型砂准备	2.0	—
2	b	造型	4.0	1
3	c	砂型烘干	4.0	2
4	d	芯砂准备	4.7	—
5	e	芯骨浇铸	7.2	—
6	f	芯骨装配	2.0	5
7	g	造 4 个 1 号泥芯	6.2	4，6
8	h	造 4 个 2 号泥芯	4.0	4，6
9	i	2 号泥芯干燥	4.3	8

表 7-13　各项目的作业赶工费用

序号	作业名称	作业内容	计划时间/h	可缩短时间/h	增加费用/元 · h^{-1}
1	a	型砂准备	2.0	—	—
2	b	造型	4.0	—	—
3	c	砂型烘干	4.0	—	—
4	d	芯砂准备	4.7	1.2	2
5	e	芯骨浇铸	7.2	3.0	5
6	f	芯骨装配	2.0	1	4
7	g	造 1 号泥芯	6.2	2.2	2.5
8	h	造 2 号泥芯	4.0	3	3
9	i	2 号泥芯干燥	4.3	1.5	6

（15）某工程项目的各项作业、作业顺序和作业时间，见表 7-14。试求该工程项目的总工期，该项目的关键路线，按最早开始时间绘制作业甘特图。

表 7-14　某工程项目的作业顺序和作业时间

作业名称	H	J	G	D	F	C	E	B	A	I	K
先行作业	CE	FAE	—	—	G	B	G	—	D	FAE	J
作业时间/天	20	20	20	15	11	24	20	18	13	10	10

（16）假设有五种零件 J_1、J_2、J_3、J_4、J_5 在车床 A 和铣床 B 上按相同顺序加工，各种零件在机床上加工所需时间见表 7-15。按约翰逊-贝尔曼规则确定加工最优加工顺序，画出加工甘特图并求出全部零件平均加工时间。

表 7-15 各种零件在机床上加工所需时间 (min)

零件工序	J_1	J_2	J_3	J_4	J_5
车床 A(t_{AJ})	6	8	12	3	7
铣床 B(t_{BJ})	11	9	5	2	4

（17）有 5 件任务都需要两步操作（先 1 后 2）来完成，表 7-16 给出了相应的加工时间，根据约翰逊（Johnson）法则安排工作顺序，并用甘特图表示出任务的进度安排情况，并计算全部任务的最大流程时间。

表 7-16 各任务的操作时间 (h)

任务	操作 1 所需时间	操作 2 所需时间
A	3.0	1.2
B	2.0	2.5
C	1.0	1.6
D	3.0	3.0
E	3.5	1.5

（18）考虑由两台设备组成的流水作业生产线，具体数据见表 7-17，求总加工周期最短的作业顺序并计算作业最大流程时间。

表 7-17 各项目的作业时间 (min)

项目	J_1	J_2	J_3	J_4	J_5	J_6
设备 A	5	11	9	10	12	4
设备 B	8	13	7	13	12	6

（19）已知工件 1~6 的作业时间和交货期见表 7-18，请按 SPT 规则（最短加工时间优先）求最优排序方案的平均流程时间和最大交货延期。

表 7-18 各零件的作业时间 (天)

工件号	1	2	3	4	5	6
作业时间	4	8	2	5	9	3
预定交货期	24	23	8	6	32	13

（20）已知工件 1~6 的作业时间和交货期见表 7-19，请按 EDD 规则（最早交货期优先）求最优排序方案的平均流程时间和最大交货延期。

表 7-19 工件 1~6 的作业时间和交货期 (天)

工件号	1	2	3	4	5	6
作业时间	4	8	2	5	9	3
预定交货期	24	23	8	6	32	13

（21）已知工件 1~8 的作业时间和交货期见表 7-20，请按 EDD 规则（最早交货期优先）求最优排序方案的平均流程时间和最大交货延期。

表 7-20　零件的作业时间和交货期　（天）

工件号	1	2	3	4	5	6	7	8
作业时间	10	6	3	1	4	8	7	6
预定交货期	35	20	11	8	6	25	28	9

（22）东风汽车维修和上漆公司正在争取一份名为“风暴”的合同，这个合同的一个主要要求就是迅速交货，即如果能够将 5 辆需要维修和喷漆的车在 24h 内整修并重新喷漆，这份合同就成交。表 7-21 是东风汽车维修和上漆公司对这 5 辆车进行整修和上漆分别所需的作业时间。问东风汽车维修和上漆公司能否取得这份名为“风暴”的合同，工艺要求在喷漆之前必须先进行整修。

表 7-21　汽车维修时间　（h）

汽车编号	整修时间	喷漆时间
A	6	3
B	0	4
C	5	2
D	8	6
E	2	1

（23）表 7-22 中是 6 个工件的单机作业排序问题的有关数据，分别按照 SPT、EDD 优先规则进行作业排序，画图并求作业平均流程时间。

表 7-22　工件的单机作业时间及交货期　（min）

工件号	J_1	J_2	J_3	J_4	J_5	J_6
作业时间	3	2	1	7	4	6
交货期	23	21	8	9	14	16

（24）有 8 种零件顺序经过 A、B 两道工序加工（必须先加工 A 工序后加工 B 工序），工时见表 7-23。求全部零件加工周期最短的加工排序方案，并作甘特图并求平均加工周期。

表 7-23　零件的作业时间　（min）

零件	J_1	J_2	J_3	J_4	J_5	J_6	J_7	J_8
t_{Ai}	8	5	3	2	10	7	9	6
t_{Bi}	2	4	8	11	15	6	8	8

（25）某维修车间负责修理损坏的 5 台设备，每台设备的修理需要经过两道工序：1）将损坏的设备运至修理车间，拆卸开；2）清洗零部件，更换报废部件、装配、测试、送回车间。每台设备在两个工序的各自所需要时间见表 7-24，两道工序由不同的工人负责。请确定一个维修顺序，使全部修理时间尽可能短，画出作业甘特图并求出平均修理时间。

表 7-24 作业修理所需时间 (min)

设备编码	A	B	C	D	E
工序 1 作业时间	12	6	8	18	10
工序 2 作业时间	21	8	3	19	9

(26) 在一周开始有 5 位客户提交了他们的 YZP 电机订单，企业目前只有一个工作中心 WC01 来处理这些订单，订单相关数据见表 7-25，请采用常见优化规则对客户订单进行优化排序。

表 7-25 WC01 工作中心 YZP 电机订单信息

订货排序	订单编号	订货数量/台	加工时间/天	交货时间/天
1	A	30	3	5
2	B	40	4	6
3	C	20	2	7
4	D	60	6	9
5	E	10	1	2

(27) 同类型 5 个工件 J_1、J_2、J_3、J_4、J_5 要在一台设备上加工，已知单件加工时间和交货期要求见表 7-26，请用 SPT、EDD 规则及两者混合规则排序，找出最优的加工方案。

表 7-26 工件加工及交货信息 (天)

工件名称	J_1	J_2	J_3	J_4	J_5
加工时间 p_i	3	7	1	5	4
交货时间 d_i	23	20	8	6	14

(28) 求表 7-27 中的 $6/2/F/F_{max}$ 问题的最优解。

表 7-27 加工时间矩阵 (min)

工件	J_1	J_2	J_3	J_4	J_5	J_6
$M_1(p_{i1})$	5	1	8	5	3	4
$M_2(p_{i2})$	7	2	2	4	7	4

(29) 针对 $4/3/F/F_{max}$ 问题，加工时间见表 7-28，用 Palmer 法求解。

表 7-28 加工时间矩阵 (min)

工件	J_1	J_2	J_3	J_4
$M_1(p_{i1})$	1	2	6	3
$M_2(p_{i2})$	8	4	2	9
$M_3(p_{i3})$	4	5	8	2

(30) 对 $4/3/F/F_{max}$ 问题按表 7-28 中加工时间矩阵数据，采用关键工件法求解作业优化方案。

（31）对 $4/3/F/F_{max}$问题按表 7-28 中加工时间矩阵数据，采用 CDS 法求解作业优化方案。

（32）一条装配线的预定日产量为 360 单位，该装配线每天运行 450min。表 7-29 给出了生产该产品的作业及各作业的时间和紧前作业。请绘制装配作业网络图，计算该装配线的生产节拍；用后续作业最多规则为第一规则和作业时间最长为第二规则平衡该装配线，计算平衡后的流水线效率。

表 7-29　装配线作业关系及时间数据

作业	作业时间/s	紧前作业	作业	作业时间/s	紧前作业
A	30	—	E	15	C
B	35	A	F	65	C
C	30	A	G	40	E，F
D	35	B	H	25	D，G

（33）某生产线计划每天产量为 240 单位，日工作时间为 8h，各作业的时间及作业的先后顺序见表 7-30，试对生产线进行平衡。要求：1）绘制流程图；2）所需最少的工作站数量的理论值？3）使用最长作业时间原则以最少的工作地数量来平衡装配线。

表 7-30　装配网络图生产产品的工作站数

作业	时间/min	紧后作业
A	0. 2	B
B	0. 4	C
C	0. 2	F
D	0. 4	E
E	1. 2	G
F	1. 2	G
G	1. 0	结束

8 精益生产管理习题

8.1 对错判断题

（1）企业进行库存分析的基本目的之一是明确何时需要订货。（　）

（2）维持库存费高的库存系统趋向于低库存水平和频繁补充订货。（　）

（3）根据消耗速度的不同，固定间隔期库存系统的每期订货量不同。（　）

（4）库存控制的目标只是要降低维持库存费。（　）

（5）库存物资的 ABC 分类法是按照物品的单价高低进行的。（　）

（6）按照 ABC 分类法得出的 A 类物资总是占少数。（　）

（7）平均库存量与每年订货次数成反比。（　）

（8）提高库存系统的服务水平就降低了缺货风险。（　）

（9）看板分为传送看板和生产看板，生产看板用于指挥零部件在前后两道相邻工序之间的移动。（　）

（10）库存不仅浪费了资源，而且还掩盖了管理中的各种问题。（　）

（11）牵引式系统的物流和信息流是分离的。（　）

（12）非重复制造是 JIT 运作的典型之一。（　）

（13）设置库存的优点之一是对缩短响应用户需求的周期有利。（　）

（14）通过改变生产率来处理非均匀需求不是准时生产思想。（　）

（15）JIT 生产方式中，如果没有看板则不能生产也不能运送物品。（　）

（16）不放在仓库里的物品不能称为库存。（　）

（17）JIT 生产方式的基本思想为“在需要的时候，按需要的量，生产所需的产品”。（　）

（18）JIT 系统与传统的生产系统最大的不同是采取了推式生产系统。（　）

（19）物料通过供应链的速度越快，相应库存成本就越高。（　）

（20）按照 JIT 理念超额完成生产任务应该受到鼓励。（　）

（21）提出“消除一切浪费”的是 ERP 生产技术。（　）

（22）JIT 的核心是追求无库存生产。（　）

（23）JIT 认为库存和质量检查都是不增加价值的活动，所以应当消除。（　）

（24）推行 JIT 主要是第一线生产工人的任务。（　）

（25）丰田生产方式在生产组织方法上是一种“推式”生产计划与管理。（　）

（26）JIT 生产是预先生产产品，使得顾客不必等待。（　）

（27）看板管理和准时制生产不一样，它是另外一种不同的生产方式。（　）

（28）JIT 认为库存是生产过程的缓冲器。（　）

（29）ERP 的管理理念是在正确的时间、正确的地点、干正确的事情，以期达到零库存、无缺陷和低成本的理想生产模式。（　）

（30）双看板系统一定比单看板系统存在更多的在制品。（　）

（31）在看板管理中可以把不良品交给下道工序。（　）

（32）在 JIT 生产方式中提高质量和降低成本是不一致的。（　）

（33）MRP 系统注重批量订单而 JIT 注重单件生产，因此 MRP 与 JIT 无法兼容。（　）

（34）精细生产是指对一切资源的占用少及利用率高。（　）

（35）增加价值的活动耗用的资源超过了“绝对最少”的界限也是浪费。（　）

（36）柔性工人是指身体非常柔软的工人，比如经常练习瑜伽。（　）

（37）敏捷制造系统是典型的开放系统。（　）

（38）精益生产强调消除库存、搬运、返工、过量生产、多余的动作、等待和过程不当等七种浪费。（　）

（39）精益生产方式下不利于人力资源的开发。（　）

（40）精益生产的基本原理是彻底消除浪费和协同工作。（　）

（41）精益生产在产品研究和开发上以主查负责制为主、以串行工程和团队工作为研究开发队伍的主要组织形式。（　）

（42）整顿就是区分要与不要，将不需要的东西及时清理出现场。（　）

（43）按照约束理论瓶颈是任何能力超过需求的资源。（　）

（44）按照约束理论非瓶颈资源就是任何能力小于需求的资源。（　）

（45）未来的敏捷制造企业能够迅速地推出全新产品。（　）

8.2 单项选择题

（1）（　）不属于制造企业的库存。

A. 原材料　B. 产成品　C. 在制品　D. 库存记录

（2）（　）不是组织准时生产的条件。

A. 较少调整准备时间　B. 准时采购

C. 建立推进式系统　D. 保证质量

（3）从概念上讲 JIT 可做到（　）。

A. 工件在加工过程中没有等待　B. 没有等待零件加工的机器

C. 仓库里没有存货　D. 以上各项都是

（4）（　）的出发点是不断消除浪费，进行永无止境的改进。

A. VE　B. MRP　C. ERP　D. JIT

（5）实现 JIT 生产的重要工具是（　）。

A. 自动化机器　B. 看板　C. 时间测定　D. 工作分析

（6）JIT 方式的目标是（　）

A. 彻底消除无效劳动所造成的浪费　B. 坚决拒绝生产过程中的在制品

C. 彻底清除无效劳动造成的不良品　D. 大量推销社会所需要的产品

（7）JIT 是按照（　　）方式组织生产的。

A. 推动式　B. 拉动式　C. 移动式　D. 流动式

（8）库存是指（　　）。

A. 存放在仓库中的物资

B. 用于生产或服务所使用的多余物资

C. 用于销售的储备物资

D. 用于生产或服务的，以及用于销售的储备物资

（9）可以起到防止缺货，提高服务水平的库存，称为（　　）。

A. 安全库存　B. 周转库存　C. 运输库存　D. 预期库存

（10）在库存的 ABC 管理法中 A 类物料的库存管理特点是（　　）。

A. 严格控制库存时间不控制库存数量

B. 严格控制库存数量，不控制库存时间

C. 严格控制库存数量和库存时间

D. 不控制库存数量，控制库存时间

（11）JIT 的生产现场是一种（　　）生产方式。

A. 推动　B. 拉动　C. 延迟制造　D. 计划型

（12）从减少库存资金的角度应考虑（　　）。

A. 面向订单装配　B. JIT 生产　C. 面向库存生产　D. 面向计划生产

（13）准时化采购的特点之一是（　　）。

A. 多源供应　B. 获得最低价格

C. 小批量，送货频率高　D. 短期合作

（14）JIT 的核心需求是（　　）。

A. 零库存生产方式　B. 柔性生产方式

C. 大量产出方式　D. 经济批量

（15）按照 JIT 生产方式生产指令只下达到（　　）。

A. 最后一道工序　B. 最先一道工序

C. 中间一道工序　D. 关键工序

（16）JIT 生产方式的核心思想是（　　）。

A. 消除一切浪费　B. 少人化生产　C. 准时交货　D. 质量保证

（17）关于准时化生产方式下列说法不正确的是（　　）。

A. 推动式生产方式即准时化生产方式

B. 准时化生产方式可以保证物流平衡

C. 在使用准时化生产方式时，各工序只生产后工序需要的产品，避免生产不必要的产品

D. 在使用准时化生产方式时，生产指令只下达给最后一道工序

（18）JIT 是 20 世纪 70 年代中期发展起来的一种新的管理概念，是一种（　　）。

A. 简单的库存管理方式　B. 人力资源管理模式

C. 先进的生产管理方式　D. 现代财务管理模式

(19) 关于库存的作用下列说法错误的是（　　）。
A. 缩短订货提前期　B. 防止短缺
C. 稳定作用　D. 提高管理水平

(20) 提出“消除一切浪费”的是（　　）生产技术。
A. CRM　B. MRP　C. JIT　D. ERP

(21) 原材料库存、半成品库存和产成品库存是按（　　）对库存进行分类。
A. 价值　B. 产品形态　C. 形成原因　D. 物品需求的相关性

(22) 准时生产（JIT）的概念是由（　　）公司提出并推广的。
A. 美国福特　B. 日本丰田　C. 日本本田　D. 美国通用

(23) 在加工提前期所包含的时间中增值作业有（　　）。
A. 排队时间　B. 等待时间　C. 传送时间　D. 准备时间

(24) 工业工程的本质是（　　）。
A. 提高产品质量　B. 永不满足精神
C. 满足市场需求　D. 利润最大化

(25) 准时化生产的主要作用是（　　）。
A. 准点生产　B. 减少浪费
C. 确保生产的连续性　D. 确保生产的比例性

(26) 看板使用的规则之一是（　　）来取件。
A. 前工序　B. 后工序　C. 操作者　D. 管理者

(27) 以下关于准时生产的描述错误的是（　　）。
A. 起源于日本丰田汽车公司的一种生产管理方法
B. 最终目标即企业的经营目的是获取最大利润
C. 准时生产就是完全实现零库存
D. 实现准时生产的管理工具——看板

(28)（　　）意味着只在需要的时候才按需要的量生产所需的产品，超过需求量的生产是一种浪费。
A. 均衡生产负荷　B. JIT 生产
C. 源头质量控制　D. 成组技术

(29) 为了夺回在制造业的优势，美国提出了（　　）。
A. 精细生产　B. 敏捷制造　C. 供应链管理　D. 大量定制

(30) 精益生产方式的核心是（　　）。
A. 看板管理　B. 精益制造　C. 世界级制造　D. 准时化生产

(31) 精细生产的内容不包括（　　）。
A. 产品精细　B. 布置精细　C. 组织精细　D. 管理复杂化

(32) 对于不必要的工序、不必要的搬运、不必要的检验和不必要的动作等，一律都应（　　）。
A. 合并　B. 简化　C. 利用　D. 取消

(33) 能够增加价值的运作环节是（　　）。
A. 产品储存　B. 产品转移
C. 质量检查　D. 设备和人力材料加工

（34）实施精细生产时选择供应厂家首要考虑的因素是（　　）。

A. 质量　　B. 合作愿望　　C. 技术竞争优势　　D. 价格

（35）大量生产方式与精益生产方式的最大区别之一，可以说在于对（　　）的开发和使用上。

A. 人力资源　　B. 设备　　C. 库存　　D. 物料

（36）敏捷制造的目的可概括为将（　　）生产技术、有技术及有知识的劳动力与灵活的管理集成起来，以便快速响应市场需求。

A. 大量　　B. 柔性　　C. 负荷距离法　　D. 批量

（37）提出要形成一个虚拟公司的是（　　）。

A. ERP　　B. MRP Ⅱ　　C. 敏捷制造　　D. 并行工程

8.3 多项选择题

（1）准时生产方式确定的浪费有（　　）。

A. 过量生产　　B. 加工等待　　C. 多余动作

D. 成品库存　　E. 产品缺陷

（2）准时生产的特征有（　　）。

A. 拉动式的生产方式　　B. 零废品和零库存

C. 具有多个制造单元　　D. 生产具有柔性

E. 与供应商建立良好合作关系

（3）JIT 系统的柔性体现在（　　）。

A. 柔性的设备　　B. 人员的柔性　　C. 订货的柔性

D. 流程的柔性　　E. 产品的柔性

（4）准时生产的实现是通过（　　）。

A. 拉动式的生产系统　　B. 推进式生产系统

C. 看板控制　　D. 按时生产　　E. 均衡生产

（5）准时生产制（JIT）的哲理有（　　）。

A. 准时生产　　B. 效率第一　　C. 消除浪费

D. 降低成本　　E. 持续改善

（6）JIT 生产模式中，看板的主要类型有（　　）。

A. 设备看板　　B. 品质看板　　C. 生产看板

D. 工序管理看板　　E. 取料看板

（7）敏捷制造体系结构的要素有（　　）。

A. 生产技术　　B. 管理　　C. 虚拟企业

D. 资金　　E. 人力资源

（8）关于最优生产技术，（　　）描述是正确的。

A. 平衡物流，而不平衡能力

B. 瓶颈上的损失就是整个系统的损失

C. 非瓶颈获得的一小时是毫无意义的

D. 瓶颈控制了库存和产销率

E. 加工批量是固定的，不能改变

(9) 精细生产的内容包括（　　）。

A. 与用户的关系　B. 新产品开发　C. 准时生产制

D. 与供应商的关系　E. 时间和费用优化

(10) 精细生产方式与大量生产方式的不同之处在于（　　）。

A. 优化范围不同　B. 对于库存的态度不同

C. 业务控制观不同　D. 质量观不同　E. 对人的态度不同

8.4 专业名词翻译题

(1) Just in Time;

(2) Time-based Competition;

(3) Toyota Production System;

(4) Visual Management;

(5) Optimized Production Technology;

(6) Leap Production;

(7) Products Engineer;

(8) Manufacturing Engineer;

(9) Agile Manufacturing;

(10) Intelligent Manufacturing。

8.5 简答题

(1) 物料库存成本包括哪些内容?

(2) JIT 的含义和主要思想是什么?

(3) 库存有哪些作用和弊端?

(4) 简述零库存管理的目的。

(5) 为什么说 JIT 是一种理想的生产方式?

(6) JIT 的目标是什么?

(7) 什么是浪费? 制造过程中有哪些浪费?

(8) 简述精益生产的特点。

(9) 简述精益生产的基本原理。

(10) 什么是网络化制造?

(11) 什么是智能制造?

8.6 论述题

试述精益生产方式的内容。

9 生产计划与控制系统开发习题

9.1 单项选择题

（1）需求分析中开发人员要从用户那里了解（　　）。

A. 软件做什么　　B. 用户使用界面

C. 输入的信息　　D. 软件的规模

（2）需求分析阶段的任务是确定（　　）。

A. 软件开发方法　　B. 软件开发工具

C. 软件开发费　　D. 软件系统的功能

（3）需求分析阶段最重要的技术文档之一是（　　）。

A. 项目计划书　　B. 设计说明书

C. 需求规格说明书　　D. 可行性分析报告

（4）一般子系统的划分是在系统（　　）阶段，根据对系统的功能/数据分析的结果提出的。

A. 需求分析　　B. 逻辑阶段

C. 总体设计　　D. 详细设计

（5）信息系统开发的结构化方法的一个主要原则是（　　）。

A. 自顶向下原则　　B. 自底向上原则

C. 分步实施原则　　D. 重点突破原则

（6）系统设计阶段的主要成果是（　　）。

A. 用户决策　　B. 用户分析方案

C. 系统设计说明书　　D. 系统总体方案

（7）（　　）不是系统设计阶段的主要活动。

A. 系统总体设计　　B. 系统硬件设计

C. 系统详细设计　　D. 编写系统实施计划

（8）在数据库设计中，用 E-R 图来描述信息结构但不涉及信息在计算机中的表示，它是数据库设计的（　　）阶段。

A. 需求分析　　B. 概念设计

C. 逻辑设计　　D. 物理设计

（9）公司中有多个部门和多名职员，每个职员只能属于一个部门，一个部门可以有多名职员，从职员到部门的联系类型是（　）。

A. 多对多　　B. 一对一

C. 多对一　　D. 一对多

9.2 简答题

（1）需求分析的任务是什么?

（2）信息系统对企业管理的影响是什么?

（3）简述物理数据模型的特点和作用。

（4）什么是 B/S 架构，B/S 架构的特点?

9.3 分析题

（1）设有如下实体：1）学生：学号、单位、姓名、性别、年龄、选修课程名；2）课程：编号、课程名、开课单位、任课教师号；3）教师：教师号、姓名、性别、职称、讲授课程编号；4）单位：单位名称、电话。上述实体中存在如下联系：一个学生可选修多门课程，一门课程可为多个学生选修；一个教师可讲授多门课程，一门课程可为多个教师讲授；一个单位可有多个教师，一个教师只能属于一个单位。分别设计学生选课和教师授课两个局部信息的结构 E-R 图，将上述设计完成的 E-R 图合并成一个全局 E-R 图。

（2）设计学生管理系统，包括学生的学籍管理子系统和课程管理子系统。学籍管理子系统包括学生、宿舍、班级、教室、辅导员等实体，这些实体之间的联系有：1）一个宿舍可以住多个学生，一个学生只能住在一个宿舍中；2）一个班级有若干学生，一个学生只能属于一个班；3）一个辅导员带若干个学生，一个学生只能属于一个辅导员；4）一个辅导员带多个班级；5）一个班级在多个教室上课，一个教室有多个班级来上课。课程管理子系统包括学生、课程、教师、教室、教科书等实体，这些实体之间的联系有：1）一个学生选修多门课程，一门课程有若干学生选修；2）一个学生有多个教师授课，一个教师教授若干学生；3）一门课程由若干个教师讲授，一个教室只讲一门课程；4）一个教室开设多门课，一门课只能在一个教室上。针对两个子系统分别设计出它们的 E-R 图，在 E-R 图中省去属性。

10 生产计划与控制新发展习题

10.1 对错判断题

(1) APS（Advanced Planning and Scheduling）被誉为供应链优化引擎，通常翻译为高级计划与排程。（ ）

(2) APS 是一种基于供应链管理和约束理论的先进计划与排程工具，包含了大量的数学模型、优化及模拟技术。（ ）

(3) APS 计划与排程功能强大，完全可以替代调度人员，按计算机排程结果直接指导作业计划。（ ）

(4) 业务流程重组结构应该以作业任务为中心，而不是以产出为中心。（ ）

(5) 业绩好的企业暂时不需要流程再造。（ ）

(6) 在备货订货分离点的上游是订货型生产。（ ）

(7) 在备货订货分离点的下游是订货型生产。（ ）

(8) ETO 是需求响应策略中供应周期最短一种策略。（ ）

(9) 未来企业的竞争不仅仅是在公司与公司之间，而是在企业所拥有的供应链与供应链之间。（ ）

(10) 准时生产方式（JIT）基于需求拉动的系统，注重客户服务。（ ）

(11) 全球化采购最主要的原因是国外的商品质量比国内的好。（ ）

(12) 供应链中各企业的管理理念、管理方法和企业文化均不相同，所以供应链成员对供应链管理必然持不同态度，认识水平也参差不齐。（ ）

(13) 供应链管理的基本理念是通过分享信息和共同计划提高效率。（ ）

(14) 在新的竞争环境下，供应链合作关系强调直接的、长期的合作，强调相互之间的信任与合作。（ ）

(15) 选择合作伙伴的方法较多，一般要根据供应零部件和供应商单位的多少、对供应商的了解程度以及对物资需要的时间是否紧迫等要求来确定。（ ）

(16) ERP 作为一种先进的管理思想和手段，它所改变的不仅仅是某个人的个人行为或表层上的一个组织动作，而是从思想上去剔除管理者的旧观念，注入新观念。（ ）

(17) 企业的生产计划与库存优化控制只需考虑企业内部的业务流程即可。（ ）

(18) 当一个企业的生产计划发生改变时，需要其他企业的计划也做出相应的改变，这样供应链才能获得同步的响应。（ ）

(19) 供应链管理环境下的生产计划是在稳定的运行环境下进行的，因此要求生产计划与控制系统具有更高的柔性和敏捷性。（ ）

(20) 在供应链管理环境下，并不强调提前期的固定与否，重要的是交货期，准时交货。（ ）

（21）EDI 技术是将商业或行政事务处理按照一个公认的标准，形成结构化的事务处理或报文数据格式。（　）

（22）丰田汽车公司的竞争力在于其供应链的竞争力。（　）

（23）订单从顾客到生产方向移动，商品的订货数量呈现放大的现象称为牛鞭效应。（　）

（24）供应链管理的目标是供应与需求同步化。（　）

（25）现代生产运作管理不局限于生产过程的计划、组织与控制，包括战略、系统设计和系统运行多层次内容，对价值链进行综合管理，整个供应链上的企业看作一个联盟。（　）

10.2 单项选择题

（1）有关顾客关系管理（CRM）与企业资源规划（ERP）的说法错误的是（　）。

A. CRM 与 ERP 有相辅相成的关联性

B. CRM 系统中的客户订单数据可作为 ERP 系统的输入数据

C. ERP 是为使企业内部运作更佳，掌握先机

D. CRM 系统数据库包含企业制造数据

（2）高级计划与排程 APS 不需要的数据是（　）。

A. ERP 系统中的计划数据　B. MES 系统中的作业进度数据

C. PDM 系统中的产品结构数据　D. OA 系统的办公数据

（3）（　）是对企业的业务流程进行根本性再思考和彻底性再设计。

A. Material Requirement Planning　B. Enterprise Resource Planning

C. Business Process Reengineering　D. 精益生产

（4）业务流程重组是以作业流程为中心，打破传统的金字塔形组织结构向平板形发展，即所谓的（　）。

A. 扁平化结构管理　B. 职能化结构管理

C. 垂直化结构管理　D. 流程化结构管理

（5）在生产过程中零部件标准化程度较高，并可以事先制作的在接到订单之后，将有关的零部件装配成顾客所需要的产品，这种生产方式属于（　）。

A. 备货型生产　B. 按订单装配　C. 按订单生产　D. 按订单设计

（6）（　）是指在没有接到用户的订单时按已有的标准产品或产品系列进行的生产，生产的目的是补充成品库存。

A. 订货组装型生产　B. 订货型生产　C. 订货制造型生产　D. 备货型生产

（7）供应链的组成包括（　）。

A. 供应商　B. 顾客　C. 内部供应链　D. 以上都是

（8）供应链管理下的采购与传统采购的不同之处在于（　）。

A. 为库存采购　B. 与供应商是一般买卖关系

C. 与供应商结成战略伙伴关系　D. 让供应商竞争以获利

(9) 拉动式供应链的流程为（　　）。
A. 生产商—售配送中心—零售商店
B. 生产商—零售商店—零售配送中心
C. 消费者—零售商店—零售配送中心—生产商
D. 消费者—生产商—零售商店—零售配送中心

(10) OEM(Original Entrusted Manufacture) 生产方式中的 OEM 厂商是指（　　）。
A. 拥有“关键核心技术”自主产权的企业
B. 具体执行生产加工业务的企业
C. 电子制造服务提供商
D. 承包方或委托方

(11) EDI 是（　　）的缩写。
A. 电子信息传输　　B. 电子数据交换
C. 电子文本管理　　D. 电子化供应链

10.3 多项选择题

(1) “5W1H”（或称为“六何分析法”）是对选定的项目、工序或操作，都要从（　　）等六个方面提出问题进行思考。
A. 技巧、能力　　B. 原因、对象　　C. 地点、时间
D. 因素、温度　　E. 人员、方法

(2) 创新设计新流程可采用的主要策略有（　　）。
A. 废除　　B. 合并　　C. 分散
D. 改变　　E. 自动化

(3) 影响流程设计的因素有（　　）。
A. 产品与服务需求性质　　B. 自制与外购决策
C. 资源柔性　　D. 资金情况　　E. 接触顾客的程度

(4) 业务流程再造的原因是（　　）。
A. 现有业务流程存在诸多弊病，效率低下
B. 有助于企业增值　　C. 为顾客创造价值
D. 企业面临全新的挑战　　E. 追求合理规范的业务流程

(5) 业务流程再造的作用在于（　　）。
A. 平衡需求与供应关系　　B. 减少成本
C. 全面提升产品质量　　D. 提高服务质量和水平
E. 企业贴近市场

(6) 延迟制造包括（　　）含义。
A. 成型延迟　　B. 时间延迟　　C. 生产延迟
D. 研发延迟　　E. 地点延迟

(7)（　　）是大规模定制的关键特征。
A. 分化的需求　　B. 稳定的需求　　C. 低成本
D. 多元化的细分市场　　E. 开发周期短

(8) 戴明循环的四个阶段是（　　）。

A. 计划（Plan）　B. 组织（Organize）　C. 执行（Do）

D. 检查（Check）　E. 处理（Action）

(9) 现代供应链是指由（　　）连成的一个整体功能网链结构模式，它将资源的利用范围扩展到了整个供应链系统，实现资源共享，共同提高服务水平。

A. 供应商　B. 制造商　C. 分销商

D. 零售商　E. 最终用户

10.4 专业名词翻译题

(1) Manufacturing Execution System;

(2) Advanced Manufacturing Technology;

(3) Advanced Planning and Scheduling;

(4) Business Process Reengineering;

(5) Line Balancing;

(6) Team work;

(7) Assemble-to-order;

(8) Push Production;

(9) Pull Production;

(10) Human Resource;

(11) Supply Chain Management;

(12) Total Quality Management;

(13) Computer Integrated Manufacturing System;

(14) Consumer to Consumer Modle;

(15) Business to Consumer Modle;

(16) Business to Business Modle;

(17) Custom Service。

10.5 简答题

(1) 简述5W2H分析法。

(2) 什么是业务流程重组?

(3) 简述企业流程再造的特性。

(4) 简述企业流程再造理论提出的历史背景。

(5) 企业流程再造的实施需要做好哪些准备工作?

(6) 创新设计新流程可采用的主要策略有哪些?

(7) 实现大规模定制的主要障碍是什么?

(8) “推动式”与“拉动式”生产作业管理方式的区别是什么?

(9) 简述延迟制造模式实施的前提条件。

(10) 供应链管理的含义?

(11) 什么是牛鞭效应? 哪些因素造成了牛鞭效应?

10.6　案例分析题

（1）某电机铸造厂对电机铸件的加工处理流程 A→B→C→D 及相应的人力资源分配如图 10-1 所示，当前共有作业人员 11 人，综合生产能力为每天 110 件，产品返修率为 23%，空间占用为 1450m^2，现场管理环境一般，客户订单平均交货期 7 天，请设计可行方案缩短客户订单交货期。

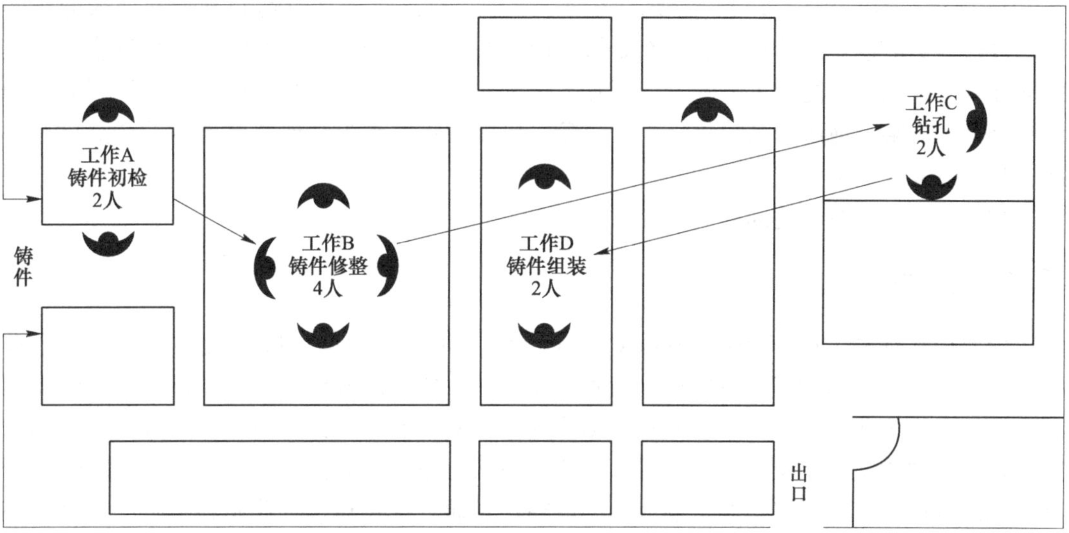

图 10-1　改善前铸造厂生产流程示意图

（2）惠普台式打印机供应链模式的转变。惠普（HP）公司是面向个人用户、大中小型企业和研究机构的全球技术解决方案提供商。HP 提供的产品涵盖了 IT 基础设施、全球服务、商用和家用计算机以及打印和成像等领域。在截至 2005 年 1 月 31 日的过去四个财季中，HP 的营业额达 818 亿美元。HP 在美国财富 500 强中名列第 11，在全球财富 500 强中名列第 24，在全球最有价值品牌中排名第 12 位。

惠普公司台式机于 1988 年开始进入市场，并成为惠普公司的主要成功产品之一。DeskJet 打印机是惠普公司的主要产品之一，该公司有 5 个位于不同地点的分支机构负责该种打印机的生产、装配和运输，从原材料到最终产品，生产周期为 6 个月。在以往的生产和管理方式下，各成品厂装配好通用打印机之后直接进行客户化包装，为了保证顾客订单 98%的即时满足率，各成品配送中心需要保证大量的安全库存（一般需要 7 周的库存量）。产品将分别销往美国、欧洲和亚洲。欧洲和亚洲地区对于台式打印机电源供应（电压 110V 和 220V 的区别，以及插件的不同）、语言（操作手册）等有不同的要求，以前这些都由温哥华的公司完成，北美、欧洲和亚太地区是它的三个分销中心。这样一种生产组织策略，我们称之为工厂本地化（Factory Localization）。目前生产运行组织存在的主要问题如下：

1）分销中心成为有大量安全库存的库存点。惠普公司的分销商都希望尽可能降低库存，同时尽可能快地满足客户的需求。这样导致惠普公司感到保证供货及时性的压力很大，从而不得不采用备货生产（Make-To-Stock）的模式以保证对分销商供货准时的高可靠性，因而分销中心成为有大量安全库存的库存点。制造中心是一种拉动式生产，生产计划的生成是为了通过 JIT 模式满足分销中心的目标安全库存，同时它本身也必须拥有一定的零部件、原材料安全库存。

2）供应链运作存在很多不确定性因素。零部件原材料的交货质量、内部业务流程、需求等的不确定性是影响供应链运作的主要因素。这些因素导致不能及时补充分销中心的库存，需求的不确定性导致库存堆积或者分销中心的重复订货。

3）产品的运输时间过长。需要用大约一个月的时间将产品海运到欧洲和亚太分销中心，过长的提前期导致分销中心没有足够的时间去对快速变化的市场需求做出反应，而且欧洲和亚太地区就只能以大量的安全库存来保证对用户需求的满足。同时，占用了大量的流动资金；若某一地区产品缺货，为了应急，可能会将原来为其他地区准备的产品拆开重新包装，造成更大浪费。

思考：如何解决上述问题？

10.7　论述题

企业资源规划（enterprise resource planning，ERP）是当前国际上通用的管理信息系统，它顺应企业面临全球化市场竞争的管理需求，在供应链流程中进行信息集成处理，具有先进的现代企业管理模式。ERP 的核心在于：以计算机为工具，将企业各方面的资源进行管理，合理调配，使企业在激烈的市场竞争中获得更强大的竞争力。近些年来，ERP 开始为我国所接受，并把它当作企业成功的捷径。然而，结果却是企业始料不及的。据不完全统计，实施成功率只有 10%~20%，结合所学知识分析其原因并提出相应的对策。

附录　习题参考答案

1 “绪论习题”参考答案

1.1 对错判断题

(1)~(5) ×××××　　(6)~(10) √√√×√　　(11)~(15) √√×√√

(16)~(20) √√×√√　　(21)~(25) √√×√×

1.2 单项选择题

(1)~(5) BADCD　　(6)~(10) DCABC　　(11)~(15) CBCDA　(16)~(20) BBCBD

(21)~(25) DCBDC　(26)~(30) ACDDB　(31)~(33) ADC

1.3 多项选择题

(1) ACD　　(2) ACD　　(3) ABCDE　　(4) ABCDE　　(5) ABCD

(6) ABCDE　　(7) ABD　　(8) ABC　　(9) ABE　　(10) ABCDE

(11) ABCDE　　(12) ABCDE　　(13) ABCDE

1.4 专业名词翻译题

(1) 成本控制　　(2) 价值工程　　(3) 弹性（柔性）制造系统

(4) 成组技术　　(5) 并行工程　　(6) 计算机辅助制造

(7) 计算机辅助设计　　(8) 计算机辅助工程　　(9) 计算机辅助工艺编制

(10) 产品数据管理　　(11) 工业工程　　(12) 企业资产管理

(13) 客户关系管理　　(14) 持续改善　　(15) 生产计划与控制

1.5 简答题

(1) 产品价值体现有哪几种形式？并举例说明。

1) 形体转化：物质产品形体变化带来的价值，如汽车、冰箱等；2) 位置转换：地点变化带来的价值，如运输，将产品送到预定地点；3) 信息转换：将初始信息转换为有用信息，如管理咨询和市场调查报告。

(2) 并行工程与顺序工程有何本质差别？

顺序工程先进行市场分析，将分析结果交给设计部门，设计部门人员进行产品设计，然后将图纸交给另一部门进行工艺方法的设计和制造工艺装备，采购部门根据要求进行采购，等一切都齐备以后，再进行加工测试。产品结果不满意时再反复修改，再加工，再测试，直至满意；而并行工程基于团队机制将产品开发各阶段的工作平行完成，如同时进行市场需求分析、产品设计、制造过程规划和辅助系统开发，即对产品设计、工艺、制造等上下游各方面进行同时考虑和并行交叉设计，由产品开发团队成员协作完成。

(3) 简述现代生产与运作管理的新特征。

现代生产运作管理的涵盖范围越来越大；多品种、小批量混合生产方式成为主流；信息技术已成为生产运作系统控制和管理的重要手段；全球生产运作管理成为现代企业的一个重要课题；跨企业的集成管理；“绿色生产”成为生产与运作管理所面临的重要课题。

(4) 合理组织生产过程有哪些基本要求?

合理组织生产过程的基本要求是：生产过程的连续性、生产过程的比例性、生产过程的节奏性和生产过程的柔性。

(5) 简述大规模定制生产的主要特征。

大规模定制是大规模生产模式和定制模式各自优点的综合：在不牺牲企业经济效益的前提下，了解并满足单个客户的需求，对个性化定制产品和服务进行大规模生产。大规模定制生产模式具有以下主要特征：1）以顾客需求为导向；2）以模块化设计、零部件标准化为基础；3）以现代信息技术、先进制造技术为支撑；4）以供应链管理为手段。

(6) 什么是生产管理?

生产管理是指为实现生产既定目标，对生产过程进行计划，并控制实施过程，有效利用资源以提高效率和生产质量的活动或过程，以求利润最大或成本最低，并最终达到客户的满意。

(7) 生产计划的作用是什么?

生产计划的作用就是要充分利用企业的生产能力和其他资源，保证按质、按量、按品种和按期限完成订货任务，满足市场需求，尽可能地提高企业的经济效益。

(8) 生产计划主要分为哪几个层次?

生产计划层次主要有经营规划、生产规划、主生产计划、物料需求计划（采购计划和加工计划）和车间作业计划等层次。

(9) 生产运作管理的主要任务有哪些?

1）为实现企业经营目标，全面完成生产计划，对产品的品种、质量、产量、成本和交货期进行科学管理；2）不断降低物耗，降低运作成本，缩短生产周期，减少在制品，压缩占用的生产资金，提高企业经济效益。

(10) 生产运作管理的目标是什么?

1）提高产品的性能与质量；2）降低整个生产流程的运作成本；3）缩短交货时间；4）满足客户的需求；5）对市场的变化做出快速反应。

(11) 简述生产制造与服务运作的主要区别。

生产制造与服务运作的区别主要表现在：1）产品物质形态不同。制造生产的产品是有形的，而服务生产提供的产品是无形的。2）顾客参与程度不同。制造生产过程基本上不需要顾客参与，但服务则需要顾客在运作过程中接受服务。3）对顾客需求的响应时间不同。制造业企业所提供的产品可以有具体的交货周期，而对于许多服务业企业来说，顾客是随机到达的，且必须在顾客到达的几分钟内做出响应。4）运作场所的集中性和规模不同。制造业企业的生产设施可远离顾客，通过流通、运输可服务于地区、全国甚至国际市场；而服务不可能被运输到远地。5）在质量标准及度量方面不同。制造业企业所提供的有形产品其质量易于度量；而在服务方面由于顾客的个人偏好影响对服务质量的评价，对质量的客观度量有较大难度。

(12) 简述生产过程规划各个层次的主要内容。

生产过程规划按时间跨度可分为长期能力规划、综合计划、主生产计划和生产作业计划四个层次：1）长期能力规划主要包括：厂址及设施选择、生产规模和能力设定、自制或外购决策、主要资源供应商的选定、生产过程中生产流程和新自动化系统的选择等；2）综合计划主要涉及生产资源配置，编制各项资源计划，包括人力计划、库存计划、动力需求计划、材料供应计划和设备改造计划等；3）主生产计划规定产品的生产数量及完成的时限；4）生产作业计划编制零部件的生产计划、材料采购计划和作业计划。

（13）简述“推动式”生产作业计划与控制系统设计思路。

“推动式”生产作业计划与控制系统着眼于提前期信息，用以管理和控制物流。每批原材料提前准备好，按照零部件生产需求送货；零部件按产品装配需求提前加工完毕送往装配线；产品按客户需求提前装配按期发送。提前准备好材料和零部件，按需求发送到下一个生产环节或仓库，按计划来推动生产过程的物流。推动式系统的计划与控制系统的成效取决于计划的精确性，而计划的精确性又取决于客户需求信息和提前期的精确性。

（14）简述“拉动式”生产作业计划与控制系统设计思路。

“拉动式”生产作业计划与控制系统着眼于降低生产过程各个环节的储备量。在拉动式系统中，各个生产环节只关注下游环节的需求，且只按此需求来确定本环节的生产数量和时间。产品直接从上游环节流向下游环节，各环节之间很少有库存。原材料和零件被下游环节拉出门，往上游环节最终成为产品，直到配送给客户手中为止，这种方式也称为“准时制”。

（15）简述企业运作管理的发展历程。

1）基于成本管理阶段：早期概念时（1776~1880年）集中于劳动专业化、零部件标准化；科学管理时（1880~1910年）主要理论有甘特图、工作和时间研究、过程分析、排队理论；大量生产时（1910~1980年）主要研究有移动流水线 、统计抽样、经济订货批量、线性规划、计划评审技术（PERT）、关键路径分析、物料需求计划（MRP）；2）基于质量管理阶段：主要是精细生产时（1980~1995年）有准时生产（JIT）、计算机辅助设计（CAD）、电子数据交换（EDI）、全面质量管理（TQM）等理论；3）基于定制化阶段：大量定制时期（1995~2010年），随着经济全球化、互联网和电子商务的迅速发展，为适应瞬息万变的市场，快速满足人们多样大量的需求而催生的企业资源计划（ERP）、国际质量标准（ISO）、有限能力排程、供应链管理、大量定制、按订单生产和可持续性等管理方法。

（16）简述生产系统改进的基本内容。

所谓生产系统，是指在正常情况下支持单位日常业务运作的信息系统。生产系统的改进一般包括产品的改进、加工方法的改进、操作方法的改进和生产组织方式的改进。1）产品的改进：从改进动因的内外部因素分析中可以看出，产品改进是一项企业经常性的工作。随着社会的发展，人们需求的个性化多样化，对同一种产品会表现出不同的需求，有功能上的、外观上的等，迫使企业开发出各种不同型号不同系列的产品去争取消费者。此外，为了降低成本也需要对产品做重新设计。2）加工方法的改进：随着产品品种的增多，以及生产总量的增加，都会使原来的加工方法不能适应新的变化，需要对它进行改进。加工方法的改进可以表现在设备更新、加工工艺的改进、生产流程的改进等。3）操作方法的改进：系统中许多资源利用效率低的原因是操作不科学不合理，通过操作方法的改进，把作业不合理、不经济、次序混乱的因素去掉，可以提高资源利用率。4）生产组织方式的改进：组织方式的改进会使生产系统发生质的变化。

2 “企业制造战略习题”参考答案

2.1 对错判断题

(1)~(5) √√√××　(6)~(10) ×√√√×　(11)~(15) ×××××

(16)~(20) √√√××　(21)~(22) √×

2.2 单项选择题

(1)~(5) BDCCA　(6)~(10) ABCCD　(11)~(15) BCCAC

(16)~(20) BACBD　(21)~(23) BBC

2.3 多项选择题

(1) ACDE　(2) ABCDE　(3) ABDE　(4) ABC

(5) BDE　(6) ABCDE　(7) ABCDE　(8) ABCDE　(9) ABDE

2.4 简答题

(1) 企业的竞争力主要从哪些方面来体现?

1) 价格:在其他因素均相同的情况下,客户将选择价格较低的产品或劳务,显然谁能提供低价格的产品谁的竞争力就强;2) 质量:质量是客户在使用所购买的产品或接受服务时对固有特性要求的满足程度;3) 产品或服务的差异性:企业的产品或服务表现出与竞争对手的产品或服务有不同的个性,能吸引客户购买这些产品或服务;4) 适应能力:适应能力是指企业对市场变化的反应能力,企业对市场变化的适应能力越强,就越具有竞争力;5) 交货期:交货期涉及企业运作的诸多方面的环节,主要表现为产品或服务能否按时提供给顾客、新产品或服务项目能否及时开发投放市场等。若企业能快速满足客户对产品或服务的时间要求,则在市场中具有较强的竞争力。

(2) 缩短交货期对提高企业竞争能力有何意义?

在现代市场竞争中,交货期、质量和价格这三个因素是订货成交的决定因素。企业即使能够以顾客所希望的价格,但如果不能按照顾客所希望的交货期提供他们所希望的产品,那么顾客就不会向企业订购这种产品。更进一步说,如果把质量视为销售的先决条件的话,在许多情况下交货期是比价格更重要的决定条件。所以缩短交货期会极大地增强企业的竞争优势,带来巨大的经济效益。

(3) 何为赢单要素和达标要素?两者之间有何联系?

赢单要素是指企业的竞争优势重点所在,反映该企业所提供产品和服务的差异性。达标要素则是指谋求竞争优势的约束条件。赢单要素和达标要素之间并非固定不变,相互之间因时间、空间和实际条件而可以相互转换。

(4) 制造战略有何作用?如何制定制造战略?

制造战略属于高层决策,着眼于企业的全局和长期发展,它对企业各个部门和所有运作过程的绩效都有决定性的影响。战略制定的正确与否对企业的发展好坏具有决定性的作用。制定制造战略时,以赢取订单为关键准则。首先确定公司目标,其次确定符合公司目标的营销战略,然后确定产品赢取市场订单的方式,最后对生产过程和基础设施进行选择并随市场的发展情况对制造战略进行修订。

(5) 简要分析基于成本的战略含义。

基于成本的战略是指通过发挥生产系统的规模经济优势,以及实行设计和生产的标准化，使得产品的成本大大低于竞争对手的同类产品，获得价格竞争优势并造成一种市场进入壁垒。

(6) 简要分析基于质量的战略含义。

基于质量的战略是指企业把质量作为竞争优势的来源，即依靠顾客感知到的产品或服务的相对质量的领先地位，赢得市场高的占有率和稳定的利润。

(7) 简要分析基于时间的战略含义。

基于时间的战略是指企业把时间转化成一种关键的竞争优势来源，通过缩短产品开发周期和制造周期以提高对市场需求的反应速度，使企业具备提供众多的产品种类和覆盖更多细分市场的能力。

(8) 如何在生产运作管理中体现速度领先战略？

企业要通过速度领先赢得竞争优势，必须在运作的各方面体现快速适应和各环节的紧密连接。特别是可以运用基于时间的竞争战略，该战略关注完成任务的时间节约，比如尽量缩短计划时间、设计时间、加工时间、交换时间和交付时间等。

(9) B 地区的店在生产运作策略方面是否应有所不同？为什么？

目前竞争重点应为基于时间的竞争，B 地区的店在生产运作策上应该相同。因为在 B 地区再开一家相同的炸鸡店的目的，可以分流顾客，减少顾客用餐前的排队等候时间，顾客对公司的服务或者生产运作策略是认可的，这也是公司充分发挥其核心优势所在。

3 “需求预测方法习题”参考答案

3.1 对错判断题

(1)~(5) ×√√√×　(6)~(10) √√×√√　(11)~(15) √√×√×

(16)~(20) √√√√√　(21)~(24) ×√××

3.2 单项选择题

(1)~(5) DDCBD　(6)~(7) AD

3.3 多项选择题

(1) ABCDE　(2) ABCDE　(3) ABCD　(4) ABCD

3.4 专业名词翻译题

(1) 头脑风暴　(2) 需求预测

3.5 简答题

(1) 预测的类型有哪些？

按照时间的长短，可将预测分为长期预测、中期预测和短期预测三种。按照主客观因素所起的作用可分为定性预测方法和定量预测方法。

(2) 预测工作的步骤有哪些？

1) 明确预测的对象及预测要求；2) 确定预测期的长短；3) 选择预测方法；4) 收集与分析数据资料；5) 进行预测；6) 对预测过程进行监控。

(3) 企业为什么要对销售进行预测？

企业在接到客户订单时，往往客户所要求的交货提前期比产品的发运提前期短。企业在接到客户订单之前必须做好多种准备工作，这就要求企业做市场需求预测。在一个时期内，如果预测值总比实际需求值低，企业就不能高质量地满足部分客户的需求，会失去某些市场；如果预测值总比实际需求值高，会出现产品积压，浪费资源。

(4) 简述什么是德尔菲法？

德尔菲法也称为专家调查法，1946 年由美国兰德公司创始实行，其本质上是一种反馈匿名函询法，其预测流程为：1) 挑选专家，开始第一轮函询调查，即向专家寄去一些背景材料，并提出所需预测的具体项目；2) 由专家回答问题，通过对专家的各种回答进行综合整理，把主要相同的结论统一起来，剔除次要及分散的事件；3) 然后将整理结果反馈给各位专家，进行第二轮函询；4) 各位专家对整理结果加以评价，修正原来的预测值，对预测目标重新进行预测。

(5) 常用的时间序列分析预测方法有哪几种？

常用的时间序列分析预测方法有简单移动平均法、加权移动平均法、指数平滑法、季节因素调整法和因果分析法等。

(6) 常用的生产计划需求预测方法有哪些？

常用的生产计划预测方法有：1) 定性预测方法：专家会议法、销售人员意见综合法、德尔菲法、趋势分析法和主观概率法等；2) 定量预测方法：简单平均法、移动平均法、加权移动平均法、指数平滑法和因果分析法等。

(7) 简述需求预测方法中分析用户调查法的优缺点。

优点：1) 预测来源于顾客期望，较好地反映了市场需求情况；2) 可以了解顾客对产品优缺点的看法，也可以了解一些顾客不购买这种产品的原因，有利于改进与完善产品、开发新产品和针对性地开展促销活动。

缺点：1）很难获得顾客的通力合作；2）顾客期望不等于实际购买，而且其期望容易发生变化；3）由于对顾客知之不多，调查时需耗费较多的人力和时间。

（8）典型的时间序列需求包括哪些因素？

1）趋势变化：需求的变化趋势数据可以是一段时间的逐渐向上、向下或平稳的移动；2）季节变化：随季节的变化增加或减少，具有重复发生的规律；3）周期变动：在较长时间内围绕趋势做有规律的上下波动；4）随机误差：由偶然、非经常性原因引起的数据的变动，它们没有可识别的形式。

3.6　计算题

（1）分别取 $n=3$ 和 $n=5$，计算 3 个月和 5 个月移动平均预测值，按公式计算列表见表 F3-1。

表 F3-1　某电机公司电机销售预测

时间/月	实际销售量/台	3 个月移动平均预测值/台	5 个月移动平均预测值/台
1	423		
2	358		
3	434		
4	445	405	
5	527	412	
6	429	469	437
7	426	467	439
8	502	461	452
9	480	452	466
10	384	469	473
11	427	456	444
12	446	430	444
		419	448

$n=3$ 和 $n=5$ 时，相应的下年 1 月份的销售量分别为 419 台和 448 台。从计算数据来看，实际销售量的随机波动比较大，经过移动平均法计算以后，随即波动显著减小，即消除随机干扰；而且求取平均值所用的月数越多，即 n 越大，修匀的程度也越大，波动也越小，但是在这种情况下对实际销售量真实的变化趋势反应也越迟钝；反之，如果 n 取得越小，对销售量真实变化趋势反应越灵敏，但修匀性越差，从而把随机干扰作为趋势反映出来。因此，n 的选择非常重要，n 应取多大，应根据具体情况做出抉择，当 n 等于周期变动的周期时，则可消除周期变动影响。在实际应用上，一个有效的方法是：取几个 n 值进行试算，比较它们的平均预测误差，从中选择最优的。在本例中当 $n=3$ 时均方误差 $MSE=3210.33$，当 $n=5$ 时均方误差 $MSE=1591.86$，故选 $n=5$ 相应的预测误差小一些。

（2）根据该企业 YZP 电机的销售统计数据，做出散点图如图 F3-1 所示，从图中趋势线可以看出，2009~2019 年数据符合线性变化趋势，可以采用趋势移动平均法进行销售预测，列表计算见表 F3-2。

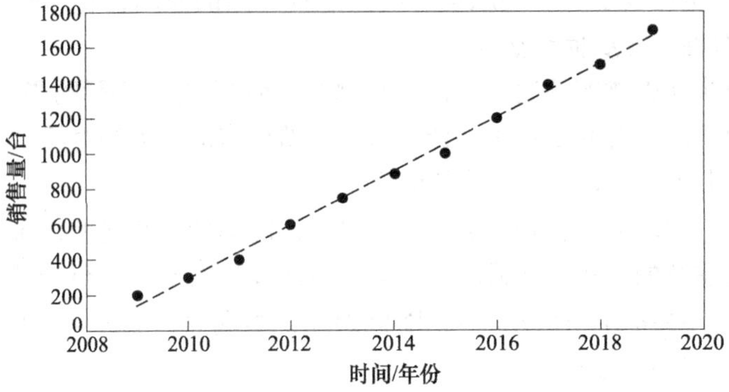

图 F3-1 YZP 电机销售量趋势

表 F3-2 某电机公司电机销售预测

时间/年份	序号 t	实际销售量 y_t/台	一次移动平均 $M_t^{[1]}$/台	二次移动平均 $M_t^{[2]}$/台
2009	1	200		
2010	2	300		
2011	3	400		
2012	4	600	375	
2013	5	750	512. 5	
2014	6	890	660	
2015	7	1000	810	589. 375
2016	8	1200	960	735. 625
2017	9	1380	1117. 5	886. 875
2018	10	1500	1270	1039. 375
2019	11	1700	1445	1198. 125

$$a_{11} = 2M_{11}^{[1]} - M_{11}^{[2]} = 2 \times 1445 - 1198.125 = 1691.875$$

$$b_{11} = \frac{2(M_{11}^{[1]} - M_{11}^{[2]})}{4-1} = \frac{2 \times (1445 - 1198.125)}{3} = 164.583$$

对应趋势移动预测方程为：$y_{11+T} = a_{11} + b_{11}T(T = 1, 2, \cdots)$

2020 年和 2022 年该企业 YZP 电机的销售量预测数据为：

$$y_{2020} = y_{11+1} = a_{11} + b_{11} = 1856(台)$$

$$y_{2022} = y_{11+3} = a_{11} + 3b_{11} = 2186(台)$$

（3）移动数据期数 $n=6$，用移动平均法构建预测模型见表 F3-3。

表 F3-3 某企业 2004~2015 年发电量移动平均法计算

时间/年份	序号 t	发电总量 y_t/万千瓦·时	一次移动平均 $M_t^{[1]}$/万千瓦·时	二次移动平均 $M_t^{[2]}$/万千瓦·时
2004	1	1688		
2005	2	1958		

续表 F3-3

时间/年份	序号 t	发电总量 y_t/万千瓦·时	一次移动平均 $M_t^{[1]}$/万千瓦·时	二次移动平均 $M_t^{[2]}$/万千瓦·时
2006	3	2031		
2007	4	2234		
2008	5	2566		
2009	6	2820	2216. 2	
2010	7	3006	2435. 8	
2011	8	3093	2625. 0	
2012	9	3277	2832. 7	
2013	10	3514	3046. 0	
2014	11	3770	3246. 7	2733. 6
2015	12	4107	3461. 2	2941. 2

$$a_{12}=2\times3461.2-2941.2=3981.2$$

$$b_{12}=2\times(3461.2-2941.2)/(6-1)=208$$

预测方程为：　$y_{T+12}=3981.2+208T$

$y_{2016}=4189.2$（万千瓦·时），$y_{2017}=4397.2$（万千瓦·时）

（4）移动数据期数 $n=5$，用移动平均法构建预测模型见表 F3-4。

表 F3-4　某商品 16 个月的销售额移动平均法计算

周期/月	销售额/万元	一次移动平均值/万元	二次移动平均值/万元
1	100		
2	120		
3	140		
4	150		
5	170	136	
6	180	152	
7	190	166	
8	210	180	
9	200	190	164. 80
10	190	194	176. 40
11	210	200	186. 00
12	230	208	194. 40
13	230	212	200. 80
14	240	220	206. 80
15	250	232	214. 40
16	270	244	223. 20

$$a_{16}=264.8,\quad b_{16}=10.4$$

预测方程为：　$y_{T+16}=264.8+10.4T$

$$Y_{17}=264.8+10.4\times1=275.2\ （万元）$$
$$Y_{18}=264.8+10.4\times2=285.6\ （万元）$$

（5）移动数据期数 $n=4$，用移动平均法构建预测模型见表 F3-5。

表 F3-5　历年 74cm 彩色电视机移动平均计算

时间/年份	序号 t	实际销售量 y_t/台	一次平均 $M_t^{[1]}$/台	二次平均 $Mt_t^{[2]}$/台
1995	1	200	—	—
1996	2	300	—	—
1997	3	400	—	—
1998	4	600	375	—
1999	5	750	512.5	—
2000	6	890	660	—
2001	7	1000	810	589.375
2002	8	1200	960	735.625
2003	9	1380	1117.5	886.875
2004	10	1500	1270	1039.375
2005	11	1700	1445	1198.125

$$a_{11}=2M_{11}^{[1]}-M_{11}^{[2]}=2\times1445-1198.125=1691.875$$
$$b_{11}=2(M_{11}^{[1]}-M_{11}^{[2]})/(n-1)=2\times(1445-1198.125)/(4-1)=164.58$$

预测方程为：　$Y_{11+T}=1691.875+164.58T$

$$Y_{2006}=Y_{11+1}=1691.875+164.58\times1=1856\ （台）$$
$$Y_{2008}=Y_{11+3}=1691.875+164.58\times3=2186\ （台）$$

（6）1）绘制回归直线如图 F3-2 所示，利用 Excel 软件计算回归方程。

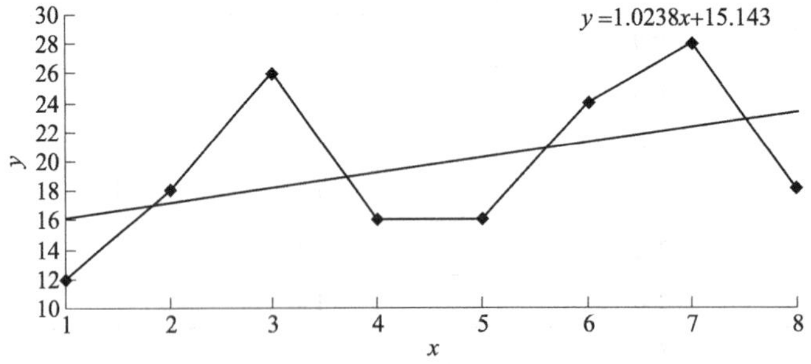

图 F3-2　数控机床销售量趋势

$$\hat{y}=b_0+b_1x=15.143+1.0238x$$

2）$b_1=1.0238$，呈上升趋势，季节性系数见表 F3-6 和表 F3-7。

表 F3-6　季节性系数计算

季度 t	1	2	3	4	5	6	7	8
A_t	16.17	17.19	18.21	19.24	20.26	21.29	22.31	23.33
A_t/T_t	0.74	1.05	1.43	0.83	0.79	1.13	1.26	0.77

表 F3-7　季节性系数计算表

S_{I}	S_{II}	S_{III}	S_{IV}
0.77	1.09	1.34	0.80

对应的 2021 年各季度预测值分别为：

$$\hat{y}_{(2021,\ \text{I})} = (b_0 + b_1x) \times S_{\text{I}} = (15.143 + 1.0238 \times 9) \times 0.77 = 19(\text{台})$$

$$\hat{y}_{(2021,\ \text{II})} = (b_0 + b_1x) \times S_{\text{II}} = (15.143 + 1.0238 \times 10) \times 1.09 = 28(\text{台})$$

$$\hat{y}_{(2021,\ \text{III})} = (b_0 + b_1x) \times S_{\text{III}} = (15.143 + 1.0238 \times 11) \times 1.34 = 35(\text{台})$$

$$\hat{y}_{(2021,\ \text{IV})} = (b_0 + b_1x) \times S_{\text{IV}} = (15.143 + 1.0238 \times 12) \times 0.80 = 22(\text{台})$$

（7）为了分析加权系数的不同取值的特点，分别取 $\alpha=0.1$、$\alpha=0.3$、$\alpha=0.5$ 计算一次指数平滑值，并设初始值为最早的三个数据的平均值 11，计算结果见表 F3-8。

表 F3-8　一次指数平滑预测

时间/月	1	2	3	4	5	6	7	8	9	10	11	12
销售量（y_t）/万台	10	15	8	20	10	16	18	20	22	24	20	26
$S_t(\alpha=0.1)$/万台	10.9	11.3	11	11.9	11.7	12.1	12.7	13.4	14.3	15.3	15.8	16.8
$S_t(\alpha=0.3)$/万台	10.7	12	10.8	13.6	12.5	14.3	16	17.8	19.7	19.8	21.7	23.3
$S_t(\alpha=0.5)$/万台	10.5	12.8	10.4	15.2	12.6	14.3	16.2	18.1	20.1	22	21	23.5

按表 F3-10 可得时间 12 月对应的 16.8 万台、23.3 万台、23.5 万台，可以预测第 13 个月的销售量。

（8）1）第 7 周 T 型血浆的预测需求＝(381+368+374)/3＝374（L）；2）第 7 周 T 型血浆的预测需求＝381×0.1+368×0.3+374×0.6＝372.9（L）。

（9）平滑指数取 0.3，指数平滑法计算见表 F3-9。

表 F3-9　某厂高压电机指数平滑法计算

时间/年份	序号（t）	实际销售量 y_t/台	一次指数平滑 $S_t^{[1]}$/台	二次指数平滑 $S_t^{[2]}$/台
2009	1	200	200.00	200.00
2010	2	300	230.00	209.00
2011	3	400	281.00	230.60
2012	4	600	376.70	274.43
2013	5	750	488.69	338.71
2014	6	890	609.08	419.82
2015	7	1000	726.36	511.78
2016	8	1200	868.45	618.78
2017	9	1380	1021.92	739.72
2018	10	1500	1165.34	867.41
2019	11	1700	1325.74	1004.91

$$a_{11} = 2S_{11}^{[1]} - S_{11}^{[2]} = 2 \times 1325.74 - 1004.91 = 1646.57$$

$$b_{11} = \frac{0.3}{1-0.3}(1325.74 - 1004.91) = 137.50$$

对应指数平滑预测方程和2020年高压电机的销售量预测值分别为：

$$y_{t+T} = a_t + b_t T = 1646.57 + 137.50T$$

$$y_{2020} = y_{11+1} = a_{11} + b_{11} \times 1 = 1646.57 + 137.50 = 1784(台)$$

（10）用指数平滑法（α=0.9）构建预测模型见表F3-10。

表 F3-10　某地 2003~2013 年财政收入指数平滑法计算

时间/年份	序号 t	财政收入/万元	$S_t^{[1]} = \alpha Yt + (1-\alpha)S_{t-1}^{[1]}$，$\alpha = 0.9$ 初始值为23/万元	$S_t^{[2]} = \alpha S_t^{[1]} + (1-\alpha)S_{t-1}^{[2]}$，$\alpha = 0.9$ 初始值为28.40/万元
2003	1	29	28.40	28.40
2004	2	36	35.24	34.56
2005	3	40	39.52	39.02
2006	4	48	47.15	46.14
2007	5	54	53.32	52.62
2008	6	62	61.13	60.28
2009	7	70	69.0	68.23
2010	8	76	75.31	74.60
2011	9	85	84.03	83.09
2012	10	94	93.00	92.01
2013	11	103	102.00	101.00

由表3-10可知：$S_0(1)=23$，$S_{11}(1)=102$，$S_0(2)=28.4$，$S_{11}(2)=101$，$\alpha=0.9$，则：

$$a_{11} = 2S_t(1) - S_t(2) = 2 \times S_{11}(1) - S_{11}(2) = 2 \times 102 - 101 = 103$$

$$b_{11} = [S_t(1) - S_t(2)]\alpha/(1-\alpha) = (102 - 101) \times 0.9/(1-0.9) = 9$$

所求模型为：$Y_{11+T} = 103 + 9T$

则2016年该地区财政收入预测值为：$Y_{11+3} = 103+9\times3 = 130$（万元）

（11）用指数平滑法（α=0.3）构建预测模型见表F3-11。

表 F3-11　某商品 16 个月的销售额指数平滑计算

周期/月	销售额/万元	一次指数平滑值 $S_t^{[1]}$/万元	二次指数平滑值 $S_t^{[2]}$/万元
1	100	100.00	100.00
2	120	106.00	101.80
3	140	116.20	106.12
4	150	126.34	112.19
5	170	139.44	120.36
6	180	151.61	129.74
7	190	163.12	139.75
8	210	177.19	150.98
9	200	184.03	160.90

续表 F3-11

周期/月	销售额/万元	一次指数平滑值 $S_t^{[1]}$/万元	二次指数平滑值 $S_t^{[2]}$/万元
10	190	185.82	168.37
11	210	193.08	175.78
12	230	204.15	184.30
13	230	211.91	192.58
14	240	220.33	200.91
15	250	229.23	209.40
16	270	241.46	219.02

$$a_{16} = 2S_t^{[1]} - S_t^{[2]} = = 2 \times 241.46 - 219.02 = 263.91$$

$$b_{16} = (S_t^{[1]} - S_t^{[2]})\alpha/(1-\alpha) = (241.46 - 219.02) \times 0.3/(1-0.3) = 9$$

所求模型为：　$Y_{16+T} = 263.91 + 9.62T$

$$Y_{17} = 263.91 + 9.62 \times 1 = 273.53\text{（万元）}$$

$$Y_{18} = 263.91 + 19.62 \times 2 = 283.15\text{（万元）}$$

（12）用指数平滑法（$\alpha = 0.3$）构建预测模型见表 F3-12。

表 F3-12　某汽车厂销售统计数据指数平滑计算

时间/年份	实际销售量/辆	一次指数平滑值 $S_t^{[1]}$/辆	二次指数平滑值 $S_t^{[2]}$/辆
1999	750	750	750
2000	890	792	762.6
2001	1000	854.4	790.14
2002	1200	958.08	840.52
2003	1400	1090.66	915.57
2004	1760	1291.46	1028.34
2005	2000	1504.02	1171.05

由表 3-12 可知：

$$a_{2005} = 2S_{2005}^{[1]} - S_{2005}^{[2]} = 2 \times 1504.2 - 1171.05 = 1836.99$$

$$b_{2005} = \frac{a}{1-a}(S_{2005}^{[1]} - S_{2005}^{[2]}) = \frac{0.3}{1-0.3}(1504.02 - 1171.05) = 142.70$$

则预测方程为：$y_{t+T} = a_t + b_t T = 1836.99 + 142.70T$

$$y_{2006} = 1836.99 + 142.70 \times 1 = 1980\text{(辆)}$$

$$y_{2008} = 1836.99 + 142.70 \times 3 = 2265\text{(辆)}$$

（13）根据所给资料列表计算见表 F3-13。

表 F3-13　B 地区 A 产品销售量预测计算

时间/年份	B 地区居民人均月收入 x/美元	A 产品销售量 y/t	xy/美元·t^{-1}	x^2	y^2
2014	350	10	3500	122500	100
2015	400	11	4400	160000	121

续表 F3-13

时间/年份	B 地区居民人均月收入 x/美元	A 产品销售量 y/t	xy/美元 · t^{-1}	x^2	y^2
2016	430	12	5160	184900	144
2017	500	14	7000	250000	196
2018	550	15	8250	302500	225
2019	600	16	9600	360000	256
$n=6$	$\sum x=2830$	$\sum y=78$	$\sum xy=37910$	$\sum x^2$	$\sum y^2=1042$

$$r=\frac{n\sum xy-\sum x\sum y}{\sqrt{[n\sum x^2-(\sum x)^2][n\sum y^2-(\sum y)^2]}}=0.9969$$

因为相关系数趋近于 1，表明 x 与 y 之间基本正相关，可以建立回归模型。

$$b_1=\frac{n\sum xy-\sum x\sum y}{n\sum x^2-(\sum x)^2}=0.02$$

$$b_0=\frac{\sum y}{n}-b_1\frac{\sum x}{n}=1.28$$

因此，A 产品的销售量预测模型为：$\hat{y}=b_0+b_1x=1.28+0.02x$

根据模型预测 2020 年 B 地区 A 产品的销售量为：1.28+0.02×700=15.28（t）。

（14）根据表中的调查数据资料，做出因变量年薪 y 与各自变量 $y-x_1$、$y-x_2$、$y-x_3$ 的样本散点图如图 F3-3 所示。从图中可以看出，这些点大致分布在一条直线旁边，有比较好的线性关系，可以采用线性回归建模。

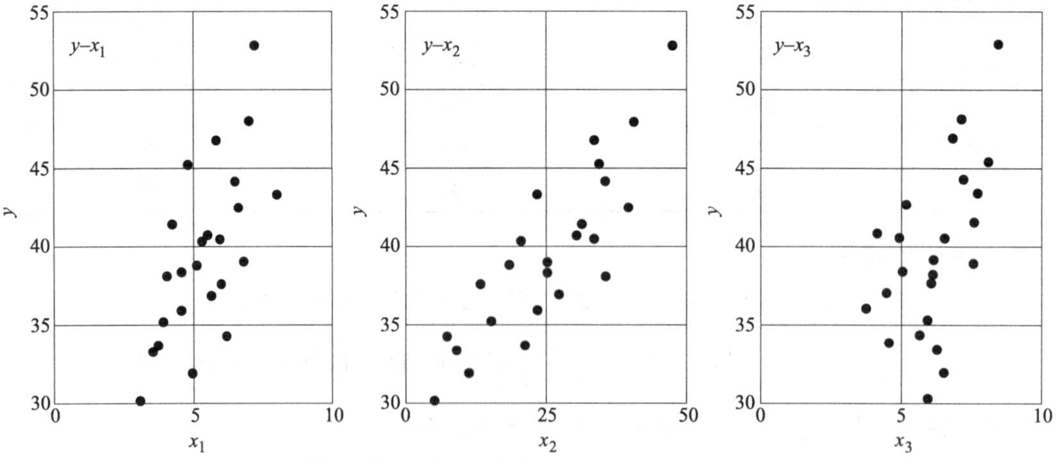

图 F3-3 因变量年薪 y 与各自变量的样本散点图

利用 Excel 的数据分析工具的回归分析，得到的回归分析结果如图 F3-4 所示，数据精度按图中小数点后两位四舍五入处理后，相应的 $b_0=17.43$，$b_1=1.12$，$b_2=0.32$，$b_3=1.33$。

相应得到的学者年薪的多元线性回归方程为：

$$\hat{y}=17.43+1.12x_1+0.32x_2+1.33x_3$$

A	B	C	D	E	F	G	H	I
回归统计								
Multiple *R*	0.95555999							
R Square	0.913094894							
djusted *R* Squar	0.900059128							
标准误差	1.728230841							
观测值	24							
方差分析								
	df	SS	MS	F	Significance F			
回归分析	3	627.6306132	209.2102	70.045358	8.72562E-11			
残差	20	59.73563679	2.9867818					
总计	23	687.36625						
	Coefficients	标准误差	t Stat	P-value	Lower 95%	Upper 95%	下限 95.0%	上限 95.0%
Intercept	17.43608448	2.013139171	8.6611421	3.346E-08	13.23674976	21.6354192	13.2367498	21.6354192
X Variable 1	1.119371235	0.32334077	3.4618933	0.002463	0.444894208	1.79384826	0.44489421	1.793848261
X Variable 2	0.32154968	0.036541091	8.7996737	2.595E-08	0.2453263	0.39777306	0.2453263	0.397773061
X Variable 3	1.333388051	0.294934722	4.5209599	0.0002083	0.718165001	1.9486111	0.718165	1.9486111

图 F3-4 Excel 的数据分析工具之回归分析结果

针对模型可以进一步采用 F 检验法、相关系数 *R* 的评价、*p* 值检验等方法检验模型是否合理，对回归模型进行残差分析，优化模型得到最优回归方程。

（15）为简化计算用简单的数字作为 *x* 值（时间），计算见表 F3-14。

表 F3-14 某电力公司 2014~2020 年的电力需求回归计算

时间/年份	周期 x	电力需求 y/MW	x^2	xy
2014	1	74	1	74
2015	2	79	2	158
2016	3	80	9	240
2017	4	90	16	360
2018	5	105	25	525
2019	6	142	36	852
2020	7	122	49	854
平均值	4	98.86		
合计			140	3063

$$b = \frac{\sum xy - n\overline{xy}}{\sum x^2 - nx^2} = \frac{3063 - 7 \times 4 \times 89.86}{140 - 7 \times 4^2} = 10.54$$

$$a = \bar{y} - b\bar{x} = 98.86 - 10.54 \times 4 = 56.70$$

可得到回归方程为：$\hat{y} = 56.70 + 10.54x$

则 2021 年的需求预测为：56.70+10.54×8=141（MW）

（16）列表计算见表 F3-15。

表 F3-15　回归分析计算

时间/月	x/万元	y/万元	xy	x^2
1	36	184	6624	1296
2	12	72	864	144
3	12	80	960	144
4	20	88	1710	400
5	16	108	1728	256
6	28	136	3808	784
7	8	56	448	64
8	24	148	3552	576
9	16	120	1920	256
合计	172	992	2164	3920

$$\beta = \frac{n\sum xy - \sum x \sum y}{n\sum x^2 - (\sum x)^2} = \frac{9 \times 21664 - 172 \times 992}{9 \times 3920 - 172^2} = 4.275$$

$$\alpha = \frac{\sum y - \beta \sum x}{n} = \frac{992 - 4.275 \times 172}{9} = 28.522$$

$$\hat{y} = \alpha + \beta x = 28.522 + 4.275x$$

$$y_{10} = 28.522 + 4.275 \times 30 = 156.77(\text{万元})$$

（17）假设该地区农民收入的线性回归模型为：$\hat{y} = \beta_0 + \beta_1 x_1 + \beta_2 x_2$

通过 SPSS 软件进行线性回归模型分析结果见表 F3-16。

表 F3-16　回归分析结果

模型		非标准化系数		标准系数	回归参数显著性检验值	显著性	95.0%置信区间		相关性		
		回收系数和截距 B	标准误差	试用版			下限	上限	零阶相关系数	偏相关系数	部分相关系数
1	常量	13.449	13.232		1.016	0.343	−17.838	44.737			
	x_1	4.017	1.071	0.940	3.749	0.007	1.483	6.550	0.686	0.817	0.816
	x_2	2.812	1.379	0.512	2.040	0.081	−0.448	6.072	0.044	0.611	0.444

相应的多元回归方程为：$\hat{y}=13.449+4.017x_1+2.812x_2$

（18）假设成本的线性回归模型为：

$$y = \beta_0 + \beta_1 x_1 + \beta_2 x_2$$

通过 SPSS 软件进行线性回归模型分析结果见表 F3-17。

表 F3-17　回归分析结果

模型		非标准化系数		标准系数	回归参数显著性检验值	显著性	95.0%置信区间	
		回收系数和截距 B	标准误差	试用版			下限	上限
1	常量	−1.396	1.889		−0.739	0.501	−6.640	3.849
	x_1	0.746	0.505	0.399	1.479	0.213	−0.655	2.147
	x_2	0.677	0.271	0.674	2.497	0.067	−0.076	1.430

相应的多元回归方程为：

$$\hat{y} = -1.396 + 0.746x_1 + 0.667x_2$$

对应的成本为 $y = -1.396 + 0.746 \times 25 + 0.667 \times 30 = 37.264$(元)

(19) 绘制散点图如图 F3-5 所示，观察图形可知，x，y 的数据可能适合二次曲线、幂函数曲线、指数函数曲线。

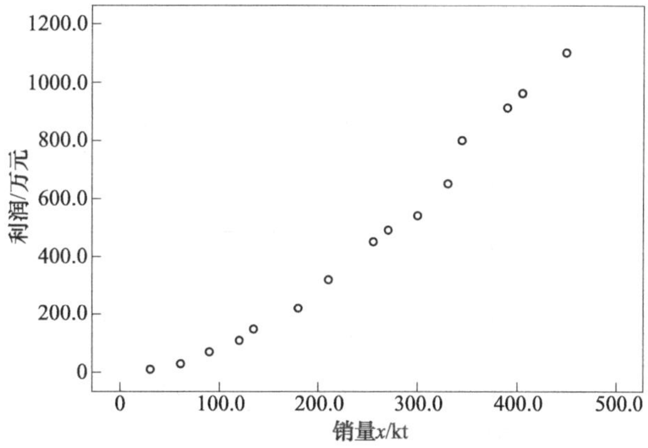

图 F3-5　销售量及利润散点

通过 SPSS 软件进行二次曲线回归模型分析结果见表 F3-18。

表 F3-18　二次曲线回归分析结果

方程	模型汇总					参数估计值		
	R^2	方差检验量	模型自由度 1	模型自由度 2	显著性	常数	b_1	b_2
二次	0.994	1032.823	2	12	0	−38.482	0.900	0.004

注：自变量为销量 $x$kt，因变量为利润 y 万元。

相应的二次曲线回归方程为：$y = -38.482 + 0.900x + 0.004x^2$，销量 500kt 利润 $y = -38.482 + 0.900 \times 500 + 0.004 \times 500 \times 500 = 1411.158$（元）。

用幂函数模型估计曲线见表 F3-19。

表 F3-19 幂函数曲线回归分析结果

方程	模型汇总					参数估计值	
	R^2	方差检验量	模型自由度 1	模型自由度 2	显著性	常数	b_1
幂函数	0.997	4655.625	1	13	0	0.029	1.730

注：自变量为销量 $x$kt，因变量为利润 y 万元。

相应的幂函数曲线回归方程为：$y=0.029x^{1.730}$，销量 500kt 利润 $y=0.029\times500^{1.730}=1353.99$（元）。

对比计算两个模型的可决系数、平均绝对误差 *MAD*、相对平均绝对误差等指标，对比发现幂函数模型预测效果更好。

（20）根据表中的销售量数据资料，应用霍特法列表计算见表 F3-20。

表 F3-20 霍特法加法趋势预测计算列

时间/月	时期/t	销售量 y_t/台	L_t/台	T_t/台	预测值 $\hat{y}_t$/台	误差 e_t/台
0	0	42	42	2.93	—	—
1	1	44	44.65	2.85	44.93	-0.93
2	2	48	47.65	2.89	47.50	0.50
3	3	51	50.68	2.93	50.54	0.46
4	4	52	53.13	2.79	53.61	-1.61
5	5	58	56.54	2.98	55.92	2.08
6	6	55	58.16	2.57	59.52	-4.52
7	7	57	59.61	2.23	60.73	-3.73
8	8	67	63.39	2.70	61.84	5.16
9	9	72	67.86	3.23	66.09	5.91
10	10	68	70.16	2.95	71.09	-3.09
11	11	72	72.78	2.85	73.12	-1.12
12	12	69	73.64	2.25	75.63	-6.63
13	13	79	76.83	2.53	75.90	3.10
14	14	82	80.15	2.77	79.36	2.64
15	15	80	82.05	2.51	82.92	-2.92
16	16	85	84.69	2.55	84.55	0.45
17	17	94	89.27	3.16	87.24	6.76
18	18	89	91.40	2.85	92.42	-3.42
19	19	96	94.77	3.01	94.24	1.76
20	20	100	98.44	3.21	97.78	2.22
21	21	100	101.16	3.06	101.65	-1.65
22	22	105	104.45	3.13	104.21	0.79
23	23	110	108.31	3.35	107.58	2.42
24	24	111	111.46	3.29	111.65	-0.65
25	25	—	—	预测取整	115	—

（21）数据的时序图如图 F3-6 所示，该序列呈明显递增趋势，同时由于此企业销售的产品具有季节性，所以销售额数据还具有明显的季节性波动的特点。

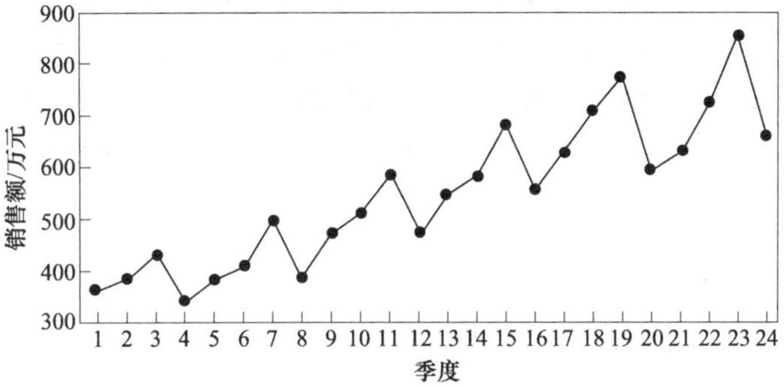

图 F3-6　某电机企业各季度销售数据时序

本题中季节的长度 $s=4$，温特法列表计算见表 F3-21。

表 F3-21　温特法加法趋势预测计算

季度	时期 t	销售额 y_t/万元	L_t/万元	T_t	S_t	预测值 $\hat{y}_t$/万元	误差 e_t/万元
0	0		362	0	$S_0=0.90$		
1	1	362	370.10	0.41	0.96	352.95	9.05
2	2	385	374.78	0.62	1.01	380.34	4.66
3	3	432	377.47	0.72	1.14	429.94	2.06
4	4	341	379.00	0.76	0.90	340.79	0.21
5	5	382	388.84	1.22	0.96	372.57	9.43
6	6	409	395.94	1.51	1.02	403.24	5.76
7	7	498	415.59	2.42	1.14	475.53	22.47
8	8	387	423.92	2.71	0.90	382.95	4.05
9	9	473	456.85	4.22	0.97	441.67	31.33
10	10	513	480.71	5.21	1.02	493.90	19.10
11	11	582	496.26	5.72	1.15	574.10	7.90
12	12	474	513.32	6.29	0.90	467.20	6.80
13	13	544	539.29	7.27	0.97	527.79	16.21
14	14	582	557.00	7.80	1.02	576.93	5.07
15	15	681	577.91	8.45	1.15	672.31	8.69
16	16	557	600.52	9.16	0.90	549.66	7.34
17	17	628	626.68	10.01	0.97	617.56	10.44
18	18	707	660.92	11.22	1.03	688.16	18.84
19	19	773	672.22	11.22	1.15	785.80	−12.80
20	20	592	670.53	10.58	0.90	615.83	−23.83
21	21	627	664.54	9.75	0.97	656.20	−29.20
22	22	725	688.10	10.44	1.03	718.39	6.61
23	23	854	718.43	11.44	1.15	839.19	14.81
24	24	661	731.18	11.50	0.90	669.93	−8.93

根据预测方程，该电机企业 2020 年度第 1~4 个季度的销售额预测为：

第 1 季度 $\hat{y}_{t+p} = \hat{y}_{t+1} = (L_t + 1 \times T_t)S_{t-3} = (731.18+1\times11.50)\times0.97 = 720.40$ 万元

第 2 季度 $\hat{y}_{t+p} = \hat{y}_{t+2} = (L_t + 2 \times T_t)S_{t-2} = (731.18+2\times11.50)\times1.03 = 776.81$ 万元

第 3 季度 $\hat{y}_{t+p} = \hat{y}_{t+3} = (L_t + 3 \times T_t)S_{t-1} = (731.18+3\times11.50)\times1.15 = 880.53$ 万元

第 4 季度 $\hat{y}_{t+p} = \hat{y}_{t+4} = (L_t + 4 \times T_t)S_t = (731.18+4\times11.50)\times0.90 = 699.46$ 万元

（22）利用 SPSS 统计分析软件，绘制收入时序图如图 F3-7 所示。进行数据的自相关 *ACF* 和偏自相关 *PACF* 分析，如图 F3-8 所示。

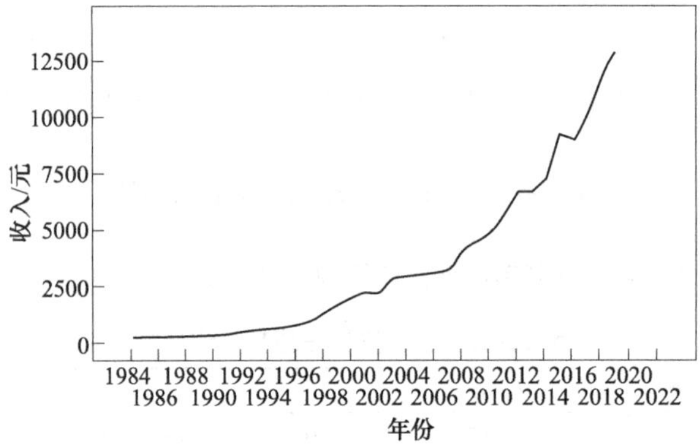

图 F3-7　某城市农村居民收入时序

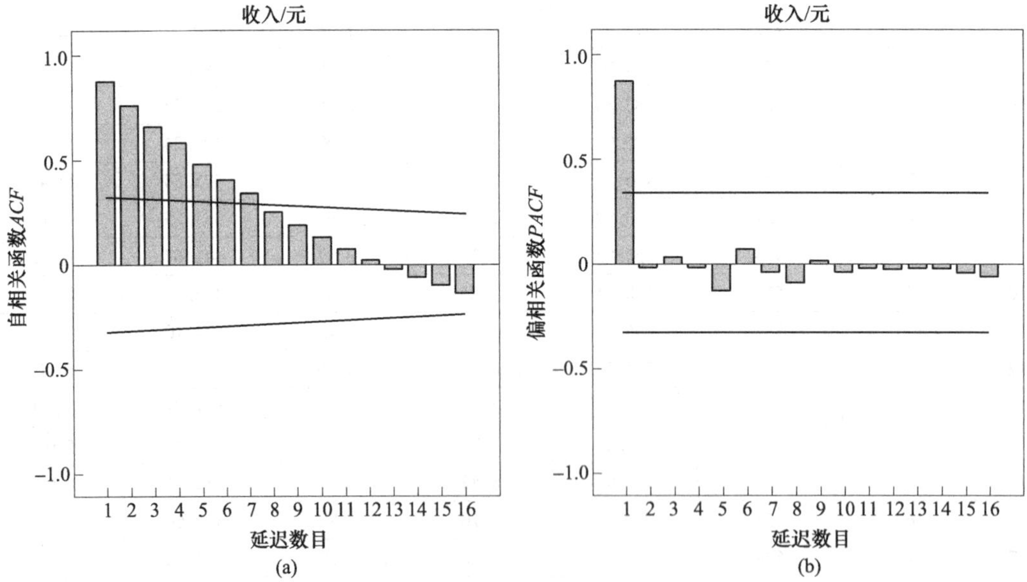

图 F3-8　某城市农村居民收入 *ACF* 和 *PACF* 图谱

（a）自相关函数 *ACF* 图谱；（b）偏相关函数 *PACF* 图谱

可以看出该时间序列数据有明显上升趋势，自相关 *ACF* 图中随着延迟数目的增加，系数并没有显著地趋于 0，且许多数值较大的系数落到了置信区间以外，说明该时间序列是非平稳的，需要进行差分平稳化处理。利用 SPSS 进行一阶差分处理后，新时间序列的自相关 *ACF* 和偏自相关 *PACF* 分析如图 F3-9 所示。从图 F3-9（a）*ACF* 图中可以看出，在滞

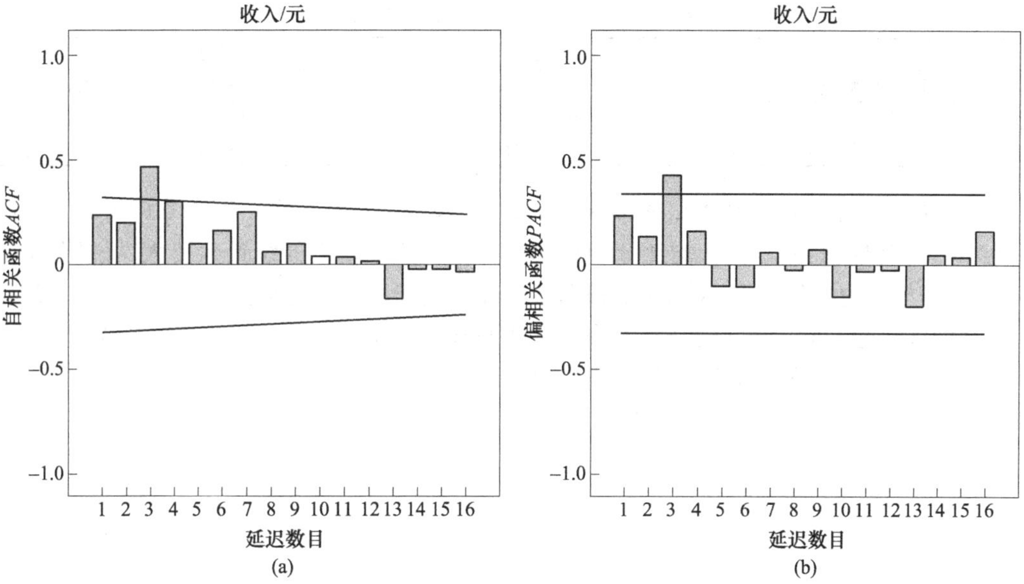

图 F3-9　一阶差分处理后新时间序列 *ACF* 和 *PACF* 图谱

（a）*ACF* 图谱；（b）*PACF* 图谱

后期 $k=3$ 以后，自相关函数衰减并且都在置信区间范围内，因此可以认为该系列平稳了；图 F3-9（b）*PACF* 图中，$\varphi_{33}=0.437$ 较大，其他并没有趋近于 0，可以认为在 $k=3$ 后拖尾。而图 F3-9（a）*ACF* 图中，可以看作是 $k=3$ 后截尾，也可以看作为拖尾。因此，经过一阶差分变换后的收入模型可以选定为 *ARIMA*(3，1，3）或者 *ARIMA*(0，1，3)。

ARIMA(3，1，3）模型在 SPSS 软件中结果见表 F3-22 和表 F3-23。*ARIMA*(0，1，3）模型在 SPSS 软件中结果表 F3-24 和表 F3-25。

表 F3-22　*ARIMA*(3，1，3）模型统计量

模型	预测变量数	模型拟合统计量		Ljung-Box Q(18)			离群值数
		平稳的 R^2	R^2	统计量	模型自由度	显著性	
收入_1	0	0.493	0.990	8.619	12	0.735	0

表 F3-23　*ARIMA*(3，1，3）模型预测量

时间/年份		2020	2021	2022	2023	2024
收入_1	模型预测	13387.90	14788.52	16131.25	16917.77	17934.30
	UCL	14157.77	15818.30	17462.34	18828.41	20398.32
	LCL	12618.03	13758.74	14800.15	15007.13	15470.29

表 F3-24　*ARIMA*(0，1，3）模型统计量

模型	预测变量数	模型拟合统计量		Ljung-Box Q(18)			离群值数
		平稳的 R^2	R^2	统计量	模型自由度	显著性	
收入_1	0	0.365	0.988	15.424	15	0.421	0

表 F3-25　*ARIMA*(0，1，3) 模型预测量

时间/年份		2020	2021	2022	2023	2024
收入_1	模型预测/元	13509.03	14097.57	15128.34	15512.27	15896.19
	UCL/元	14329.37	15194.48	16475.42	17455.92	18292.17
	LCL/元	12688.68	13000.66	13781.27	13568.62	13500.21

对比两个模型的统计量分析，*ARIMA*(3，1，3) 模型三个统计量中 R^2 为 0.990，平稳的 R^2 为 0.493，显著性值为 0.735，均比 *ARIMA*(0，1，3) 模型相应的统计值要大，说明 *ARIMA*(3，1，3) 模型的拟合效果相对较好，故 2020 年的农村居民年度收入预测结果为 13387.90 元。

(23) 1) 绘制时序图如图 F3-10 所示，进行序列的平稳性检验。由于时序图显示具有明显递增趋势，所以初步判断序列是非平稳的。

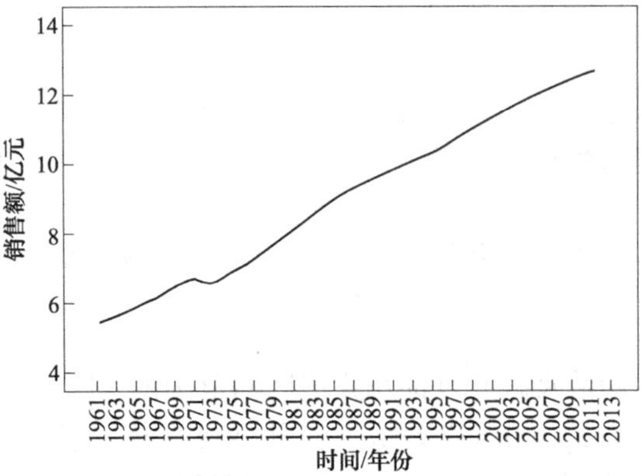

图 F3-10　年度销售额时序

2) 绘制自相关函数图和偏自相关函数图。

自相关函数图和偏自相关函数图如图 F3-11 所示，因为自相关函数显示在滞后阶数等于 9 后才落入置信区间内，所以 1961~2012 年销售额是非平稳的。

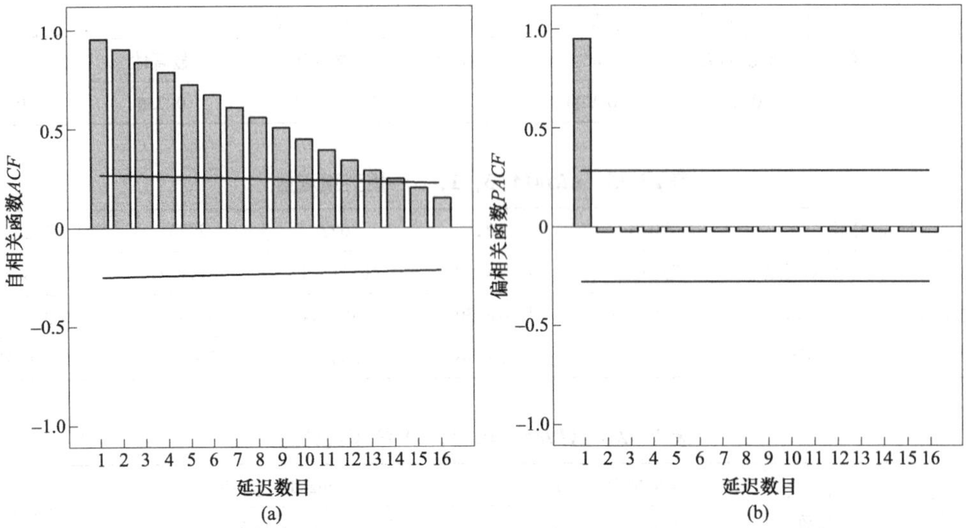

图 F3-11　年度销售额 *ACF* 和 *PACF* 图谱

(a) 自相关函数 *ACF* 图谱；(b) 偏相关函数 *PACF* 图谱

3）差分运算使序列平稳化。

由于此序列呈线性递增趋势，一阶差分后的 *ACF* 和 *PACF* 图谱如图 F3-12 所示。从图 F3-12（a）*ACF* 图中可以看出，在滞后期 $k=1$ 以后，自相关函数衰减并且都在置信区间范围内，因此可以认为该系列平稳了；图 3F-12（b）*PACF* 图中，$\varphi_{11}=0.595$ 较大，其他并没有趋近于0，可以认为在 $k=1$ 后拖尾。而从图 3F-12（a）*ACF* 图中，可以看作是 $k=1$ 后截尾，也可以看作为拖尾。因此，经过一阶差分变换后的收入模型可以选定为 *ARIMA*(1，1，1) 或者 *ARIMA*(0，1，1) 预测模型。

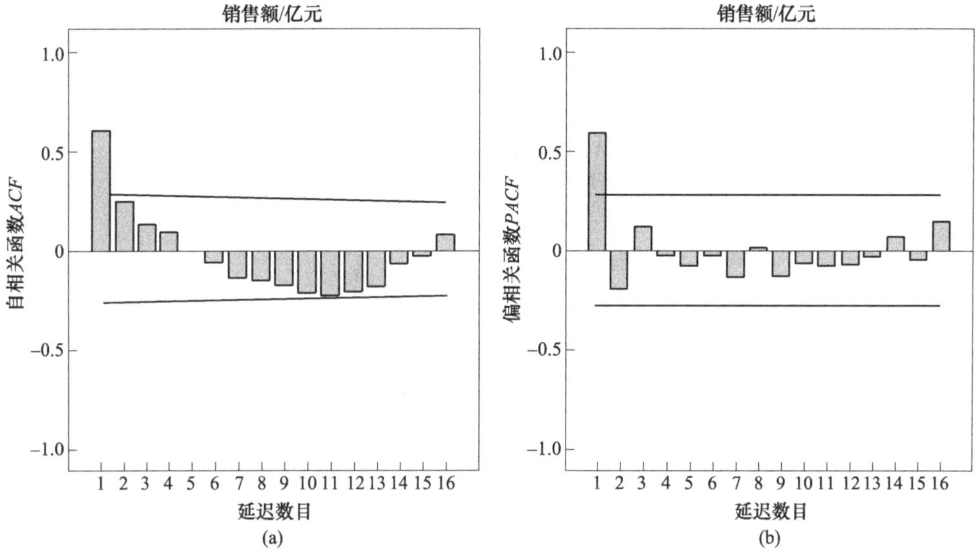

图 F3-12　一阶差分后的 *ACF* 和 *PACF* 图谱

（a）自相关函数 *ACF* 图谱；（b）偏相关函数 *PACF* 图谱

4）预测结果分析。

以 *ARIMA*(1，1，1) 模型为例，使用 SPSS 进行预测，预测结果见表 F3-26 和表 F3-27，2013 年该企业销售额的预测值为 12.7921 和区间预测为（12.7016，12.8826）。

表 F3-26　模型拟合预测参数

拟合统计量	均值	最小值	最大值	百分位						
				5	10	25	50	75	90	95
平稳的 R^2	0.390	0.390	0.390	0.390	0.390	0.390	0.390	0.390	0.390	0.390
R^2	1.000	1.000	1.000	1.000	1.000	1.000	1.000	1.000	1.000	1.000
均方根误差（*RMSE*）	0.045	0.045	0.045	0.045	0.045	0.045	0.045	0.045	0.045	0.045
平均绝对百分比误差（*MAPE*）	0.324	0.324	0.324	0.324	0.324	0.324	0.324	0.324	0.324	0.324
最大平均绝对百分比误差 Max(*APE*)	3.483	3.483	3.483	3.483	3.483	3.483	3.483	3.483	3.483	3.483
平均绝对误差（*MAE*）	0.025	0.025	0.025	0.025	0.025	0.025	0.025	0.025	0.025	0.025
最大平均绝对误差 Max(*AE*)	0.231	0.231	0.231	0.231	0.231	0.231	0.231	0.231	0.231	0.231
正态化贝叶斯信息准则（*BIC*）	−5.890	−5.890	−5.890	−5.890	−5.890	−5.890	−5.890	−5.890	−5.890	−5.890

表 F3-27 预测结果

模型/年份		2013
销售额-模型	预测值/亿元	12.7921
	UCL/亿元	12.8826
	LCL/亿元	12.7016

（24）数据时序图绘制如图 F3-13 所示，自相关和偏自相关分布如图 F3-14 所示，可以看出该数据系列是非平稳的。

图 F3-13 数据时序

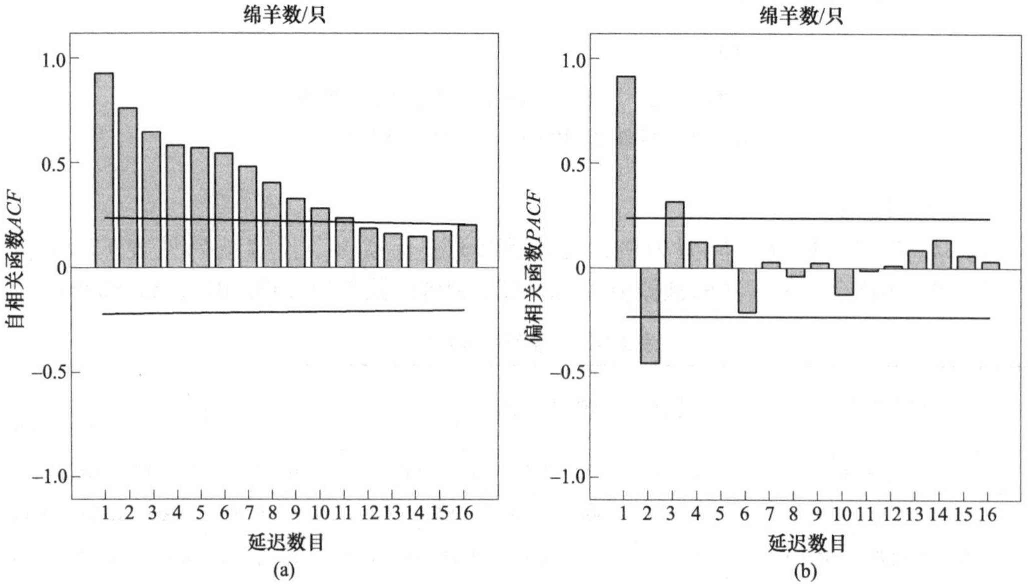

图 F3-14 数据 *ACF* 和 *PACF* 分布

（a）自相关函数 *ACF* 图谱；（b）偏相关函数 *PACF* 图谱

进行一阶差分后，差分后的序列已经没有趋势，可以初步判断是平稳的。一阶差分后新的数据时序图如图 F3-15 所示，自相关和偏自相关分布图如图 F3-16 所示，可以看出该数据系列是平稳的。

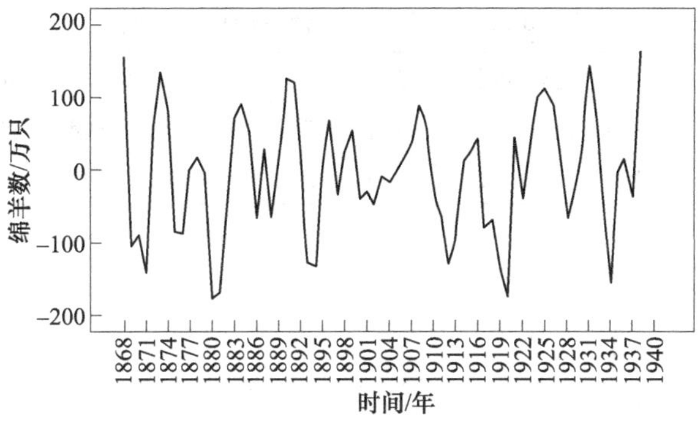

图 F3-15 一阶差分后的数据时序

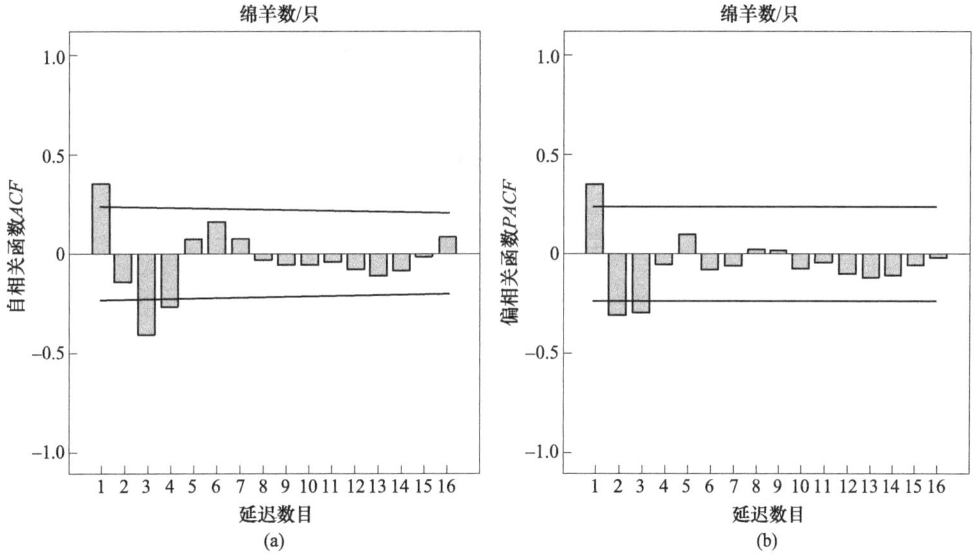

图 F3-16 一阶差分后的数据 *ACF* 和 *PACF* 分布

（a）自相关函数 *ACF* 图谱；（b）偏相关函数 *PACF* 图谱

对差分后序列进行平稳性检验。从图 3-16（a）的 *ACF* 图中可以看出，在滞后期 $k=4$ 以后，自相关函数衰减并且都在置信区间范围内，因此可以认为该系列平稳了。从图 3-16（b）的 *PACF* 图中，$\phi\_11=0.351$ 较大，其他并没有趋近于 0，可以认为在 $k=3$ 后拖尾。因此，经过一阶差分变换后的收入模型可以选定为 *ARIMA*（3，1，4）或者 *ARIMA*(0，1，4) 或者 *ARIMA*(3，1，0)。

经过综合对比，模型 *ARIMA*(3，1，0) 较合适，得到的预测结果为见表 F3-28，预测模型统计量见表 F3-29，预测数据对比图如图 F3-17 所示。

表 F3-28 预测模型对应预测值

时间/年份		1939	1940	1941
绵羊数-模型	预测/万只	1875.0	1897.0	1861.0
	上控制线/万只	2013.8	2144.6	2187.3
	下控制线/万只	1736.2	1649.3	1534.7

表 F3-29　模型统计量预测模型统计值

模型	预测变量数	模型拟合统计量			Ljung-Box Q(18)			离群值数
		平稳的 R^2	R^2	平均绝对误差	统计量	模型自由度	显著性	
绵羊数-模型	1	0. 258	0. 865	54. 289	10. 070	15	0. 815	0

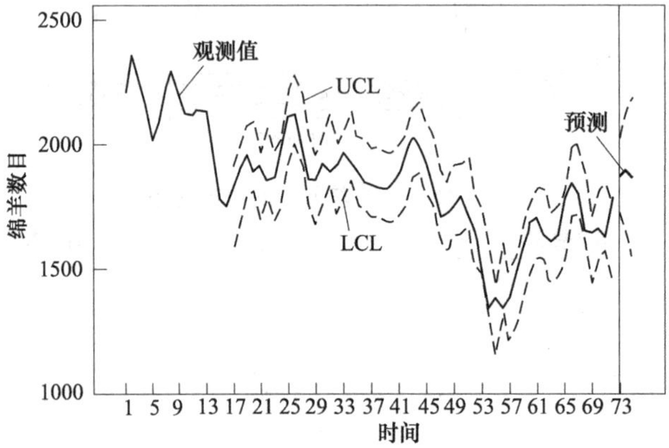

图 F3-17　预测数据对比

4 “综合生产计划APP习题”参考答案

4.1 对错判断题

(1)~(5) ×√××√　(6)~(10) √√×√√　(11)~(15) ××√××
(16)~(20) √√√××　(21)~(25) √×√√√

4.2 单项选择题

(1)~(5) ABABD　(6)~(10) CBBCC　(11)~(15) ADDCA
(16)~(20) BCCCB　(21)~(25) ACCBB　(26)~(30) ADABB
(31)~(35) CDBAB　(36)~(40) BDBAB　(41) A

4.3 多项选择题

(1) ABC　(2) ABCD　(3) ABCD　(4) BCD　(5) ABCDE
(6) ABCDE　(7) BDE　(8) ABCDE　(9) ABCDE　(10) ABCD
(11) ABCD　(12) ACE　(13) ABCDE　(14) ABCDE　(15) ABDE
(16) ABCDE　(17) ABCDE　(18) ABCDE　(19) ABCDE　(20) ABCD
(21) BCDE

4.4 专业名词翻译题

(1) 经营计划　(2) 实际能力　(3) 标准工时　(4) 生产能力
(5) 备货型生产　(6) 订货型生产　(7) 安全库存　(8) 缺货成本
(9) 短缺损失　(10) 服务水平　(11) 存储成本

4.5 简答题

(1) 什么是代表产品和假定产品?

代表产品是指结构与工艺具有代表性，且产量与劳动量乘积最大的产品；假定产品是按各种具体产品工作量比重构成的一种实际上不存在的产品。

(2) 生产系统生产能力的含义是什么?决定生产能力的主要因素有哪些?

生产系统生产能力是指一定时期内企业的固定资产在正常的技术组织条件下所能生产某类型产品的最大数量；决定生产能力的因素包括设备数量、设备有效工作时间和设备的生产率定额等。

(3) 某产品装配线由5道工序组成，目前装配线的实际产能为多少?这条装配线存在哪些问题?

目前装配线的实际产量为10件/天；这条装配线的主要问题是不平衡，因而造成人力和时间资源浪费，同时因忙闲不均，容易引起矛盾。

(4) 某企业经过分析发现近期生产能力不足，但从长远来看能力又有富余，请简要分析该企业应采取的措施。

企业应采取的有效措施：利用如加班加点、临时性外协、生产设备和工具的小型改造等措施提高短期生产能力；同时应及早抓好新产品的研制和开发，甚至开拓新的服务领域等措施，及早研究解决今后生产能力利用不足的问题。

(5) 正常生产能力与最大生产能力有何不同?

1) 正常生产能力：经济意义上是指在设备正常使用（合理使用人员，合理安排时间，实现设备的合理利用）条件下的生产能力，从经济意义上说是最优的，也称为最优生产能力。2）最大生产能力：在技术意义上是指设备最大限度地使用时的产出能力，扣除设备所需的正常维修保养时间，设备是在不停地连续运转。企业有时也会把其生产能力发挥到最大，从技术上可以达到，从经济上则不是最优的。

（6）影响企业柔性的因素有哪些？

1）产品、服务柔性：企业为了适应市场变化或者跟上市场新产品更迭的脚步，必须具备快速引进新产品或提供新服务的能力。同时，为了能尽量满足每一个顾客的独特需求，企业也要具备"定制化"生产或提供服务的能力；2）数量柔性：在市场中，企业必然会面临需求的不能预期的波动，如果不能迅速地应对市场变化，企业可能会面临不可避免的损失。此时，如果企业的产出量能在较大范围内自由增减，就能迅速地处理市场的需求波动，从而不会造成过度的成本费用；3）流程柔性：流程的柔性是指具有柔性的生产系统和简单易操作的设备的有机结合。这些技术的应用都是为了能达到快速低成本的产品转化，又能使多种产品在一起混合生产时耗费的成本低于单独生产这些产品时的成本，即范围经济性；4）人力资源柔性：具有柔性的人力资源是指掌握多种技能以及有从一件任务快速转移到另一项任务的能力。这类人力资源需要企业提供更广泛的培训，同时也需要管理者和员工们共同努力。

（7）简述编制综合生产计划的步骤。

1）确定计划期内的市场需求；2）分析外部约束和内部条件；3）拟订生产指标，进行优化；4）综合平衡，编制计划草案；5）审核批准综合生产计划。

（8）简述综合生产计划的作用。

1）把经营规划中用货币表达的目标转变为用产品系列的产量来表达；2）制定一个均衡的月产率，以便均衡地利用资源，保持稳定生产；3）控制拖欠量或控制库存量；4）作为编制主生产计划的依据。

（9）存货型生产和订货型生产有何区别？

按企业接受订货的方式和顾客要求定制的程度，可将制造性生产划分为存货型生产和订货型生产。1）存货型生产是在对市场需求量预测的基础上，有计划进行生产，产品有库存。为防止库存积压和脱销，生产管理的重点是抓供产销的衔接，按量组织生产过程各环节之间的平衡，保证全面完成计划任务。通常是标准化、大批量地进行轮番生产，其生产效率比较高；2）订货型生产是在收到顾客的订单后，才按顾客的具体要求组织生产，进行设计、供应、制造和发货等工作。由于是按顾客要求定制，故产品大多是非标准化的，在规格、数量、质量和交货期等方面可能各不相同，这种生产基本上没有成品存货。生产管理的重点是确保交货期，按期组织生产过程各环节的衔接平衡。

（10）企业为什么要持有库存？

企业持有库存的主要原因有：1）满足随时间和季节变动的顾客需求；2）解决供应差错、短缺和缺货问题；3）有助于平衡生产活动、稳定就业和改善劳动关系；4）保持运营的连续性，以保证故障发生时不会中断整个系统；5）在相同生产设备上便于不同产品的生产；6）提供一种经济批量和批量折扣的物料获取与分拣方法；7）提供一种对将来价格和交货不确定性的套期保值，例如价格升高和通货膨胀等情况。

（11）构成产品成本要素以及降低产品成本途径有哪些？

产品成本构成要素包括直接材料、直接工资和制造费用等成本要素；降低产品成本可以通过改进质量、降低物料消耗、提高生产率、降低库存、缩短生产时间和减少机器停机时间等途径。

（12）制造业如何应对非均匀需求？

制造业应对非均匀需求策略有：1）改变库存水平；2）改变生产速率；3）改变工人的数量；4）混合策略。

（13）服务业如何应对非均匀需求？

服务业应对非均匀需求策略有改善人员班次安排、利用半时工作人员、让顾客自己选择服务水平、利用外单位的设施和设备、雇用多技能员工、顾客自我服务和采用生产线方法等。

（14）制定综合生产计划时处理需求波动有哪几种方法，简述其优缺点。

制定综合生产计划时处理需求波动有三种策略：改变库存水平、改变工人数量和改变生产率。优缺点：1）改变库存水平不必按最高的生产负荷配备生产能力，节约了固定资产投资，但是通过改变库存水平来适应市场的波动，会产生维持库存费用；同时库存破坏了生产的准时性，而且对纯劳务性生产，不能采用这种策略；2）改变生产率可以消除库存，但会引起生产不均衡，同时需多付加班费；3）改变工人数量在服务业多用，但不一定永远可行，对技术要求高的工种一般不能采取这种策略，因技术工人不是随时可以雇到的。另外，工人队伍不稳定会引起产品质量下降和一系列的管理问题。

4.6　计算题

（1）1）计算生产任务量：9.3h/件×3800件/年=35340h/年；2）计算车床组全年的有效工作时间：306×8×2×(1−5%)×8=37208h/年；3）比较：35340h/年<37208h/年，可以看出生产能力有所富裕。

（2）车床组的生产能力为：(7×25×2×8×12−1200)/8=4050（台）。

（3）车间的生产能力 M=8×1000/(2.5×2)=1600（件）。

（4）计算每台车床的有效工作时间为：250×(2×7.5)×90%=3375（h），以C产品为标准的车床组的生产能力为：设备组的设备台数×单位设备的有效工作时间/单位产品工时定额=10×3375/100=337.5（台），计算出具体产品单位的生产能力见表F4-1。

表F4-1　以C产品为代表的车床组生产能力计算

产品名称	计划产量/台	单位产品工时/h·台$^{-1}$	换算系数	换算为代表产品产量/台	产品占全部产品的比重/%	代表产品能力/台	换算为具体产品的能力/台
A	100	200	2.0	200	33.33		56
B	80	270	2.7	216	36.00		45
C	160	100	1.0	160	26.67	337.5	90
D	60	40	0.4	24	4.00		34
合计	400			600	100		225

（5）以代表产品C表示的生产能力为：4500×12/50=5400（台）。将代表产品转换为具体产品的能力计算见表F4-2。

表 F4-2 车床组假定产品生产能力计算

产品名称	生产计划/台	单位产品总劳动量/h	产量换算系数	换算为代表产品产量/台	以代表产品表示的生产能力/台	换算为具体产品表示的生产能力/台
A	2000	25	0.5	1000	5400	2160
B	1200	40	0.8	960		1296
C	1600	50	1.0	1600		1728
D	1200	60	1.2	1440		1296
合计				5000		6480

（6）选择 B 产品为代表产品，能力计算见表 F4-3。

表 F4-3 代表产品能力计算

产品名称	计划产量/件	工时定额/$h \cdot 件^{-1}$	换算系数	换算为代表产品产量/件	以代表产品表示的能力/件	换算为具体产品表示的能力/件
A	280	25	0.5	140	649	126
B	200	50	1.0	200		180
C	120	75	1.5	180		162
D	100	100	2.0	200		180
合计				720		648

车床组生产能力与计划产量是不相平衡。可通过追加资源投入、增加生产时间、利用存货平滑产出量、外协转包等措施加以解决。

（7）按照假定产品法车床组的生产能力计算见表 F4-4。

表 F4-4 车床组假定产品生产能力计算

产品名称	计划产量/台	单位产品工时/h	各产品占产量总数比重/%	单位假定产品工时/h	假定产品表示的能力/台	具体产品的生产能力/台
A	100	200	20	40	520	104
B	80	250	16	40		83
C	150	100	30	30		156
D	170	50	34	17		177
合计	500		100	127		520

（8）该车床组设备数量 $S=15$ 台，单台设备有效工作时间 $F_e=2\times8\times365\times(1-10\%)=5256$（h）。以假定产品计算该车床组的生产能力见表 F4-5。

表 F4-5 以假定产品计算的生产能力换算

产品名称	计划产量/台	单位产品工时/h	总劳动量/h	总劳动量比重/h	假定产品工时定额/h	假定产品生产能力/台	各具体产品的生产能力/台
A	100	200	20000	0.31	170.5	462	122
B	80	250	20000	0.31			98
C	150	100	15000	0.24			189
D	170	50	8500	0.14			221
合计			63500	1.00			630

（9）按假定产品计算的铣床组生产能力见表 F4-6。

表 F4-6　假定产品能力计算

产品名称	计划产量/台	产量比重	工时定额/h	总劳动量/h	假定产品工时/h	假定产品生产能力/台	具体产品生产能力/台
A	80	0.24	20	1600	35.15	397	95
B	100	0.30	30	3000			119
C	125	0.38	40	5000			151
D	25	0.08	80	2000			32
合计	330	1.00		11600			397

铣床组生产能力与计划产量是不相平衡。生产能力大于计划产量，生产任务不足，设备利用率不高，可通过调节需求比如定价、促销等方式增加订单，或者使人员和调配柔性化，培养多面手、一个流布置等措施加以解决。

（10）1）该应聘者的学习率为：9/10×100%＝90%，根据学习曲线可以得到，第 1000 次操作的所要求的时间为：0.3499×10＝3.499（min），小于 4min，因此应该雇用此应聘者。2）在学习率为 90%时，第 10 次操作的提高系数为 0.7047，因此第 10 次操作时间为：0.7047×10＝7.047（min）。

（11）1）设学习曲线为 $Y_x = Kx^{-\alpha}$，由于生产第一件产品需 50h，生产第二件产品需 40h，代入上式可得 K 为 50，α 为 0.322，因此学习曲线方程为 $Y_x = 50x^{-0.322}$，生产第三件产品的时间为 $Y_3 = 50\times3^{-0.322} = 35$（h）；2）生产 1000 件产品的平均时间小于 20h 有盈利，可以接受该协议。

$$\overline{T}_{1000} = \frac{1}{1000}\frac{K}{1-\alpha}(m^{1-\alpha}-1) = \frac{1}{1000}\frac{50}{1-0.322}(1000^{1-0.322}-1) = 8(\text{h})$$

（12）设学习曲线为 $Y = Kx^{-\alpha}$，$\alpha = \lg 0.8/\lg 2 = -0.322$，则 $K = Y/x^{-\alpha} = 50.2$，学习曲线为：$Y = 50.2x^{-0.322}$，生产前 150 件产品的总工时为：

$$T = \frac{K}{1-\alpha}(m^{1-\alpha}-1) = \frac{50.2}{1-0.322}(150^{1-0.322}-1) = 2138.3(\text{h})$$

150 台产品的平均工时：

$$\overline{T}_{150} = \frac{1}{150}\frac{K}{1-\alpha}(m^{1-\alpha}-1) = \frac{1}{150}\frac{50.2}{(1-0.322)}(150^{1-0.322}-1) = 14.3(\text{h})$$

（13）先求出第 1 台机床所需工时，学习率为 80%则学习系数为 0.322，因此：

$$150\times100 = \frac{K}{1-\alpha}(m^{1-\alpha}-1) = \frac{K}{1-0.322}(150^{1-0.322}-1)$$

$$K = \frac{10171}{29.89-1} = 352$$

生产 450 台机床所需总工时为：

$$T_{总} = \frac{K}{1-\alpha}(m^{1-\alpha}-1) = \frac{352}{1-0.322}(450^{1-0.322}-1) = 32178(\text{h})$$

还需追加生产 300 台机床的工时为：

$$T_{300} = T_{总} - T_{100} = 32178 - 150 \times 100 = 17178(\text{h})$$

（14）1）第 51 件产品的制造工时，$\alpha = \lg 0.95/\lg 2 = 0.074$，则：$T_{51} = KX^{-\alpha} = 10 \times 51^{-0.074} = 7.48$（h）。

2）生产前 100 件产品的总工时为：

$$T = \frac{K}{1-\alpha}(m^{1-\alpha} - 1) = \frac{10}{1-0.074}(100^{1-0.074} - 1) = 757(\text{h})$$

生产前 100 件产品的平均工时为：

$$\overline{T}_{100} = \frac{1}{100}\frac{K}{1-\alpha}(m^{1-\alpha} - 1) = \frac{1}{100}\frac{10}{1-0.074}(100^{1-0.074} - 1) = 7.57(\text{h})$$

（15）各产品的收入及利润排序计算见表 F4-7，收入及利润排序图如图 F4-1 所示。

表 F4-7　收入及利润排序

产品	收入/万元	顺序	利润/万元	顺序	销售利润率/%	顺序
A	3600	1	350	2	9.72	4
B	1800	2	360	1	20.00	2
C	860	3	86	4	10.00	3
D	760	4	28	6	3.68	6
E	700	5	170	3	24.29	1
F	540	6	32	5	5.93	5

从图 F4-1 中可以看出，A、C、D 位于图中对角线的上方，其销售额虽然不小，但利润额相对较低，低于企业一般水平。造成这种情况的原因一般有二：一是可能成本偏高，二是市场已趋于饱和，竞争过于激烈，售价提不上去，成本又难以降低。而产品 B、E、F 位于对角线的下方，其利润都高于平均值，说明其盈利性好，是企业积极发展的产品。从图中还可以看出产品 D 的销售额和利润都不大，说明可能已经进入产品生命周期的衰退期，可考虑做撤退的准备。

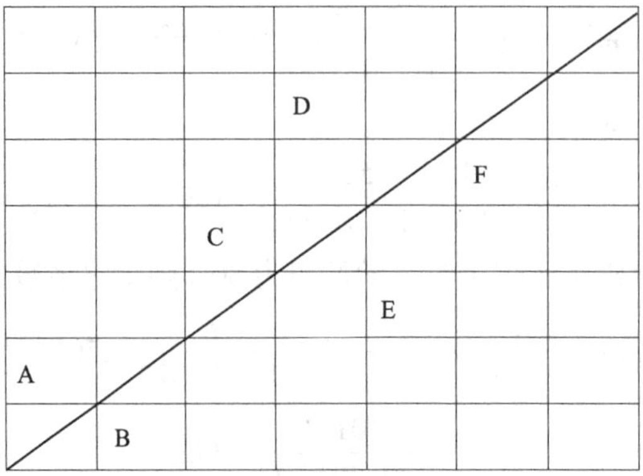

图 F4-1　收入及利润排序

（16）做销售额利润次序图如图 F4-2 所示。从图中可以看出 A、B、D、E、F、G 位于图中对角线的上方，其销售额虽然不小，但利润额相对较低，低于企业一般水平。造成这种情况的原因一般有二：一是可能成本偏高；二是市场已趋于饱和，竞争过于激烈，售价提不上去，成本又难以降低。而产品 C、H 位于对角线的下方，其利润都高于平均值，说明其盈利性好，是企业积极发展的产品。从图中还可以看出，产品 D、E、F、G 的销售额和利润都不大，说明可能已经进入产品生命周期的衰退期，可考虑做撤退的准备。

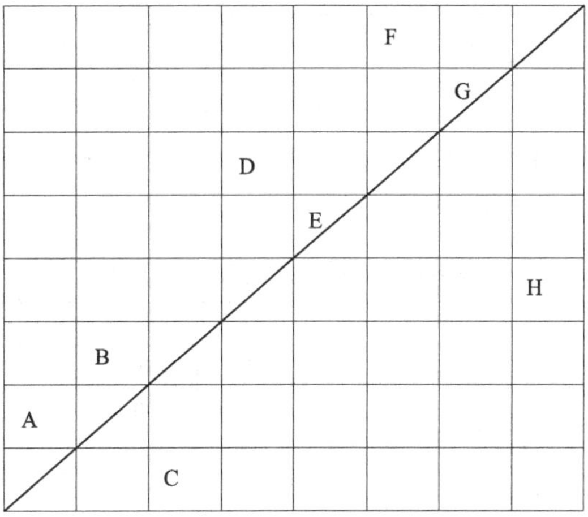

图 F4-2　销售额利润次序

（17）期初库存 = 当前实际库存 − 拖欠订单数量 = 800 − 100 = 700（台），库存变化 = 目标库存 − 期初库存 = 350 − 700 = −350（台），则年度总生产计划量 = 预测数量 + 库存变化 = 4200 − 350 = 3850（台）。该企业的综合生产计划见表 F4-8，全年生产计划数量近似平均分配到各个月中去即可，控制目标库存量。

F4-8　MTS 环境电机系列产品综合生产计划

时间/月	1	2	3	4	5	6	7	8	9	10	11	12	全年
销售预测/台	350	350	350	350	350	350	350	350	350	350	350	350	4200
预计库存/台	670	640	610	580	550	520	490	460	430	400	370	350	
生产计划/台	320	320	320	320	320	320	320	320	320	320	320	330	3850

（18）拖欠订货数变化 = 期末目标拖欠数 − 当前拖欠数 = 550 − 970 = −420（台），则年度总生产计划量 = 预测数量 − 拖欠订货数变化 = 4200 + 420 = 4620（台）。该企业的综合生产计划见表 F4-9，全年生产计划数量近似平均分配到各个月中去即可，控制目标拖欠量。

表 F4-9　MTO 环境电机系列产品综合生产计划

时间/月	1	2	3	4	5	6	7	8	9	10	11	12	全年
销售预测/台	350	350	350	350	350	350	350	350	350	350	350	350	4200
预计拖欠/台	935	900	865	830	795	760	725	690	655	620	585	550	
生产计划/台	385	385	385	385	385	385	385	385	385	385	385	385	4620

（19）MTS 环境下生产计划大纲初稿见表 F4-10。

表 F4-10 MTS 环境下生产计划大纲

时间/月	1	2	3	4	5	6	7	8	9	10	11	12	全年总计
销售预测/辆	100	100	100	100	100	100	100	100	100	100	100	100	1200
期初拖欠/辆	90	90	70	60	10								
预计拖欠/辆	310	300	290	280	270	260	250	240	230	220	210	200	200
生产规划/辆	110	110	110	110	110	110	110	110	110	110	110	110	1320

（20）运输成本见表 F4-11，每月都有三种生产方式，表中间的数值为生产成本，由制造成本和存储费用两部分组成。

表 4-11 运输表法对应的成本列

计划期/月		1	2	3	4	5	6	未用产能/件	全部产能/件
计划期/月	期初库存/元	0	10	20	30	40	50		
1	正常生产/元	100	110	120	130	140	150	1000	2000
	加班生产/元	110	120	130	140	150	160	300	300
	外协/元	120	130	140	150	160	170	500	500
2	正常生产/元		100	110	120	130	140		2000
	加班生产/元		110	120	130	140	150	300	300
	外协/元		120	130	140	150	160	500	500
3	正常生产/元			100	110	120	130		2000
	加班生产/元			110	120	130	140		300
	外协/元			120	130	140	150	200	500
4	正常生产/元				100	110	120		2000
	加班生产/元				110	120	130		300
	外协/元				120	130	140		500
5	正常生产/元					100	110		2000
	加班生产/元					110	120		300
	外协/元					120	130	200	500
6	正常生产/元						100		2000
	加班生产/元						110	100	300
	外协/元						120	500	500
需求/件		1000	1800	2600	3000	2500	2200		

用表上作业法求解，求解结果见表 F4-12，这是一个成本最小的综合生产计划方案。

表 F4-12 成本最小的综合生产计划方案

时间/月	1	2	3	4	5	6	合计
需求/件	1000	1800	2600	3000	2500	2200	13100
正常生产/件	1000	2000	2000	2000	2000	2000	11000
加班生产/件			300	300	300	200	1100
外协/件			300	500	200		1000
调节库存/件		200	200				

（21）用表上作业法的求解过程见表 F4-13，综合生产计划综合优化结果见表 F4-14。

表 F4-13 表上作业法求解过程 （台）

生产方式	1 季度	2 季度	3 季度	4 季度	生产能力
正常生产	2000	500			2500
加班生产	0		500		1000
转包生产	0				1000
正常生产		2500			2500
加班生产		1000			1000
转包生产		0			1000
正常生产			2500		2500
加班生产			1000		1000
转包生产			1000		1000
正常生产				2500	2500
加班生产				500	1000
转包生产					1000
需求量/台	2000	4000	5000	3000	14000

表 F4-14 综合生产计划 （台）

季度	1	2	3	4	总计
需求量	2000	4000	5000	3000	14000
计划生产量	3000	3500	4500	3000	14000
正常生产量	25000	2500	2500	2500	12000
加班生产量	500	1000	1000	500	4000
转包生产量	0	0	1000	0	0
期初库存	0	1000	500	0	0
期末库存	1000	500	0	0	0

（22）模型假设第 1 期的期初工人数为 35 人，初始库存量为 0 件，目标函数为总成本最小。

$$\min Z = \sum_{i=1}^{6} (W_i C_{Wi} + 450 \times H_i + 600 \times L_i + 5 \times I_i)$$

约束条件：

1）生产能力的约束：

$P_1 \leqslant 84W_1$（84 是 1 个月一个工人提供的工作小时数，下同）

$P_2 \leqslant 80W_2$

$P_3 \leqslant 92W_3$

$P_4 \leqslant 84W_4$

$P_5 \leqslant 88W_5$

$P_6 \leqslant 88W_6$

2）人工能力的约束：

$W_1 = 35 + H_1 - L_1$

$W_2 = W_1 + H_2 - L_2$

$W_3 = W_2 + H_3 - L_3$

$W_4 = W_3 + H_4 - L_4$

$W_5 = W_4 + H_5 - L_5$

$W_6 = W_5 + H_6 - L_6$

3）库存能力的约束：

$I_1 = P_1 - 2760$

$I_2 = I_1 + P_2 - 3320$

$I_3 = I_2 + P_3 - 3970$

$I_4 = I_3 + P_4 - 3540$

$I_5 = I_4 + P_5 - 3180$

$I_6 = I_5 + P_6 - 2900$

4）非负条件的约束：

$W_i \geqslant 0$，$H_i \geqslant 0$，$L_i \geqslant 0$，$P_i \geqslant 0$

最后求得的最优解见表 F4-15，未考虑变量取整约束。

表 F4-15　最优生产计划

时间/月	产量/件	库存量/件	招聘人数/人	解聘人数/人	需要人数/人
1	2940.000	180.0000			35.00000
2	3232.857	92.85714	5.410714		40.41071
3	3877.143		1.732143		42.14286
4	3540.000				42.14286
5	3180.000			6.006494	36.13636
6	2900.000			3.181818	32.95455

最优生产计划对应的最小总费用为 600191.60 元。

（23）1）计算每个月的实际需求量和月末库存量见表 F4-16。

表 F4-16　每个月的实际需求量和月末库存量计算

时段/月	当期	1	2	3	4	5	6
需求预测量/件		1800	1500	1100	900	1100	1600
安全库存量/件	预测量的 25%	450	375	275	225	275	400
期初库存量/件	400	400	450	375	275	225	275
实际需求量/件		1850	1425	1000	850	1150	1725
期末库存量/件		450	375	275	225	275	400

2）选择混合计划策略进行成本计算。

追逐策略：通过新雇或暂时解雇一些员工以满足各月的实际需求，该策略的选用取决于劳动力成本的高低，主要缺点是经常变动员工数量，造成工人人心不稳；带来招聘及解聘成本的支出。改变工人人数，每天工作时间 8h，单件产品生产时间 5h，相应的计划成本计算见表 F4-17，假设期初工人人数取 1 月份的实际需要人数。

表 F4-17 追逐策略对应的计划成本计算

时段/月	1	2	3	4	5	6	合计
实际需求量/件	1850	1425	1000	850	1150	1725	8000
所需生产时间/h	9250	7125	5000	4250	5750	8625	40000
每月工作天数/天	22	19	21	21	22	20	125
每人每月工时/h	176	152	168	168	176	160	1000
所需工人数/个	53	47	30	25	33	54	242
招聘人数/个	0	0	0	0	8	21	
招聘成本/元	0	0	0	0	1600	4200	5800
解聘人数/个	0	6	17	5	0	0	
解聘成本/元	0	1500	4250	1250	0	0	7000
正常人工成本/元	37000	28500	20000	17000	23000	34500	160000
总成本/元	172800						

平准策略：保持工人人数稳定，利用调节库存、压缩订单积压和减少销售来消化缺货或剩余产品，保持稳定产出率。该策略的选用取决于库存成本和缺货成本的高低，主要缺点是库存量大、资金占用多、缺货带来的潜在损失比较大。需求的工人人数按计划期内的平均工人人数来计算确定。固定工人人数，每天工作时间 8h，单件产品生产时间 5h，计划期内总产量 8000 件，计划期内工作总天数 125 天，则计划期内需求的平均工人人数为：5×8000/(125×8)= 40（人）。相应的计划成本计算见表 F4-18。

表 F4-18 平准策略对应的计划成本计算

时段/月	1	2	3	4	5	6	合计
需求预测量/件	1800	1500	1100	900	1100	1600	8000
每月工作天数/天	22	19	21	21	22	20	125
每人每月工时/h	176	152	168	168	176	160	
每月工人数/个	40	40	40	40	40	40	
可用生产时间/h	7040	6080	6720	6720	7040	6400	40000
实际生产量/件	1408	1216	1344	1344	1408	1280	
安全库存量/件	450	375	275	225	275	400	2000
期初库存量 400/件	400	8	−276	−32	412	720	
期末库存量/件	8	−276	−32	412	720	400	
缺货成本/元	0	1380	160	0	0	0	1540
多余库存量/件	0	0	0	187	445	0	
多余库存成本/元	0	0	0	281	668	0	949
正常人工成本/元	28160	24320	26880	26880	28160	25600	160000
总成本/元	162488						

外包策略：保持劳动力水平、生产时间的稳定，将超出企业生产能力的部分需求外包。该策略的选用取决于外包能力及外包成本的高低，主要缺点是容易导致企业核心领域转移及顾客的流失，需求的工人人数按计划期内的最低工人人数来计算确定。固定工人人数，每天工作时间 8h，单件产品生产时间 5h，计划期内各月最低的实际需求量为 850 件，计划期内工作总天数 125 天，则计划期内需求的最低工人人数为：$5\times850\times6/(125\times8)=25$（人），相应的计划成本计算见表 F4-19。

表 F4-19 外包策略对应的计划成本计算

时段/月	1	2	3	4	5	6	合计
实际需求量/件	1850	1425	1000	850	1150	1725	8000
每月工作天数/天	22	19	21	21	22	20	125
每人每月工时/h	176	152	168	168	176	160	
每月工人数/个	25	25	25	25	25	25	
可用生产时间/h	4400	3800	4200	4200	4400	4000	25000
实际生产量/件	880	760	840	840	880	800	
外包件数/件	970	665	160	10	270	925	3000
外包成本/元	19400	13300	3200	200	5400	18500	60000
正常人工成本/元	17600	15200	16800	16800	17600	16000	100000
总成本/元	160000						

加班策略：保持工人人数不变，通过加减班来改变能力，在正常工作时间内用固定人数的工人进行生产，满足对应预测需求量，加班完成其余生产需求量，劳动力稳定，无招聘解聘成本。该策略的选用取决于加班费用的高低。需要的工人人数比较难确定，但其目标是使 6 个月的期末库存与安全库存尽可能接近，经过反复试算比较，确定工人人数 38 人比较合适。相应的计划成本计算见表 F4-20。

表 F4-20 加班策略对应的计划成本计算

时段/月	1	2	3	4	5	6	合计
需求预测量/件	1800	1500	1100	900	1100	1600	8000
每月工作天数/天	22	19	21	21	22	20	125
每人每月工时/h	176	152	168	168	176	160	
每月工人数/个	38	38	38	38	38	38	
可用生产时间/h	6688	5776	6384	6384	6688	6080	38000
固定生产量/件	1338	1155	1277	1277	1338	1216	
安全库存量/件	450	375	275	225	275	400	2000
期初库存量 400/件	400	0	0	177	554	792	
加班前期末库存量/件	−62	−345	177	554	792	408	
加班生产件数/件	62	345	0	0	0	0	
加班成本/元	1860	10350	0	0	0	0	12210

续表 F4-20

时段/月	1	2	3	4	5	6	合计
多余库存/件	0	0	0	329	517	8	
多余库存成本/元	0	0	0	494	776	12	1282
正常人工成本/元	26752	23104	25536	25536	26752	24320	152000
总成本/元	165492						

3）策略比较与方案选择。

不同策略进行成本汇总分析见表 F4-21，比较得出结论：按总成本最低的原则，外包策略较好；但是，外包的风险较大，因为不能控制承包商的行为，若要采取外包的生产方式，必须慎重考虑承包商的信誉和能力等问题。当外部条件变化时，相应的成本参数会发生相应变化，企业应根据自身需求及特点选择对应的计划优化策略。

表 F4-21 不同策略对应的计划成本对比 （元）

成本项目	追逐策略	平准策略	外包策略	加班策略
正常人工成本	160000	160000	100000	152000
加班人工成本	0	0	0	12210
招聘成本	5800	0	0	0
解聘成本	7000	0	0	0
外包成本	0	0	60000	0
库存成本	0	948	0	1282
缺货成本	0	1540	0	0
总成本	172800	162488	160000	165492

（24）跟踪策略计划结果见表 F4-22，采用均匀策略每季度生产量为：(20+30+50+60)/4=40（件），计算结果见表 F4-23。

表 F4-22 跟踪策略成本计算

时间/季度	期初生产能力/件	需求量/件	增加劳动力成本/元	减少劳动力成本/元	调节劳动力总成本/元
1	55	20		17500	17500
2	20	30	5000		5000
3	30	50	10000		10000
4	50	60	5000		5000
合计			20000	17500	37500

表 F4-23 均匀策略成本计算

时间/季	期初产能/件	需求量/件	产量/件	库存量/件	增加劳动力成本/元	减少劳动力成本/元	库存成本/元	总成本/元
1	55	20	40	20		7500	16000	23500
2	40	30	40	30			24000	24000

续表 F4-23

时间/季	期初产能/件	需求量/件	产量/件	库存量/件	增加劳动力成本/元	减少劳动力成本/元	库存成本/元	总成本/元
3	40	50	40	20			16000	16000
4	40	60	40	0				
合计			160			7500	56000	63500

比较可知，跟踪策略成本低，应该选择跟踪策略。

（25）电机类产品年度计划资源需求见表 F4-24。

表 F4-24　电机类产品年度计划资源需求

周期/月	钢材需要量/t			铜线需要量/t			需求工时/h		
	YGP	YPB	YZP	YGP	YPB	YZP	YGP	YPB	YZP
1	0.552	0.73	3.325	0.051	0.07	0.325	116.5	137	642.5
2	0.552	0.73	3.325	0.051	0.07	0.325	116.5	137	642.5
3	0.552	0.73	3.325	0.051	0.07	0.325	116.5	137	642.5
4	0.552	0.73	3.325	0.051	0.07	0.325	116.5	137	642.5
5	0.552	0.73	3.325	0.051	0.07	0.325	116.5	137	642.5
6	0.552	0.73	3.325	0.051	0.07	0.325	116.5	137	642.5
7	0.552	0.73	3.325	0.051	0.07	0.325	116.5	137	642.5
8	0.552	0.73	3.325	0.051	0.07	0.325	116.5	137	642.5
9	0.552	0.73	3.325	0.051	0.07	0.325	116.5	137	642.5
10	0.552	0.73	3.325	0.051	0.07	0.325	116.5	137	642.5
11	0.552	0.73	3.325	0.051	0.07	0.325	116.5	137	642.5
12	0.552	0.73	3.325	0.051	0.07	0.325	116.5	137	642.5
小计	6.624	8.76	39.9	0.612	0.84	3.9	1398	1644	7710
合计	55.284			5.352			10752		

1）比较可用资源与资源需求

将资源需求量与现有的或库存的数量进行比较，如果合适的话，则再检查其他资源，包括劳动力和机器等，然后定稿生产计划大纲。资源可用性依不同资源的实际情况而不同。资源需求与可用量比较见表 F4-25。

表 F4-25　电机类产品年度计划资源可用比较

周期/月	钢材资源/t			铜线资源/t			工时资源/h		
	需求	可用	缺欠	需求	可用	缺欠	需求	可用	缺欠
1	4.607	5	0	0.446	0.5	0	896	850	46
2	4.607	5	0	0.446	0.5	0	896	850	46
3	4.607	5	0	0.446	0.5	0	896	850	46
4	4.607	5	0	0.446	0.5	0	896	850	46

续表 F4-25

周期/月	钢材资源/t			铜线资源/t			工时资源/h		
	需求	可用	缺欠	需求	可用	缺欠	需求	可用	缺欠
5	4.607	5	0	0.446	0.5	0	896	850	46
6	4.607	5	0	0.446	0.5	0	896	850	46
7	4.607	5	0	0.446	0.5	0	896	850	46
8	4.607	5	0	0.446	0.5	0	896	850	46
9	4.607	5	0	0.446	0.5	0	896	850	46
10	4.607	5	0	0.446	0.5	0	896	850	46
11	4.607	5	0	0.446	0.5	0	896	850	46
12	4.607	5	0	0.446	0.5	0	896	850	46
合计	55.284	60	0	5.352	6	0	10752	10200	552

2）资源短缺处理方法求

对于资源需求超过可用资源时，将出现资源短缺。在生产规划定稿之前，必须解决这一问题，可以根据具体情况采取措施加以协调。

物料短缺：增加物料购买、减少生产总量、用其他供给源和用替换物料。

劳动力短缺：安排加班、雇用临时工、转包、减少生产总量和调整生产线。

设备短缺：购买新的设备、升级现有设备、转包作业、改变工艺过程、减少生产总量、调整产品类或生产线。

（26）综合生产计划见表 F4-26，资源需求计划见表 F4-27。

表 F4-26　MTS 环境录像机系列产品综合生产计划

时段/月	1	2	3	4	5	6	7	8	9	10	11	12	全年
预测/台	800	800	800	800	800	800	800	800	800	800	800	800	9600
库存/台	1350	1300	1250	1200	1150	1100	1050	1000	950	900	850	800	800
生产计划/台	750	750	750	750	750	750	750	750	750	750	750	750	9000

表 F4-27　录像机资源需求计划

时段/月	1	2	3	4	5	6	7	8	9	10	11	12	全年
生产计划/台	750	750	750	750	750	750	750	750	750	750	750	750	9000
单台关键部件工时/h	1	1	1	1	1	1	1	1	1	1	1	1	12
劳力需求/h	750	750	750	750	750	750	750	750	750	750	750	750	9000
定额能力/h	800	800	800	800	800	800	800	800	800	800	800	800	9600
能力余/欠/h	50	50	50	50	50	50	50	50	50	50	50	50	600

4.7　案例分析题

库存的利主要包括：（1）获得大量购买的价格折扣；（2）防止涨价、政策的改变以及延迟交货等情况的发生；（3）大量运输降低运输成本；（4）避免由于紧急情况而发生停产；（5）提高客户服务水平。

库存的弊主要包括：(1) 占据企业大量资金；(2) 掩盖了企业众多管理问题，如计划不周、采购不力、生产不平衡、产品质量不稳定及市场销售不力；(3) 增加了企业的产品成本与管理成本。

Dell 在物流管理方面成功的经验对“中国制造”启示：(1) 通过有效的物流管理和库存控制降低企业的成本，提升企业的竞争力；(2) 建立高效的物流配送体系，满足当今社会“多品种、小批量、多频次”的配送，在提高客户服务水平的同时有效降低企业物流运营成本；(3) 做好供应商管理，将供应商纳入经营体系，形成彼此互补的亲密伙伴关系，发展垂直整合的虚拟企业体系，建立即时资讯系统，掌握全盘经营资讯，以快速反应来消除一切因资讯不足原因所造成的延迟成本。

5 “主生产计划MPS习题”参考答案

5.1 对错判断题

(1)~(5)×√√√×　(6)~(10)×√×√√　(11)~(15)√××√√

(16)~(20)√××××　(21)~(23)√√×

5.2 单项选择题

(1)~(5)BBAAD　(6)~(10)AACCD　(11)~(15)DADBD

(16)~(20)BABBA　(21)~(25)BBAAB　(26)~(30)CDADD

(31)~(35)CAAAC　(36)D

5.3 多项选择题

(1)ABCDE　(2)ABCDE　(3)BCD　(4)ABCDE　(5)ABCD　(6)ABCD

(7)ABCDE　(8)ADE

5.4 专业名词翻译题

(1) 主生产计划　(2) 客户订单　(3) 需求管理　(4) 可供销售量

5.5 简答题

(1) 简述主生产计划的作用与意义。

主生产计划是关于将要生产什么的一种描述，它根据客户合同和预测把销售运作规划中的产品系列具体化，确定出厂产品；主生产计划是展开 MRP 及 CRP 计划的主要依据，起承上启下的计划主控作用。

(2) 综合生产计划和主生产计划之间的区别是什么?

1) 内容不同：综合生产计划是确定企业产品生产的总量而不是具体品种或规格产品的产量，主生产计划确定每一具体品种或规格产品的产量；2) 时间不同：综合生产计划的计划期一般为一年，而主生产计划的计划期是几个月，确定每周完成数量；3) 制定主体不同：综合生产计划是由中层管理人员制定，主生产计划是综合生产计划的细化和分解，可以由基层单位制定。

(3) 简述主生产计划编制的原则。

1) 最少项目原则：用最少的项目数进行主生产计划安排；2) 独立具体原则：要列出实际的、具体的可构造项目，而不是一些项目组或计划清单项目；3) 关键项目原则：列出对生产能力、财务指标或关键材料有重大影响的项目；4) 全面代表原则：计划项目应尽可能全面代表企业的生产产品；5) 适当裕量原则：留有适当余地，并考虑预防性维修设备的时间；6) 适当稳定原则：在有效的期限内应保持适当稳定。

(4) 粗能力需求计划的优点是什么?

可以用粗能力需求计划进行生产计划初稿可行性的分析与评价；提高计算的效率；粗略的计算；能力需求计划的编制比较简单，计算量少；实施所需求的前提条件少；减少后期能力需求计划的核算工作。

(5) 如何控制主生产计划的变动?

在控制主生产计划的变动方面，定义了计划时界和需求时界两个时间分割点，相应分成需求时区、计划时区和预测时区三个时区。处于需求时区以内的计划改动代价高，需要厂级领导批准；处于计划时区的计划改动代价较大，需要主生产计划员改动；处于预测时区的计划计算机可以自行改动。

（6）划分时段的目的是什么？

划分时段的目的是方便汇总各个时间跨度内的预测量、订单量、计划接收量等，并分别计算出计划投入量、计划产出量、净需求量等，从而可以区别物料需求的优先级，使企业能合理利用有限的资源，保证生产的均衡有序。

（7）什么是滚动计划方法？有什么优点？

滚动计划方法是一种编制具有灵活性的、能够适应环境变化的长期计划方法。其编制方法是：在已编制出的计划的基础上，每经过一段固定的时期（例如一年或一个季度等，这段固定的时期被称为滚动期）便根据变化了的环境条件和计划的实际执行情况，从确保实现计划目标出发对原计划进行调整。优点有：滚动计划方法使计划的严肃性和应变性都得到保证，因执行计划与编制的时间接近，内外条件不会发生很大变化，可基本保证计划的完成，体现了计划的严肃性；预计的计划允许下一期修改，体现了应变性。逐年滚动，提高了计划的连续性。

（8）为什么要围绕物料转化组织生产？

以物料为中心组织生产体现了为顾客服务的宗旨，物料的最终形态是产品，它是顾客所需要的东西，物料的转化最终是为了提供使顾客满意的产品。因此，围绕物料转化组织生产时是按需生产思想的体现。

（9）就如何做好生产计划问题，你认为必须要考虑哪些方面？

十分了解产品的 BOM 组成，查看物料是否齐备；熟悉公司产品、了解产品加工工序及加工中心；材料使用途径；了解市场需求；了解员工动态、机器的正常运作以及物料配套状况；生产进度的有效跟踪与控制；下达生产指令需仔细、准确，不能少下，漏下；信息需及时反馈与跟进，生产进度跟催；适当考虑异常情况；了解车间产能负荷；管理好独立需求和相依需求；质量情况及品质控制；正常情况下不能排期太紧，以考虑插入急单的情况；了解产品、相关工艺流程、瓶颈工序；前工序先采购；了解物料的性能；物料的采购周期及到料情况跟进；合理地调配人员；与 PMC 联系保证物料的供给；与工程及技术部门联系技术支持；制定和查看相应的系列计划：如产品开发计划、生产作业排序计划、人员计划、产能计划与负荷计划、库存计划、出货计划、物料计划和外协计划等。

5.6 计算题

（1）主生产计划报表编制见表 F5-1。

表 F5-1 主生产计划编制结果 （台）

时段/周	1	2	3	4	5	6	7	8	9	10	11
预测量	200	200	200	200	200	200	200	200	200	200	200
合同量	280	200	190	230	190	150	250	230	170	160	110
毛需求量	280	200	190	230	200	200	250	200	200	200	200
预计 PAB 值	100	100	110	80	80	80	130	130	130	130	130
净需求量	150	150	140	170	170	170	220	120	120	120	120
计划产出量	200	200	200	200	200	200	300	200	200	200	200
计划投入量	200	200	200	200	200	300	200	200	200	200	

（2）该项目的主生产计划见表 F5-2，安全库存为 50 台。

表 F5-2　主生产计划报　　（台）

时段/周	1	2	3	4	5	6	7	8	9	10	11
预测量	100	120	120	100	100	100	100	100	120	100	120
合同量	120	150	150	80	120	80	150	100	150	80	80
毛需求量	120	150	150	100	120	100	150	100	120	100	120
计划接收量		50									
预计 PAB 值	60	60	110	110	90	90	140	140	120	120	100
净需求量	90	90	140	40	60	60	110	10	70	70	50
计划产出量	100	100	200	100	100	100	200	100	100	100	100
计划投入量	100	200	100	100	100	200	100	100	100	100	

（3）主生产计划见表 F5-3，安全库存为 10 台。

表 F5-3　主生产计划结果　　（台）

时段/周	1	2	3	4	5	6	7	8	9	10
预测	30	30	30	30	30	30	30	30	30	30
合同量	0	52	10	10	50	90	35	70	22	10
毛需求量	0	52	10	30	50	90	30	30	30	30
计划接收量	15									
预计库存量	65	13	23	13	23	13	23	13	23	13
净需求量	0	0	7	17	47	77	27	13	27	17
计划产出量	0	0	20	20	60	80	40	20	40	20
计划投入量	0	20	20	60	80	40	20	40	20	
可供销售量	65		10	10	10	−10	5	−50	18	10

（4）主生产计划报表见表 F5-4。

表 F5-4　主生产计划结果　　（台）

时段/周	当期	1	2	3	4	5	6	7	8	9	10	11
预测量		5	5	5	5	5	5	5	5	5	5	5
合同量		12	8	0	2	7	6	0	13	5	0	2
毛需求量		12	8	0	5	7	6	5	13	5	5	5
计划接收量		10										
预计库存量	8	6	18	18	13	6	0	15	2	17	12	7
净需求量		0	2	0	0	0	0	5	0	3	0	0
计划产出量		0	20	0	0	0	0	20	0	20	0	0
计划投入量	0	20	0	0	0	0	20	0	20	0	0	
可供销售量		−4		−6				2		5		

（5）电机 MPS 报表计算结果见表 F5-5。

表 F5-5　电机 MPS 计算报　　（台）

时段/周	当期	1	2	3	4	5	6	7	8	9	10	11
预测量	0	60	60	60	60	60	60	60	60	60	60	60
合同量	0	110	80	50	70	50	60	110	150	50	0	20
毛需求量		110	80	50	70	60	60	110	150	60	60	60
计划接收量		100										
预计 PAB 值	80	70	90	140	70	110	50	140	90	130	70	110
净需求量		0	60	10	0	40	0	110	60	20	0	40
计划产出量		0	100	100	0	100	0	200	100	100	0	100
计划投入量		100	100	0	100	0	200	100	100	0	100	
可供销售量		70	20	−20		−10		90	−50	50		80
调整后 ATP 值		70	20					90		50		80

根据表 F5-5 中的可供销售量数据分析，企业可以接受第 1 个和第 2 个订单，放弃第 3 个订单或者推迟第 3 个订单的交货。接受前两个订单后，MPS 计划调整见表 F5-6。

表 F5-6　调整后的电机 MPS 计算报　　（台）

时段/周	当期	1	2	3	4	5	6	7	8	9	10	11
预测量	0	60	60	60	60	60	60	60	60	60	60	60
合同量	0	110	90	50	70	50	60	140	150	50	0	20
毛需求量		110	90	50	70	60	60	140	150	60	60	60
计划接收量		100										
预计 PAB 值	80	70	80	130	60	50	−10	50	0	40	−20	20
净需求量		0	70	20	0	50	60	150	150	110	70	130
计划产出量		0	100	100	0	100	0	200	100	100	0	100
计划投入量		100	100	0	100	0	200	100	100	0	100	
可供销售量		70	10	−20		−10		60	−50	50		80
调整后 ATP 值		70	10					60		50		80

（6）雪兔冷饮店冰激凌的主生产计划编制见表 F5-7。

表 F5-7　雪兔冷饮店冰激凌主生产计划　　（个）

时段/星期	一	二	三	四	五	六	日
订货量	30	55	60	100	50	55	40
可用库存量	50	45	35	35	35	30	40
净需求量	0	5	15	65	15	20	10
计划产出量	0	50	50	100	50	50	50
计划投入量	50	50	100	50	50	50	0
待分配库存	50	−5	−10	0	0	−5	10

（7）A 产品 1～10 周的主生产计划报表见表 F5-8。

表 F5-8　A 产品 1～10 周的主生产计划　（个）

时段/周	1	2	3	4	5	6	7	8	9	10
预测量	5	5	5	5	5	5	5	5	5	5
订货量	5	6	6	7	4	0	3	6	1	3
总需求量	5	6	6	7	5	5	5	6	5	5
可用库存量	3	2	1	4	4	4	4	3	3	3
净需求量	0	3	4	6	1	1	1	2	2	2
计划产出量	0	5	5	10	5	5	5	5	5	5
计划投入量	5	5	10	5	5	5	5	5	5	0
待分配库存	3	−1	−1	3	1	5	2	−1	4	2

（8）单位产品周保管费 $H=2\%\times50=1$（元），订货费用 $C=120$（元），则临界库存 $E=C/H=120$（件），订货和库存成本计算见表 F5-9。订货时间及数量：第 0 周 60 件、第 3 周 55 件、第 6 周 60 件、第 9 周 60 件。

表 F5-9　订货和累积库存计算

时段/周	需求量/件	预定批量/件	k 值	累积库存 LQ/件
1	30	30	0	
2	10	40	1	10
3	20	60	2	50
4	25	25	0	
5	20	45	1	20
6	10	55	2	40
7	30	30	0	
8	10	40	1	10
9	20	60	2	50
10	30	30	0	
11	10	40	1	10
12	20	60	2	50

（9）1）采用固定批量（批量为 20 台）的 MPS 计划见表 F5-10。

表 F5-10　采用固定批量法的主生产计划 MPS 报表　（台）

时区	需求时区			计划时区			预测时区			
时段/周	1	2	3	4	5	6	7	8	9	10
预测量	10	20	10	30	18	15	32	25	20	20
合同量	20	25	10	25	20	10	35	20	18	20
毛需求量	20	25	10	30	20	15	35	25	20	20
计划接收量	10									

续表 F5-10

时区	需求时区			计划时区			预测时区			
PAB 初值	6	−19	11	−19	1	6	−29	−14	−14	−14
预计 PAB 值	6	21	11	21	21	6	11	6	6	6
净需求量	0	24	0	24	4	0	34	19	19	19
计划产出量	0	40	0	40	20	0	40	20	20	20
计划投入量	40	0	40	20	0	40	20	20	20	
可供销售量	6	5		15	−10		5	0	2	0
调整后 ATP 值	6	5		15			5		2	

2）采用直接批量法的 MPS 计划见表 F5-11。

表 F5-11　采用直接批量法的主生产计划 MPS 报表　　（台）

时区	需求时区			计划时区			预测时区			
时段/周	1	2	3	4	5	6	7	8	9	10
需求预测量	10	20	10	30	18	15	32	25	20	20
订单合同量	20	25	10	25	20	10	35	20	18	20
毛需求量	20	25	10	30	20	15	35	25	20	20
计划接收量	10									
PAB 初值	6	−19	−5	−25	−15	−10	−30	−20	−15	−15
预计 PAB 值	6	5	5	5	5	5	5	5	5	5
净需求量	0	24	10	30	20	15	35	25	20	20
计划产出量	0	24	10	30	20	15	35	25	20	20
计划投入量	24	10	30	20	15	35	25	20	20	
可供销售量	6	−1	0	5	0	5	0	5	2	0
调整后 ATP	6			5		5		5	2	

3）采用经济批量法的主生产计划 MPS 计划见表 F5-12，其中经济批量为：3×平均毛需求=3×(20+25+10+30+20+15+35+25+20+20)/10=66（台）。

表 F5-12　采用直接批量法的主生产计划 MPS 报表　　（台）

时区	需求时区			计划时区			预测时区			
时段/周	1	2	3	4	5	6	7	8	9	10
需求预测量	10	20	10	30	18	15	32	25	20	20
订单合同量	20	25	10	25	20	10	35	20	18	20
毛需求量	20	25	10	30	20	15	35	25	20	20
计划接收量	10									
PAB 初值	6	−19	37	7	−13	38	3	44	24	4
预计 PAB 值	6	47	37	7	53	38	69	44	24	70
净需求量	0	24	0	0	18	0	2	0	0	1

续表 F5-12

时区	需求时区			计划时区			预测时区			
计划产出量	0	66	0	0	66	0	66	0	0	66
计划投入量	66	0	0	66	0	66	0	0	66	
可供销售量	6	6			36		−7			46
调整后 ATP 值	6	6			36					46

4）采用固定周期法的主生产计划 MPS 计划见表 F5-13，批量大小参考见表 F5-11 中的净需求量数据进行周期批量合并，也可以单独重新计算。

表 F5-13　采用固定周期法的主生产计划 MPS 报表　（台）

时区	需求时区			计划时区			预测时区			
时段/周	1	2	3	4	5	6	7	8	9	10
需求预测量	10	20	10	30	18	15	32	25	20	20
订单合同量	20	25	10	25	20	10	35	20	18	20
毛需求量	20	25	10	30	20	15	35	25	20	20
计划接收量	10									
PAB 初值	6	−19	35	5	−15	40	5	−20	25	5
预计 PAB 值	6	45	35	5	55	40	5	45	25	5
净需求量	0	24	0	0	20	0	0	25	0	0
计划产出量	0	64	0	0	70	0	0	65	0	0
计划投入量	64	0	0	70	0	0	65	0	0	
可供销售量	6	4			5			7		
调整后 ATP 值	6	4			5			7		

（10）1）若 X 加工中心按照预测的数量生产 A 和 B 两种产品，则计算 X 加工中心的工作负荷见表 F5-14。

表 F5-14　负荷计算

时段/月	1	2	3	4	5	6
产品 A 预测量/件	800	650	800	900	800	850
产品 B 预测量/件	425	300	500	500	400	500
X-A 总负荷/h	1120	910	1120	1260	1120	1190
X-B 总负荷/h	638	450	750	750	600	750
X-AB 负荷合计/h	1758	1360	1870	2010	1720	1940
1~6 月负荷平均值/h	1776					

2）为制定均衡工作负荷，考虑到 B 产品的单位维持库存费用是 A 产品的两倍，所以计划制定者决定按 B 产品的预测量进行生产，并打算合理安排 A 产品的生产，以使 X 加工中心的工作总负荷始终等于 6 个月的平均值，负荷和计划数量计算见表 F5-15。

表 F5-15 均衡后的负荷计算

时段/月	1	2	3	4	5	6
产品 A 预测量/件	800	650	800	900	800	850
产品 B 预测量/件	425	300	500	500	400	500
总负荷平均值/h	1776	1776	1776	1776	1776	1776
X-B 总负荷/h	638	450	750	750	600	750
X-A 最小负荷/h	1138	1326	1026	1026	1176	1026
X-A 最小计划产量/件	813	947	733	733	840	733
A 生产计划数量/件	813	947	800	900	840	850

（11）1）分别计算单件产品 A 对各工作中心的能力需求。对于关键工作中心 10 来讲，项目 E 和 F 都要在此工作中心加工，而生产单件 A 需 1 件 E 和 1 件 F，因此，生产单件 A 对关键工作中心 10 的能力需求分别为：单件加工时间＝1×0. 11+1×0. 11＝0. 22（h/件），其中第一个 0. 11 是单件 E 在工作中心 10 上的加工时间，第二个 0. 11 是单件 F 在工作中心 10 上的加工时间；单件准备时间 ＝1×0. 0085+1×0. 0106＝0. 0191（h/件），其中 0. 0085 是单件 E 在工作中心 10 上的准备时间，0. 0106 是单件 F 在工作中心 10 上的准备时间。以此类推，将单件产品 A 对所有工作中心的需求分别计算出来便得到见表 F5-16 产品 A 的能力清单。

表 F5-16 产品 A 的能力清单 （h）

关键工作中心	单件加工时间	单件生产准备时间	单件总时间
10	0. 22	0. 0191	0. 2391
15	0. 54	0. 0496	0. 5896
20	0. 14	0. 0376	0. 1676
25	0. 06	0. 0070	0. 0670
30	0. 09	0. 0200	0. 1100
合计	1. 05	0. 1233	1. 1733

2）根据产品 A 的能力清单和主生产计划，计算出产品 A 的粗能力需求见表 F5-17，其中总工时＝MPS 周计划量×单件总时间。

表 F5-17 产品 A 的粗能力需求计划 （h）

关键工作中心	计划周期/周										合计
	1	2	3	4	5	6	7	8	9	10	
10	5. 98	5. 98	4. 78	4. 78	4. 78	4. 78	7. 17	7. 17	7. 17	5. 98	58. 57
15	14. 74	14. 74	11. 79	11. 79	11. 79	11. 79	17. 69	17. 69	17. 69	14. 74	144. 45
20	4. 19	4. 19	3. 35	3. 35	3. 35	3. 35	5. 03	5. 03	5. 03	4. 19	41. 06
25	1. 68	1. 68	1. 34	1. 34	1. 34	1. 34	2. 01	2. 01	2. 01	1. 68	16. 43
30	2. 75	2. 75	2. 20	2. 20	2. 20	2. 20	3. 30	3. 30	3. 30	2. 75	26. 95
总工时	29. 34	29. 34	23. 46	23. 46	23. 46	23. 46	35. 20	35. 20	35. 20	29. 34	287. 46

3）根据产品 A 的能力需求表和定额能力表，以关键工作中心 30 和 25 为代表的能力负荷计算见表 F5-18。

表 F5-18 产品 A 的对应的工作中心能力负荷 (h)

工作中心	时段/周	1	2	3	4	5	6	7	8	9	10
30	需求负荷	2.75	2.75	2.2	2.2	2.2	2.2	3.3	3.3	3.3	2.75
	总能力	3.0	3.0	3.0	3.0	3.0	3.0	3.0	3.0	3.0	3.0
	能力超欠	0.25	0.25	0.8	0.8	0.8	0.8	-0.3	-0.3	-0.3	0.25
	负荷率/%	92	92	73	73	73	73	110	110	110	92
25	需求负荷	1.68	1.68	1.34	1.34	1.34	1.34	2.01	2.01	2.01	1.68
	总能力	2.0	2.0	2.0	2.0	2.0	2.0	2.0	2.0	2.0	2.0
	能力超欠	0.32	0.32	0.66	0.66	0.66	0.66	-0.01	-0.01	-0.01	0.32
	负荷率/%	84	84	67	67	67	67	100	100	100	84

4）确定和调整超负荷时段：找到各关键工作中心的超负荷时段分布，然后再调整和平衡关键工作中心的能力。改变负荷的措施主要有：重新制定计划，延长交货期，取消客户订单，减少订货数量等；改变能力的措施主要有：更改加工路线，加班加点，组织外协，增加人员和机器设备。

（12）1）计算该产品的分时间周期的能力清单见表 F5-19 和表 F5-20，其中 *RT* 表示加工时间，*ST* 表示准备时间。

表 F5-19 产品 A 的分时间周期资源清单

关键工作中心	对某一主生产计划数量的相对周期/周			
	-3	-2	-1	0
30				项目 A 工序 10 *RT*=0.09*h* *ST*=0.02*h*
25			项目 B，工序 10 *RT*=0.06h *ST*=0.007h	
20			项目 C，工序 20 *RT*=0.14h *ST*=0.0276h	
15		项目 C，工序 10 *RT*=0.28h *ST*=0.04h		
15		项目 E，工序 20 *RT*=0.26h *ST*=0.0096h		
10	项目 E，工序 10 *RT*=0.11h *ST*=0.0085h	项目 F，工序 10 *RT*=0.11h *ST*=0.0106h		

表 F5-20 产品 A 的分时间周期资源清单汇总 (h)

关键工作中心	对某一主生产计划数量的相对周期/周			
	−3	−2	−1	0
30				0. 1100
25			0. 067	
20			0. 1676	
15		0. 5896		
10	0. 1185	0. 1206		

2）根据主生产计划和每个代表产品的能力清单，求出分阶段的能力计划见表 F5-21 和表 F5-22。

表 F5-21 单个计划产品量产生的能力计划 (h)

关键工作中心	拖期	计划周期/周										合计
		1	2	3	4	5	6	7	8	9	10	
30								3. 300				
25							2. 01					
20							5. 028					
15						17. 688						
10					3. 555	3. 618						
总工时					3. 555	21. 306	7. 038	3. 300				

表 F5-22 多计划产品分周期资源清单产生的能力清单 (h)

工作中心	拖期	计划周期/周									
		1	2	3	4	5	6	7	8	9	10
30	0	2. 75	2. 75	2. 2	2. 2	2. 2	2. 2	3. 3	3. 3	3. 3	2. 75
25	1. 675	1. 675	1. 34	1. 34	1. 34	1. 34	2. 01	2. 01	2. 01	1. 675	0
20	4. 19	4. 19	3. 35	3. 35	3. 35	3. 35	5. 03	5. 03	5. 03	4. 19	0
15	29. 48	11. 792	11. 792	11. 792	11. 792	17. 688	17. 688	17. 688	14. 74	0	0
10	14. 33	4. 78	4. 78	4. 78	5. 97	7. 17	7. 17	6. 58	3. 015	0	0
合计	49. 68	25. 19	24. 01	23. 46	24. 65	31. 75	34. 1	34. 61	28. 1	9. 17	2. 75

3）确定和调整超负荷时段：找到各关键工作中心的超负荷时段分布情况，然后再调整和平衡关键工作中心的能力。

（13）关键生产中心 6 每个月的总工作负荷计算见表 F5-23。

表 F5-23 关键生产中心 6 的负荷计算 (台)

时段/月	1	2	3	4	5	6	合计数量	总负荷/h
A 出产	171	318	362	547	421	290	2109. 00	295. 26
B 出产	175	197	216	224	206	190	1208. 00	0. 00
C 出产	400	400	390	362	325	300	2177. 00	522. 48
D 出产	400	400	460	500	560	600	2920. 00	1781. 20

（14）产品A的能力清单见表F5-24，RCCP计算见表F5-25。

表F5-24 产品A的能力清单 (h)

关键工作中心	单件加工时间	单件生产准备时间	单件总时间
10	0.33	0.0297	0.3597
15	0.54	0.0496	0.5896
20	0.14	0.276	0.416
35	0.12	0.014	0.134
30	0.09	0.02	0.11
合计	1.22	0.3893	1.6093

表F5-25 产品A的RCCP计算 (h)

工作中心	周次/周										总计
	1	2	3	4	5	6	7	8	9	10	
10	8.99	8.99	7.19	7.19	8.99	7.19	7.19	10.79	10.79	10.79	
15	14.74	14.74	11.97	11.97	14.74	11.97	11.97	17.69	17.69	17.69	
20	10.40	10.40	8.32	8.32	10.40	8.32	8.32	12.48	12.48	12.48	
25	3.35	3.35	2.68	2.68	3.35	2.68	2.68	4.02	4.02	4.02	
30	2.75	2.75	2.20	2.20	2.75	2.20	2.20	3.30	3.30	3.30	
合计	40.23	40.23	32.19	32.19	40.23	32.19	32.19	48.28	48.28	48.28	394.28

6 "物料需求计划 MRP 习题"参考答案

6.1 对错判断题

(1)~(5)√√√√×　(6)~(10)×√×√×　(11)~(15)√√×××
(16)~(20) ×××√√　(21)~(25)××√√×　(26)~(30)××√××
(31)~(35)√××√√　(36)~(37)×√

6.2 单项选择题

(1)~(5)BACDA　(6)~(10)ADBAA　(11)~(15)DABAC
(16)~(20)ADBAA　(21)~(25)BCACA　(26)~(30)BBCDC
(31)~(35)BADBA　(36)~(40)BDCCC　(41)~(45)BBACC
(46)~(50)ABABB　(51)~(55)AABAA　(56)~(60)DBDBD
(61)~(65)DDDAB　(66)~(70)DBCAA　(71)~(74)DDBD

6.3 多项选择题

(1) ABCDE　(2) ABCDE　(3) ABCDE　(4) ABCDE　(5) ACD
(6) ABC　(7) ABCDE　(8) ABCDE　(9) ABCDE　(10) ABCDE
(11) ABCDE　(12) DE　(13) ABCDE　(14) BCDE

6.4 专业名词翻译题

(1) 企业资源计划　(2) 物料需求计划　(3) 制造资源计划
(4) 相关需求　(5) 独立需求　(6) 采购提前期
(7) 工作中心　(8) 物料清单　(9) 提前期
(10) 工程变更通知　(11) 低层码　(12) 固定批量法
(13) 采购管理　(14) 能力需求计划　(15) 工作中心能力
(16) 关键工作中心

6.5 简答题

(1) MRP 的发展经历了哪几个阶段?

1) 基本 MRP 阶段：作为一种库存计划方法的改进，即物料需求计划阶段；2) 闭环 MRP 阶段：作为一种生产计划与控制系统；3) MRP Ⅱ阶段：作为一种企业生产经营管理的计划系统，即制造资源计划。

(2) 应用 MRP Ⅱ有何现实意义?

应用 MRP Ⅱ最重要的意义是在信息技术的支持下实现了企业的系统管理。由于计算机的强大计算功能和信息储存能力，人们对生产经营的管理能力加强了，由原来对产品的管理进入了以零件为对象的管理，实现对企业制造资源的准确计算，避免了库存管理的盲目性，做到了准时生产。

(3) 简述什么是闭环 MRP 系统?

闭环 MRP 系统是在生成物料需求计划之后，对生产这些物料所需要的生产能力进行计算，即制定生产能力需求计划，然后检查这个计划的可行性；若存在不可行之处，就返回去修正计划，在达到满意的平衡后，进入车间作业控制子系统，监控计划的实施过程。

(4) 简述物料需求计划的基本原理。

物料需求计划是在产品结构和制造工艺的基础上，利用制造工程网络原理，根据产品结构各层次物料的从属与数量关系，以物料为对象，以产品完工日期为时间基准，以反工艺顺序的原则，根据各物料的加工提前期制定物料的投入产出数量与日期。

（5）MRPⅡ五个层次计划的区别和共同特性是什么？

MRPⅡ五层次的主要区别就在于计划内容的详细程度、计划的时间跨度和周期不同。MRPⅡ的计划层次虽然各有特点，但其突出的共性就是在每个层次都要解决三个基本问题，即计划生产什么、能够生产什么和怎样解决需求与能力之间的差异。

（6）MRP、MRPⅡ、ERP 的核心思想分别是什么？

MRP 的核心思想是把产品中的物料分为独立需求和相关需求，按照需用时间的先后（优先级）及提前期的长短，确定各个物料在不同阶段的需求量和订单的下达时间，从而达到供需平衡的原则；MRPⅡ的核心思想是以工业工程的计划与控制为主线的、体现物流与资金流信息集成的管理信息系统，与管理会计集成，采用模拟法支持决策；ERP 的核心思想是供需链管理、敏捷制造、精益生产、约束理论、价值链，强调人、机、物是一个整体，是不可分割的。

（7）解释独立需求和相关需求的含义。

独立需求是指需求量和需求时间由企业的外部需求决定的那部分物料；相关需求是指根据物料之间的结构组成关系，由独立需求物料产生的需求。

（8）MRPⅡ的局限性是什么？

1）企业竞争范围的扩大，要求在企业的各个方面加强管理，并要求企业有更高的信息化集成，要求对企业的整体资源进行集成管理，而不仅仅对制造资源进行集成管理；2）企业规模不断扩大，大集团、多工厂要求协同作战统一部署，这已超出了 MRPⅡ的管理范围；3）信息全球化趋势的发展要求企业之间加强信息交流和信息共享，企业之间既是竞争对手，又是合作伙伴。信息管理要求扩大到整个供需链的管理，这些更是 MRPⅡ所不能解决的。

（9）简述库存订货点理论应用的条件有哪些？

物料的消耗相对稳定；物料的供应比较稳定；物料的需求是独立的；物料的价格不是很高。

（10）简述 MRP 用于制造过程的优点。

它可以精确地确定对零部件、毛坯和原材料的需求数量与时间，消除了盲目性，实现了低库存与高服务水平并存。

（11）简述物料需求计划的计算步骤。

1）计算物料的毛需求量；2）净需求量计算；3）批量计算；4）安全库存量、废品率和损耗率等的计算；5）下达计划订单。

（12）ABC 库存管理法的要点是什么？

将物资分为 A、B、C 三类，对 A 类物资严格控制，B 类物资正常控制，C 类物资简单控制。

（13）简述 BOM 的概念。

所谓物料清单就是用电子计算机读出企业所制造的产品构成和所有要涉及的物料，并用图示表达的产品结构转化成某种数据格式，这种以数据格式来描述产品结构的文件称为物料清单（BOM）。

(14) 简述 BOM 的作用。

物料清单的作用：是计算机识别物料的基础依据，是编制计划的依据，是配套和领料的依据。根据它进行加工过程的跟踪，是采购和外协的依据；根据它进行成本的计算，可以作为报价参考，进行物料追溯，使设计系列化、标准化、通用化。

(15) 实施 MRP 系统在生产管理中能起哪些作用?

1) 解决与 MRP 规定的最终产品相关联的物料的生产和采购计划；2) 实现物料计划与采购计划编制的计算机化，提高物料计划与采购计划的准确性。

(16) 简述 MRP 计算的特点。

根据计划可以自动连锁地计算出制作这些产品所需要的各部件及零件的生产任务；可以进行动态模拟；运算速度快，便于计划的调整和修正。

(17) 简述 MRP 的输入和输出文件。

MRP 输入文件：主产品计划、主产品结构图、库存文件；MRP 输出文件：主要包括外购件的采购计划和自制件的生产作业计划。

(18) 为什么先要有主生产计划，再根据其制定物料需求计划（MRP)?

MRP 计划方式是追踪需求，如果直接根据销售预测和客户订单的需求来运行 MRP，那么得到的计划将在数量和时间上与预测和客户订单需求完成匹配。但是，预测和客户订单是不稳定、不均衡的，根据它们直接安排生产将会出现忽而加班加点也不能完成任务，忽而设备闲置很多人没有活干的现象。这将给企业带来灾难性的后果，而且企业的生产能力和其他资源是有限的，这样的安排也不是总能实现的。如果考虑对 MRP 的结果进行人工干预和调整，由于企业产品、零部件、原材料种类众多，这样的大规模调整是难以做到的，也是不切实际的。通过主生产计划这一层次，通过人工干预和均衡安排，得到一份相对稳定和均衡的生产计划，由此得到的关于非独立需求项目的 MRP 也将是稳定和均衡的。

(19) 当生产能力超出生产任务（需求）时，应该采取哪些调整措施?

当生产能力大于需求时可采取的调整措施；1) 维持库存；2) 搭配产品生产；3) 开发新产品；4) 减少人员；5) 减少班次与工作时间等。

(20) 当生产能力满足不了生产任务（需求）时，应该采取哪些调整措施?

当生产能力小于需求时可采取的调整措施：1) 延长工作时间和增加班次；2) 增加人员与人员培训；3) 利用外部资源；4) 更新设备；5) 改进工艺等。

(21) 能力需求计划的作用与意义是什么?

能力需求计划是企业资源计划系统中重要的反馈环节，主要是调整生产能力的平衡问题，达到稳定持续生产。

(22) 什么是无限能力计划? 若企业采用无限能力计划，它反映了什么样的企业管理思想?

无限能力计划是在做物料需求计划时不考虑生产能力的限制，而后对各个工作中心的能力、负荷进行计算得出工作中心的负荷情况，产生能力报告。当负荷大于能力时，对超负荷的工作中心进行负荷调整。采用无限能力计划，反映了企业以市场为中心的管理思想。

(23) 分析细能力需求计划与粗能力需求计划的主要区别。

粗能力计划和细能力计划的主要区别：参与闭环 MRP 计算的时间点不一致，粗能力计划在主生产计划确定后即参与运算，而细能力计划是在物料需求计划运算完毕后才参与运算；粗能力计划只计算关键工作中心的负荷，而细能力计划需要计算所有工作中心的负荷情况；粗能力计划计算时间较短，而细能力计划计算时间长，不宜频繁计算和更改。

（24）在考虑需求量与供应能力的平衡时要考虑哪些因素？

需求量与供应能力的平衡、与劳动力的平衡、与物资供应的平衡、与生产技术准备的平衡和与外部协作的平衡。

（25）为何流程中的瓶颈环节有可能“漂移”？

瓶颈环节取决于在特定时段内生产的产品或使用的人力和设备在实际工作中，随着生产条件的变化，瓶颈是可以转移的，生产能力相对薄弱的环节都有可能成为瓶颈环节。

6.6　计算题

（1）A 类：资金金额占总库存资金总额的 60%~80%，品种数目占总库存品种总数的 5%~20%；B 类：资金金额占总库存资金总额的 10%~15%，品种数目占总库存品种总数的 20%~30%；C 类：资金金额占总库存资金总额的 0%~15%，品种数目占总库存品种总数的 60%~70%；根据已知数据，按照商品所占金额从大到小的顺序排列，计算结果见表 F6-1。

表 F6-1　物料 ABC 分类计算

编号	单价/元	库存量/件	金额/元	金额累计/元	占全部金额的累计比例/%	占全部品种的累计比例/%	ABC类别
f	7.50	1000	7500	7500	74.3	11.1	A
a	5.00	200	1000	8500	84.2	22.2	B
c	4.00	125	500	9000	89.1	33.3	B
g	3.00	120	360	9360	88.9	44.4	C
b	2.00	100	210	9570	94.8	55.6	C
d	1.40	200	200	9770	96.7	66.7	C
e	1.00	140	140	9910	98.1	77.8	C
h	1.00	120	120	10030	99.3	88.9	C
i	0.70	100	70	10100	100	100	C

对于 A 类库存，即对 f 商品，企业需对它们定时进行盘点，详细记录及经常检查分析货物使用、存量增减和品质维持等信息，加强进货、发货和运送管理，在满足企业内部需要和顾客需要的前提下，维持尽可能低的经常库存量和安全库存量，加强与供应链上下游企业合作来控制库存水平，既要降低库存，又要防止缺货，加快库存周转。

（2）百叶窗 MRP 报表计算见表 F6-2。

表 F6-2　物料 MRP 展开计算

物料	时段/周	当期	1	2	3	4
百叶窗/个	毛需求量					100
	计划产出量					100
	计划投入量				100	

续表 F6-2

物料	时段/周	当期	1	2	3	4
木板条/个	毛需求量		0	0	400	0
	计划接收量		70			
	PAB 初值	0	70	70	−330	0
	预计可用库存量		70	70	0	0
	净需求量				330	0
	计划产出量				330	0
	计划投入量			330		
框架/个	毛需求量				200	0
	计划接收量				0	0
	PAB 初值	0			−200	
	预计可用库存量				0	
	净需求量				200	
	计划产出量				200	
	计划采购量		200			

（3）产品 P 的 MRP 计划报表见表 F6-3。

表 F6-3 产品 P 的 MRP 展开计算

物料	时段/周	1	2	3	4	5	6
P/个	需求量						100
	预计可用库存量	0	0	0	0	0	0
	净需求量	0	0	0	0	0	100
	计划交货量						100
	计划投入量				100		
A/个	需求量				200		
	库存量	50	50	50	0		
	净需求量				150		
	计划交货量				150		
	计划投入量			150			
B/个	需求量				400		
	预计可用库存量	100	100	100	0		
	净需求量				300		
	计划交货量				300		
	计划投入量			300			

（4）产品 X 的物料需求计划计算见表 F6-4。

表 F6-4　物料需求计划计算

物料	时段/周	1	2	3	4	5	6	7	8	9
产品 X /件	总需求量									150
	预计到货量									
	预计可用库存（10）	10	10	10	10	10	10	10	10	0
	净需求量									140
	计划产出量									140
	计划投入量								140	
零件 A /件	总需求量								140	
	预计到货									
	预计可用库存（50）	50	50	50	50	50	50	50	0	
	净需求量								90	
	计划产出量								90	
	计划投入量					90				
零件 C /件	总需求量					270				
	预计到货									
	预计可用库存（0）									
	净需求量					270				
	计划产出量					270				
	计划投入量			270						
零件 D /件	总需求量					180				
	预计到货量									
	预计可用库存（100）	100	100	100	100	0				
	净需求量					80				
	计划产出量					80				
	计划投入量			80						
零件 E /件	总需求量			80					280	
	预计到货量									
	预计可用库存（0）			20	20	20	20	20	40	40
	净需求量			80					260	
	计划产出量			100					300	
	计划投入量		100					300		

（5）产品 A 的物料需求计划见表 F6-5。

表 F6-5 产品 A 的需求计划

物料	时段/周	1	2	3	4	5	6	7	8	9	10	11
A/个	总需求量								10			15
	可用库存量（0）											
	净需求量								10			15
	计划产出量								10			15
	计划投入量						10			15		
B/个	总需求量						10			15		
	可用库存量（12）						2			0		
	净需求量						0			13		
	计划产出量									13		
	计划投入量								13			
C/个	总需求量						20		26	30		
	可用库存量（15）						0		0	0		
	净需求量						5		26	30		
	计划产出量						5		26	30		
	计划投入量				5		26	30				
D/个	总需求量				15		98	90		30		
	可用库存量（5）				0		0	0		0		
	净需求量				10		98	90		30		
	计划产出量				10		98	90		30		
	计划投入量	10		98	90		30					
E/个	总需求量				5		26	30	39			
	可用库存量（3）				0		0	0	0			
	净需求量				2		26	30	39			
	计划产出量				2		26	30	39			
	计划投入量			2		26	30	39				
G/个	总需求量	30		294	270		90					
	可用库存量（0）	70	70	76	6	6	16					
	净需求量	30		224	194		84					
	计划产出量	100		300	200		100					
	计划投入量	300	200		100							
H/个	总需求量			5		65	75	97.5				
	可用库存量（15）			10	10	45	20	22.5				
	净需求量					55	30	77.5				
	计划产出量					100	50	100				
	计划投入量			100	50	100						

（6）今后 8 周零件 A 的 MRP 的运算结果见表 F6-6。

表 F6-6　零件 A 的需求计划

时段/周	初期	1	2	3	4	5	6	7	8
总需求量/件		0	17	0	14	2	28	9	18
预计到达量/件		0	0	0	0	0	0	0	0
预计现存量/件	22	22	5	5	11	9	1	12	14
净需求量/件		0	0	0	9	0	19	8	6
计划订货到达量/件					20		20	20	20
计划发出订货量/件		20		20	20	20			

（7）各个物料的 MRP 计划计算见表 F6-7。

表 F6-7　各物料的 MRP 计划计算

项目	时段/周	初期	1	2	3	4	5	6	7	8
产品 A 的 MRP 计算表（*LT*=3 周）/件	总需求量								200	
	预计到达量									
	预计现存量	0	0	0	0	0	0	0		
	净需求量								200	
	计划产出量								200	
	计划投入量					200				
零件 B 的 MRP 计算表（*LT*=2 周）/件	总需求量					400				
	预计到达量									
	预计现存量	0	0	0	0	0				
	净需求量					400				
	计划产出量					400				
	计划投入量			400						
零件 C 的 MRP 计算表（*LT*=3 周）/件	总需求量					600				
	预计到达量									
	预计现存量	0	0	0	0	0				
	净需求量					600				
	计划产出量					600				
	计划投入量		600							
零件 D 的 MRP 计算表（*LT*=1 周）/件	总需求量			800						
	预计到达量									
	预计现存量	0	0							
	净需求量			800						
	计划产出量			800						
	计划投入量		800							

续表 F6-7

项目	时段/周	初期	1	2	3	4	5	6	7	8
零件 E 的 MRP 计算表（$LT=1$ 周）/件	总需求量			1200		800				
	预计到达量									
	预计现存量	0	0	0	0	0				
	净需求量			1200		800				
	计划产出量			1200		800				
	计划投入量		1200		800					

第 2 周安排自制件 B 的生产 400 件；第 1 周安排采购 E 1200 件；第 3 周安排采购 E 800 件；第 1 周安排采购 D 800 件；第 1 周安排采购 C 600 件。

（8）全部物料的 MRP 计划见表 F6-8。

表 F6-8　全部物料的 MRP 计划

项目	时段/周	初期	1	2	3	4	5	6	7	8
产品 R 的 MRP 计算表（$LT=4$ 周）/件	总需求量									50
	预计到达量									
	预计现存量	4	4	4	4	4	4	4	4	0
	净需求量									46
	计划产出量									46
	计划投入量					46				
产品 A 的 MRP 计算表（$LT=3$ 周）/件	总需求量									20
	预计到达量									
	预计现存量	1	1	1	1	1	1	1	1	0
	净需求量									19
	计划产出量									19
	计划投入量						19			
零件 B 的 MRP 计算表（$LT=2$ 周）/件	总需求量					184	38			
	预计到达量									
	预计现存量	74	74	74	74	0	0			
	净需求量					110	38			
	计划产出量					110	38			
	计划投入量			110	38					
零件 C 的 MRP 计算表（$LT=3$ 周）/件	总需求量						57			
	预计到达量									
	预计现存量	90	90	90	90	90	33			
	净需求量									
	计划产出量									
	计划投入量									

续表 F6-8

项目	时段/周	初期	1	2	3	4	5	6	7	8
零件 D 的 MRP 计算表（*LT*=1 周）/件	总需求量			220	76					
	预计到达量									
	预计现存量	190	190	0	0					
	净需求量			30	76					
	计划产出量			30	76					
	计划投入量		30	76						
零件 E 的 MRP 计算表（*LT*=1 周）/件	总需求量			330	380					
	预计到达量									
	预计现存量	160	160	0	0					
	净需求量			170	380					
	计划产出量			170	380					
	计划投入量		170	380						

（9）取第 9 周的产品主生产计划为例来计算，MRP 计划见表 F6-9。

表 F6-9　产品 A 的 MRP 计划

物料	时段/周	当期	4	5	6	7	8	9
A/个	总需求量							1250
	可用库存量	50	50	50	50	50	50	0
	净需求量							1200
	计划交货量							1200
	计划投入量					1200		
B/个	总需求量							460
	可用库存量	60	60	60	60	60	60	0
	净需求量							400
	计划交货量							400
	计划投入量					400		
C/个	总需求量					1600		
	PAB 初值					−1560		
	可用库存量	40	40	40	40	0		
	净需求量					1560		
	计划交货量					1560		
	计划投入量				1560			

续表 F6-9

物料	时段/周	当期	4	5	6	7	8	9
D/个	总需求量				1560	1200		250
	PAB 初值				−1530	−1200		−250
	可用库存量	30	30	30	0	0		
	净需求量				1530	1200		250
	计划交货量				1530	1200		250
	计划投入量			1530	1200		250	
E/个	总需求量			1530	1200	2800	250	400
	PAB 初值			−1200	−400	−1200	550	150
	可用库存量	330	330	800	1600	800	550	150
	净需求量			1200	400	1200	0	0
	计划交货量			2000	2000	2000	0	0
	计划投入量		2000	2000	2000			
F/个	总需求量			1530	4320	800	250	
	PAB 初值			−530	−2850	−800	950	
	可用库存量	1000	1000	1470	0	1200	950	
	净需求量			530	2850	800	0	
	计划交货量			2000	2850	2000	0	
	计划投入量		2000	2850	2000			

（10）假设产品 Z 由 2 单位 A 与 4 单位 B 制成，A 由 3 单位 C 与 4 单位 D 制成，D 由 2 单位 E 制成。采购或制造每种产品到最终产品的提前期分别为：Z 需要 2 周；A、B、C、D 各为 1 周，E 需要 3 周。假设当前 A 的库存量为 30 个，D 的库存量为 80 个，预计 C 第 5 周到货 70 个。假设第 11 周需要产出 55 个单位 Z，请生成一张 MRP 进度计划表，并指明总需求、净需求和计划发出订货量（表 F6-10）。

表 F6-10　产品 Z 的 MRP 计划

物料	时段/周		1	2	3	4	5	6	7	8	9	10	11
Z/个	总需求量												55
	预计到货量												
	现有数	0	0	0	0	0	0	0	0	0	0	0	0
	净需求量												55
	计划发出订货量										55		
A/个	总需求量										110		
	预计到货量												
	现有数	30	30	30	30	30	30	30	30	30	0	0	0
	净需求量										80		
	计划发出订货量									80			

续表 F6-10

物料	时段/周		1	2	3	4	5	6	7	8	9	10	11
B/个	总需求量										220		
	预计到货量												
	现有数	0	0	0	0	0	0	0	0	0	0	0	0
	净需求量										220		
	计划发出订货量									220			
C/个	总需求量									240			
	预计到货量						70						
	现有数	0	0	0	0	0	70	70	70	0	0	0	0
	净需求量									170			
	计划发出订货量								170				
D/个	总需求量									320			
	预计到货量												
	现有数	80	80	80	80	80	80	80	80	0	0	0	0
	净需求量									240			
	计划发出订货量								240				
E/个	总需求量								480				
	预计到货量												
	现有数	0	0	0	0	0	0	0	0	0	0	0	0
	净需求量								480				
	计划发出订货量					480							

（11）考虑独立需求和相关需求在各个物料中的总需求分析，全部物料的 MRP 计划计算见表 F6-11。

表 F6-11　全部物料的 MRP 计划计算

物料	时段/周	1	2	3	4	5	6	7	8	9	10	11	12
A/个	总需求量									300	450		500
	计划接收量			90									
	可用库存 20	20	20	110	110	110	110	110	110	0	0	0	0
	净需求量									190	450		500
	计划产出量									190	450		500
	计划投入量							190	450		500		

续表 F6-11

物料	时段/周	1	2	3	4	5	6	7	8	9	10	11	12
B/个	总需求量									200		300	
	计划接收量				30								
	可用库存 30	30	30	30	60	60	60	60	60	10	10	10	10
	净需求量									150		300	
	计划产出量									150		300	
	计划投入量						150		300				
C/个	总需求量							380	900		1000		
	计划接收量				95								
	可用库存 15	15	15	15	110	110	110	0	0	0	0	0	0
	净需求量							270	900		1000		
	计划产出量							270	900		1000		
	计划投入量						270	900		1000			
D/个	总需求量						720	1280	1800	1000	1000		
	计划接收量		195										
	可用库存 10	10	205	205	205	205	0	0	0	0	0	0	0
	净需求量						515	1280	1800	1000	1000		
	计划产出量						515	1280	1800	1000	1000		
	计划投入量				515	1280	1800	1000	1000				
E/个	总需求量			50	1080	2610	4220	3520	4000	1050	1550	50	50
	计划接收量	0											
	可用库存 30	30	30	480	400	290	70	50	50	500	450	400	350
	净需求量			30	610	2220	3940	3460	3960	1010	1060		
	计划产出量			500	1000	2500	4000	3500	4000	1500	1500		
	计划投入量	500	1000	2500	4000	3500	4000	1500	1500				
F/个	总需求量				1030	2760	3600	2000	2000		300		
	计划接收量		200										
	可用库存 50	50	250	250	20	60	60	60	60	60	160	160	160
	净需求量				800	2760	3560	1960	1960		260		
	计划产出量				800	2800	3600	2000	2000		400		
	计划投入量	800	2800	3600	2000	2000		400					

（12）产品 P 的 MRP 计划制定见表 F6-12。

表 F6-12　产品 P 的 MRP 计划

物料	时段/周	1	2	3	4	5	6
P/个	需求量						100
	库存量	0	0	0	0	0	0
	净需求量	0	0	0	0	0	100
	计划交货量						100
	计划投入量				100		
A/个	需求量				200		
	库存量	50	50	50	0		
	净需求量				150		
	计划交货量				150		
	计划投入量			150			
B/个	需求量				400		
	库存量	100	100	100	0		
	净需求量				300		
	计划交货量				300		
	计划投入量			300			

（13）能力需求计划计算过程见表 F6-13～表 F6-18。

表 F6-13　物料 C 的工艺路线与时间的关系

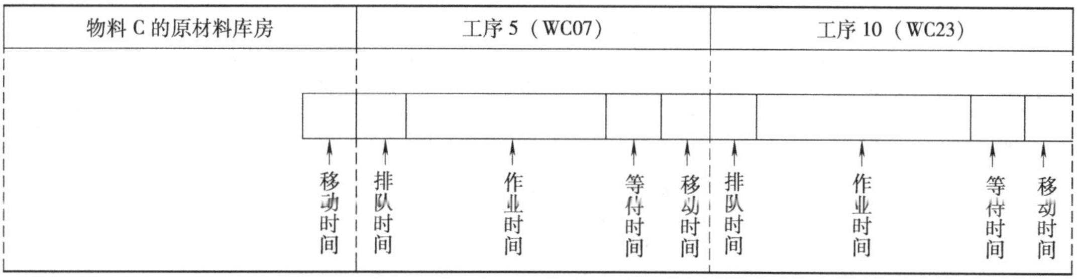

表 F6-14　物料 C 的制造时间　　(h)

工序	工作中心编码	排队时间	生产作业时间	等待时间	移动时间
库房	—	0	0	0	1
5	WC07	2	7	1	1

表 F6-15　物料 C 的开工时间和完工时间

工序	工作中心编码	能力负荷/h	开工时间安排	完工时间安排
5	WC07	6. 65	第一周周三 12 点	第一周周四 11 点
10	WC23	6. 65	第一周周四 14 点	第一周周五 14 点

表 F6-16　物料 C 的分时段能力需求计划

物料项目	时段/天	当期	1	2	3	4	5	6	7	8	9	10
C	WC07		6. 65		6. 65	6. 65		6. 65	6. 65			
	WC23		6. 65		6. 65	6. 65		6. 65	6. 65			

表 F6-17　分时段能力需求计划

物料	时段/天	1	2	3	4	5	6	7	8	9
F	WC02	3. 22	3. 22	3. 22	4. 12	4. 12	4. 12	4. 12	5. 02	5. 02
A	WC07	3. 35	1. 85	1. 85	3. 35	3. 35	1. 85	3. 35	3. 35	
	WC15	12. 35	6. 35	6. 35	12. 35	12. 35	6. 35	12. 35	12. 35	
B	WC02	2. 65	2. 65	2. 65	2. 65	4. 65	2. 65	2. 65	4. 65	
C	WC07	6. 65		6. 65	6. 65		6. 65	6. 65		
	WC23	6. 65		6. 65	6. 65		6. 65	6. 65		
D	WC39	6. 84		6. 84	6. 84	6. 84	6. 84	6. 84		

表 F6-18　工作中心能力需求计划

时段/天	1	2	3	4	5	6	7	8	9
WC02	5. 87	5. 87	5. 87	6. 77	8. 77	6. 77	6. 77	9. 67	5. 02
WC07	10. 00	1. 85	8. 50	10. 00	3. 35	8. 50	10. 00	3. 35	
WC15	12. 35	6. 35	6. 35	12. 35	12. 35	6. 35	12. 35	12. 35	
WC23	6. 65		6. 65	6. 65		6. 65	6. 65		
WC39	6. 84		6. 84	6. 84	6. 84	6. 84	6. 84		

6.7　论述题

ERP 经历了订货点法、MRP、闭环 MRP、MRP Ⅱ和 ERP 5 个阶段。

（1）在 MRP 问世之前，库存计划通常采用定货点法。定货点法是一种使库存量不得低于安全库存的库存补充方法。

（2）MRP 根据物料结构特点和时间分割原理进行生产计划的管理，提供了足够准确的物料需求管理数据，产生了巨大的效益，是生产管理领域的一次重大飞跃，以致 MRP Ⅱ/ERP 管理模式的发展一直是以 MRP 为基础的扩充。

（3）在 MRP 的基础上增加能力计划和执行计划的功能；需求计划必须与能力计划结合起来，反复运算，经过平衡以后才能执行，构成闭环 MRP 计划。

（4）系统在处理物料计划信息的同时，同步地处理财务信息；MRP Ⅱ把物料流动和资金流动结合起来，形成一个完整的经营生产信息系统。

（5）与 MRPⅡ相比，ERP 除了包括和加强 MRPⅡ各种功能之外，更加面向全球市场，功能更为强大，所管理的企业资源更多，支持混合生产方式，管理覆盖面更宽，并涉及了企业供应链管理，从企业全局角度进行经营与生产计划，是制造企业的综合集成经营系统。ERP 所采用的计算机技术也更加先进，形成了集成化的企业管理软件系统。

7 “生产作业计划习题”参考答案

7.1 对错判断题

(1)~(5)×√××× (6)~(10)√√√×√ (11)~(15)×√√×√

(16)~(20)××√√√ (21)~(25)×√××√ (26)~(30)√××√×

(31)~(35)√√√√√ (36)~(40)√×√√× (41)~(45)√×√×√

(46)~(50)×√√√√ (51)~(53)√√×

7.2 单项选择题

(1)~(5)DAACB (6)~(10)BDAAD (11)~(15)BCDCB

(16)~(20)AABAC (21)~(25)AABDD (26)~(30)BBACA

(31)~(35)CACAB (36)~(40)BACBD (41)~(45)CCDDD

(46)~(50)DCBCA (51)~(55)DBCBD (56)~(60)CDABD

(61)~(65)CBADB (66)~(70)DBCBD (71)~(74)DDDD

7.3 多项选择题

(1)ABDE (2)ABCE (3)ABCDE (4)BDE (5)ABCDE (6)BCDE

(7)ABCDE (8)ABCDE (9)ABC (10)ACE (11)ADE (12)ABCDE

(13)ABE (14)ABCDE (15)BCE (16)ABCD (17)ACDE (18)ABC

(19)ACD (20)ADE (21)ABCDE (22)AC (23)ACDE (24)CDE

(25)ABCD (26)ABCDE (27)BD (28)ABCDE (29)ABCDE (30)ABCDE

(31)ABC (32)ABCDE (33)ABCDE (34)ABCDE

7.4 专业名词翻译题

(1)关键线路法 (2)决策关键路径法 (3)计划评审技术

(4)图形评审技术 (5)随机网络技术 (6)风险评审技术

(7)作业计划 (8)瓶颈资源(工序) (9)倒排计划

(10)先来先服务规则 (11)最短加工时间优先规则

(12)最早交货期优先规则 (13)后来先服务规则 (14)投入/产出控制

(15)生产控制 (16)在制品

7.5 简答题

(1) 为什么说大批量生产方式正面临着严峻挑战?

1) 标准化产品生产与顾客多样化需求相矛盾;2) 高度专业化的刚性化生产与快速的需求变动相矛盾;3) 生产的单调化与员工的丰富化要求相矛盾。

(2) 大批量流水线生产方式有什么特点?

流水生产是把高度的对象专业化生产和劳动对象的平行移动方式有机结合起来的一种先进的生产组织形式。它具有以下特征:工作地的专业化程度高;具有明显的节奏性;各工序的生产能力平衡或成比例;工艺过程封闭、单向;具有高度的连续性。

(3) 生产中的在制品对企业经济效益有何影响?

一定数量的在制品储备,是保证生产连续进行的必要条件,有时还能达到缓冲作用,以调节前后工序之间的不平衡。但是其数量必须适当,过多的在制品又会使生产场地拥挤和流动资金占用增多,运输保管费用增加。因此,必须合理地确定在制品定额。

（4）什么是工序同期化？工序同期化的目的是什么？

工序同期化又称为“装配线平衡（Assembly Line Balancing）”，是指通过各种可能的技术、组织措施来调整各工作地的单件作业时间，使它们等于流水线的节拍或者与流水线节拍成倍数关系，以便提高工作地负荷。

（5）简述组织流水生产的必要条件。

1）产量要足够大，单位产品的劳动量也要大，产量大是最基本的前提；2）制造的工艺过程既能划分成简单的工序，又能根据工序同期化的要求把某些工序适当的合并和分解，使某些工序的作业时间基本相等或成倍数；3）产品结构和制造工艺相对稳定；4）必要的厂房条件。

（6）流程型生产和加工装配型生产的主要区别有哪些？

按生产方法和工艺流程的性质，可将制造性生产分为流程型生产和加工装配型生产。流程型生产的工艺过程是连续的，且工艺过程的顺序是固定不变的。加工装配型生产的产品是由许多零部件构成的，各零件的加工过程彼此独立，整个产品生产工艺是离散的，制成的零件通过部件装配和总成装配最后成为产品。

（7）降低在制品库存可以采取哪些措施？

1）降低运输在制品：运输在制品是指处在移动和等待状态的在制品。在多数制造企业中，在制品都是成批加工和成批移动的。如果通过减小运输批量，可显著地减少在制品库存；2）降低周转批量：周转在制品的形成是由于加工批量太大，而加工批量大的原因是准备时间长和准备成本高。由经济批量计算公式可以看出，减少准备时间（即降低准备成本）可使批量降低；3）降低安全在制品：安全在制品又称为缓冲在制品，它是为防止前后工序在加工时间的变异性不匹配性可能造成的生产中断而设立，其作用是使生产过程保持均衡稳定。要降低安全在制品库存，就应减少生产过程中的变异性原因：工作缺乏标准化、设备故障率高、工人情绪不稳、废品率或返修率高等，应对上述原因采取相应措施。

（8）大批量生产、成批生产和单件生产各有何特点？

按生产任务的重复程度和工作地的专业化程度，可将制造性生产划分为大量生产、成批生产和单件生产。1）大量生产的特点是生产的品种少，每一品种的产量大，生产稳定且不断重复生产；2）成批生产的特点是生产的产品产量比大量生产少，而产品品种较多，各种产品在计划期内成批地轮番生产，大多数工作要负担较多工序；3）单件生产的特点是产品对象基本上是一次性需求的专用产品，一般不重复生产。

（9）随机型网络计划的关键路线与确定型网络计划的关键路线在概念上有何差别？

确定型网络的关键路线是指从起始节点到终止节点顺序地将所有事件时差为零的节点连接起来的路线，也就是最长的路线。随机型网络的关键路线是指在规定期限内完工概率最小的网络，最长的路线不一定是关键路线。

（10）常用的作业排序规则有哪些？

常用的作业排序规则有：1）先到先服务规则；2）最短作业时间规则；3）最短加工时间规则；4）最早到期规则；5）最短松弛时间规则。

（11）作业排序的评价标准有哪些？

作业排序的常用评价标准有：1）总流程时间最短；2）平均流程时间最短；3）最大延迟或最大误期最短；4）平均延迟或平均误期最短；5）平均在制品占用时间最小；6）总调整时间最小。

（12）生产作业计划工作的内容有哪些？

生产作业计划工作的内容有：向各生产单位分配任务，即负荷分配；进行生产负荷与生产能力的平衡；编制日历进度计划；监督和检查各种生产准备工作；计划执行中的生产作业控制。

（13）简述生产与作业系统面临的问题。

生产与作业系统面临的问题：1）市场竞争的国际化；2）市场需求多样化，产品更新换代速度急剧加快；3）市场对产品质量、服务质量的要求越来越高；4）资源紧缺、环境保护问题从来没有像现在这样严峻的摆在企业面前；5）信息化的实施给企业生产与作业带来新的冲击；6）不可忽视安全问题。

（14）进度管理的具体工作是什么？

严格地按照生产进度计划要求，掌握作业标准（通常包括劳动定额、质量标准、材料消耗定额等）与工序能力（通常指一台设备或一个工作地）的平衡。具体体现在以下三个方面：1）作业分配，即根据生产能力负荷平衡进行作业分配，按照生产进度计划日程要求，发布作业指令；2）进度控制，根据各项原始记录及生产作业统计报表，进行作业分析，确定每天的生产进度，并查明计划与实际进度出现偏离的原因；3）偏离校正，进度管理的目标，不仅要及时发现计划与实际的偏离程度，采取有效措施，予以消除，还要提高预见性，预防偏离情况的发展。

（15）简述影响生产进度的原因。

影响生产进度的常见原因：1）设备故障；2）停工待料；3）质量问题；4）员工缺勤；5）调度不力。

（16）生产进度控制的主要内容有哪些？

生产进度控制的主要内容有：1）投入进度控制：是指对产品开始投入日期，产量，品种及原材料，毛坯，零部件投入提前期的控制；2）出产进度控制：是指对产品的出产日期，出产提前期，出产量，出产均衡性和成套性的控制；3）工序进度控制：是指对产品在生产过程中经过的每道加工工序的进度的控制。

（17）生产进度控制常见的方法有哪些？

生产进度控制常见的方法有：平衡线法、图表控制法和准时制控制法等。

（18）生产过程控制的内容有哪些？

生产过程控制的内容涉及生产过程中的人、机和物等各方面，它包括生产进度控制、在制品控制、库存控制、生产成本控制、生产质量控制、生产率控制和设备控制等方面。

（19）在生产过程控制中，采取哪些措施来调整和消除偏差？

生产过程控制中调整和消除偏差的常见措施：1）预测差距的发生，事先采取利用加工余力、更改作业开始的顺序、加班、外协、利用库存、返修废次品等措施；2）将差距向生产计划部门反馈，修改产生差距后的计划，再重排计划；3）将差距向生产计划部门反馈，将差距的修正量编入下期以后的计划之中。

（20）阐述生产现场管理对企业的重要意义。

1）现场是企业生产运营活动的发生场所，是企业提升竞争能力的重要源泉；2）现场是生产型企业的基础，现场管理水平的高低，将直接影响质量、成本、交期等各项指标的实现；3）现场是一面镜子，直接反映出企业经营管理水平。面临日益激烈的市场竞争，需要企业以更低的成本、更高的品质、更短的交货期去响应市场，而生产企业的竞争力来自“现场”。

7.6　计算题

（1）节拍 $R=(251\times2\times8\times0.95\times60)/[20000/(1-0.02)]=11.22(\text{min}/件)$。

（2）节拍 $R=\dfrac{F_e}{N}=\dfrac{2\times8\times60-2\times21}{150\div(1-2\%)}=6(\text{min}/件)$。

（3）生产线平衡率为：$(18+16+24+37+45+16)/(37\times7)\times100\%=60.2\%$；该生产线作业安排主要存在：各工序之间不平衡导致堆积，工序的杂事多（非附加价值作业）各工位分工不合理等问题。

（4）正常工作时间每天 8h，日产量为：40×8＝320 件，两班制生产，节拍为 $r=120/40=3\text{min}/件$，该间断流水线的作业指示图如图 F7-1 所示。

流水线名称	班数	日产量	节拍	运输批量	节奏	看管期	看管期产量
电机装配线	2	320件	3min/件	1	3min	2h	40件

工序号	工时/min	工作地号	利用率/%	工人号	间断流水线作业指示图表/min												看管期/件
					10	20	30	40	50	60	70	80	90	100	110	120	
1	2	1	67	1													40
2	6	2	100	2													20
		3	100														20
3	2.8	4	94	3													40
4	4	5	33	1													10
		6	100	4													30
5	1.5	7	50	5													40
6	3	8	100	6													40
7	1.5	9	50	5													40
8	2.5	10	83	7													40
9	2.6	11	87	8													40

图 F7-1　间断流水线的作业指示图设计

（5）采用在制品定额发计算完成的作业计划表见表 F7-1。

表 F7-1　在制品定额计算

产　品　名　称	130 汽车	
产　品　产　量	10000 台	
零　件　编　号	A1-001	A1-012
零　件　名　称	齿轮	轴

续表 F7-1

每辆数量			1个	4个
装配车间/台	1	出产量	10000	40000
	2	废品及损耗	—	—
	3	在制品定额	1000	5000
	4	期初预计在制品结存量	600	3500
	5	投入量（1+2+3-4）	10400	41500
零件库/件	6	半成品外售量	—	2000
	7	库存半成品定额	900	6000
	8	期初预计结存量	1000	7100
加工车间/件	9	出产量（5+6+7-8）	10300	42400
	10	废品及损耗	100	1400
	11	在制品定额	1900	4500
	12	期初预计在制品结存量	600	3400
	13	投入量（9+10+11-12）	11700	44900
毛坯库/件	14	半成品外售量	500	6100
	15	库存半成品定额	2000	10000
	16	期初预计结存量	3000	10000
毛坯车间/件	17	出产量（13+14+15-16）	11200	51000
	18	废品及损耗	900	—
	19	在制品定额	400	2500
	20	期初预计在制品结存量	300	1500
	21	投入量（17+18+19-20）	12200	52000

（6）1）流水线有效工作时间 $T_{效}=251\times2\times8\times60\times0.95=228912$（min）。

2）首先计算加工该零件占总的劳动量比重 α：

$$\alpha_A=\frac{N_AT_A}{N_AT_A+N_BT_B+N_CT_C}=\frac{52500\times16.33}{52500\times16.33+16500\times23.82+26000\times17.91}=0.5$$

$$\alpha_B=\frac{N_BT_B}{N_AT_A+N_BT_B+N_CT_C}=\frac{16500\times23.82}{52500\times16.33+16500\times23.82+26000\times17.91}=0.229$$

$$\alpha_C=\frac{N_CT_C}{N_AT_A+N_BT_B+N_CT_C}=\frac{26000\times17.91}{52500\times16.33+16500\times23.82+26000\times17.91}=0.271$$

所以零件的节拍为：

$$R_A=\frac{\alpha_A\times T_{效}}{N_A}=\frac{0.5\times228912}{52500}=2.18(\text{min/件})$$

$$R_B=\frac{\alpha_B\times T_{效}}{N_B}=\frac{0.229\times228912}{16500}=3.18(\text{min/件})$$

$$R_C = \frac{\alpha_C \times T_{效}}{N_C} = \frac{0.271 \times 228912}{26000} = 2.39(\text{min/件})$$

3）每道工序需要的设备数量公式为：$S_{Ai} = \frac{t_{Ai}}{R_A}$，计算结果见表 F7-2。

表 F7-2　每道工序需要的设备数量计算　　（台）

工序 i	1	2	3	4	5
S_{Ai}	116	57	113	109	56
S_{Bi}	114	57	115	112	54
S_{Ci}	117	54	113	117	51
每工序设备数 S_{ei}	117	57	115	117	56
流水线设备数 S_e	462				

4）计算每道工序的设备负荷系数

$$K_i = \frac{N_A \times t_{Ai} + N_B \times t_{Bi} + N_C \times t_{Ci}}{S_{ei} \times T_{效}}$$

$$K_1 = \frac{N_A \times t_{A1} + N_B \times t_{B1} + N_C \times t_{C1}}{S_{e1} \times T_{效}} = \frac{(52500 \times 4.20 + 16500 \times 6.0 + 26000 \times 4.63) \times 60}{117 \times 228912}$$

$K_1 = 0.985$，同理可计算得到：$K_2 = 0.981$，$K_3 = 0.983$，$K_4 = 0.954$，$K_5 = 0.961$。

5）计算整个流水线的设备负荷系数：

$$K = \frac{\sum_{j=1}^{g} N_j T_j}{S_e \times T_{效}} = \frac{N_A \times t_A + N_B \times t_B + N_C \times t_C}{S_e \times T_{效}} = \frac{1716015 \times 60}{117 \times 228912} = 0.974$$

（7）装配车间投入提前期为 20（天），机加工车间出产提前期为 20+10+30−10=50（天），机加工车间投入提前期为 50+40=90（天），毛坯车间出产提前期为 90+5+60−30=125（天），毛坯车间投入提前期为 125+30=155（天）。

（8）根据期量标准，计算各零部件的提前期数据如下：

总装配车间出产提前期为 0（周），总装配车间投入提前期=该车间出产提前期+该车间生产周期=0+1=1（周）。

机械加工车间出产提前期=装配车间投入提前期+保险期+机械加工车间生产间隔期−装配车间生产间隔期=1+1+3−1=4（周），机械加工车间投入提前期=该车间出产提前期+该车间生产周期=4+1=5（周）。

毛坯生产车间出产提前期=机械加工投入提前期+保险期+毛坯生产间隔期−机械加工生产间隔期=5+1+6−3=9（周），毛坯生产投入提前期=该车间出产提前期+该车间生产周期=9+1=10（周）。

（9）根据期量标准，计算各零部件的提前期数据见表 F7-3。

表 F7-3　A 产品零部件提前期数据

期量标准	A 产品总装配	K 部件装配	J 零件（每台两件）	
			机械加工	毛坯制造
批量	20 台	20 台	80 件	80 件
生产周期/周	1	1	2	1
保险期/周	0	1	1	1
生产间隔期/周	1	1	2	2
出产提前期/周	0	2	5	8
投入提前期/周	1	3	7	9

第 10 周末：A 产品的出产与投入累计号数为：$N_{A出}=20\times10=200$ 号，$N_{A投}=200+1\times20=220$ 号。K 部件的出产与投入累计号数分别为：$N_{K出}=200+2\times20=240$ 号，$N_{K投}=200+3\times20=260$ 号；J 零件在机械加工车间的出产与投入累计号数分别为：$N_{J机出}=(200+5\times20)\times2=600$ 号（修正为 560），$N_{J机投}=(200+7\times20)\times2=680$ 号（修正为 640）；J 零件在毛坯制造车间的出产与投入累计号数分别为：$N_{J毛出}=(200+8\times20)\times2=720$，$N_{J毛投}=(200+9\times20)\times2=760$（修正为 720）。

A 产品零部件投入—产出累计数见表 F7-4。

表 F7-4　A 产品零部件投入—产出累计数

产品名称	工艺阶段（车间）/周		1	2	3	4	5	6	7	8	9	10	11
产品 A	总装配/台	出产	20	20	20	20	20	20	20	20	20	20	20
		累计	20	40	60	80	100	120	140	160	180	200	220
		投入	20	20	20	20	20	20	20	20	20	20	20
		累计	40	60	80	100	120	140	160	180	200	220	240
部件 K	部件装配/台	出产	20	20	20	20	20	20	20	20	20	20	20
		累计	60	80	100	120	140	160	180	200	220	240	260
		投入	20	20	20	20	20	20	20	20	20	20	20
		累计	80	100	120	140	160	180	200	220	240	260	280
零件 J	机械加工/件	出产	80		80		80		80		80		80
		累计	240		320		400		480		560		640
		投入	80		80		80		80		80		80
		累计	320		400		480		560		640		720
	毛坯制造/件	出产		80		80		80		80		80	
		累计		400		480		560		640		720	
		投入	80		80		80		80		80		80
		累计	400		480		560		640		720		800

（10）各车间投入和出产量及累计量见表 F7-5。

表 F7-5　各车间投入和出产累计数计划

车间	时段/天	2月					3月				
		5	10	15	20	25	5	10	15	20	25
装配车间/台	出产量						50	50	50	50	50
	累计量						50	100	150	200	250
	投入量					50	50	50	50	50	50
	累计量					50	100	150	200	250	300
机工车间/台	出产量					100		100		100	
	累计量					100		200		300	
	投入量				100		100		100		
	累计量				100		200		300		
毛坯车间/台	出产量				200			200			200
	累计量				200			400			600
	投入量		200			200			200		
	累计量		200			400			600		

（11）1）绘制项目作业双代号网络图如图 F7-2 所示。

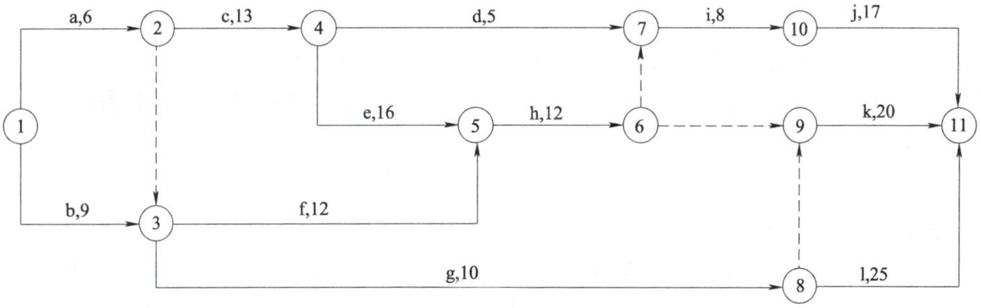

图 F7-2　项目作业双代号网络图

2）在图上计算各工序的最早开始和最迟开始时间，如图 F7-3 所示，方框符号表示最早开始时间，三角形符号表示最迟结束时间。最早开始时间由节点序号从小到大顺序计算，最后节点的最早开始时间和最迟开始时间相等，而最迟开始时间由节点序号从大到小逆序计算。

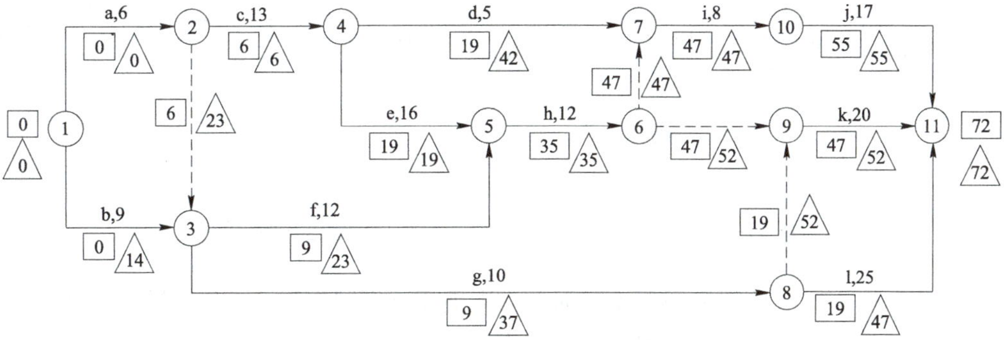

图 F7-3　各工序的最早开始时间和最迟开始时间

3）用表格计算工序的 6 个时间参数见表 F7-6。

表 F7-6　用表格计算工序的时间参数　（天）

工序	(i, j)	$t_{i,j}$	$ES_{i,j}$	$EF_{i,j}$	$LF_{i,j}$	$LS_{i,j}$	$r_{i,j}$	$ST_{i,j}$
a	(1, 2)	6	0	6	6	0	0	0
b	(1, 3)	9	0	9	23	14	14	0
c	(2, 4)	13	6	19	19	6	0	0
d	(4, 7)	5	19	24	47	42	23	23
e	(4, 5)	16	19	35	35	19	0	0
f	(3, 5)	12	9	21	35	23	14	14
g	(3, 8)	10	9	19	47	37	28	0
h	(5, 6)	12	35	47	47	35	0	0
i	(7, 10)	8	47	55	55	47	0	0
j	(10, 11)	17	55	72	72	55	0	0
k	(9, 11)	20	47	67	72	52	5	5
l	(8, 11)	25	19	44	72	47	28	28

4）总时差为 0 的工序组成的路线（始点至终点间）构成关键路线，关键路线上的工序为关键工序，因此关键工序为 a、c、e、h、i、j，项目的关键路线 CPM 为：①→②→④→⑤→⑥→⑦→⑩→⑪。

5）所有工序完工后项目才完工，最后一道工序完工的时间就是项目的完工期，数值上等于关键路线上各关键工序的时间总和，项目的完工时间为 72 天。

（12）1）项目作业双代号网络图及按正常时间计算的项目工序时间参数如图 F7-4 所示，关键路线为：①→②→③→④→⑥→⑧→⑨→⑩→⑪→⑬，关键工序为 a、b、c、f、h、i、j、l、n，项目的完工期为 210 天，将表中正常成本一列相加得到项目总成本为 506 万元。

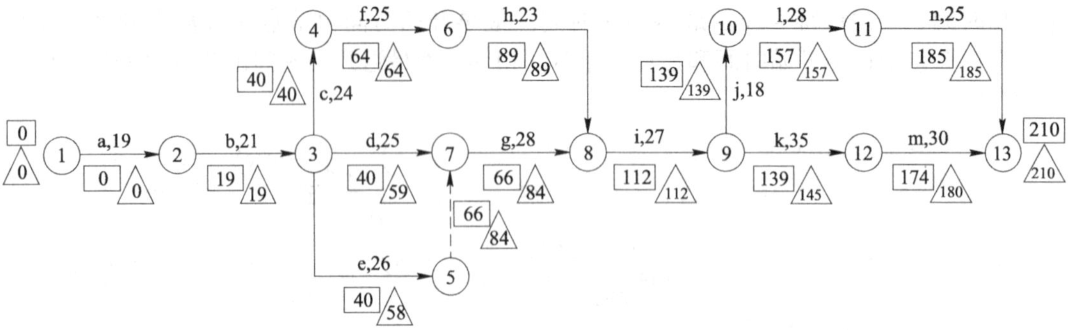

图 F7-4　正常作业各工序的最早开始时间和最迟开始时间

2）应急作业的项目网络图不变，时间参数计算如图 F7-5 所示，关键路线为：①→②→③→④→⑥→⑧→⑨→⑩→⑪→⑬，关键工序为 a、b、c、f、h、i、j、l、n，项目的完工期为 187 天，将表中应急成本一列相加得到项目总成本为 713 万元。

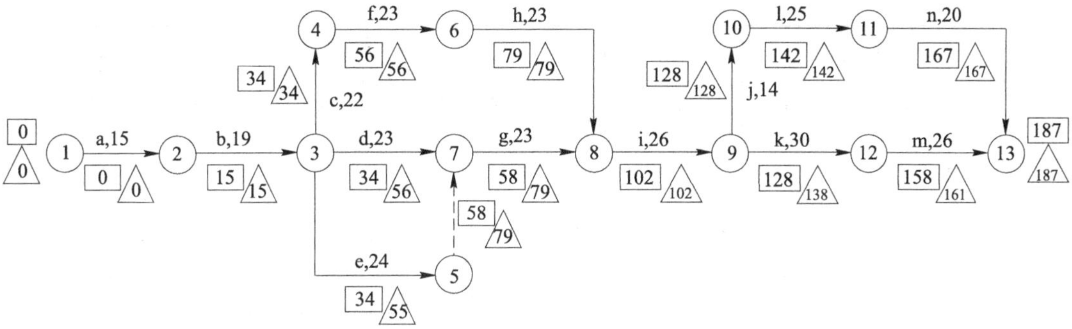

图 F7-5 应急作业各工序的最早开始时间和最迟开始时间

3）图 F7-5 中非关键工序是 d、e、g、k 和 m，可以看出，将工序 d、e、g 按正常时间施工时，最早开始时间和最迟开始时间不相等，说明按正常时间施工不影响项目的完工期 187 天，i 工序开始和结束保持不变，如图 F7-6（a）所示。工序 k 和 m 按正常时间共要缩短时间 6 天，如图 F7-6（b）所示。

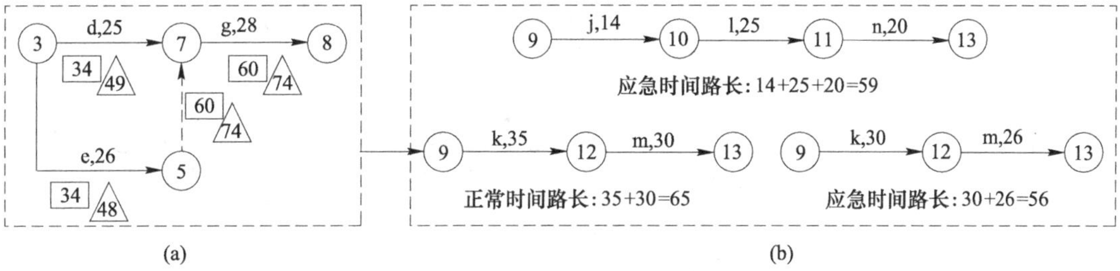

图 F7-6 非关键工序时间参数选择分析

项目总成本最低的决策优化方案是：关键工序 a、b、c、f、h、i、j、l、n 全部按应急时间施工，保持工期不变为 187 天，总成本等于各工序应急成本之和；工序 d、e、g 按正常时间施工，不影响工期，成本等于各工序正常成本之和；工序 k（最大缩减量 5 天，应急成本增加 2 万元/天）缩短 5 天，工序 m（最大缩减量 4 天，应急成本增加 3 万元/天）缩短 1 天，成本等于正常成本加应急时间增加的成本。成本分析见表 F7-7，按项目完工期 187 天计算的最小成本为：145+496+13＝654（万元）。调整后有两条关键路线为：①→②→③→④→⑥→⑧→⑨→⑩→⑪→⑬和①→②→③→④→⑥→⑧→⑨→⑫→⑬，如图 F7-7 所示。

表 F7-7 非关键工序时间参数选择分析

工序	时间/天		成本/万元		时间最长缩量/天	应急增加成本/万元·天$^{-1}$	压缩时间/天	应急增加成本/万元
	正常	应急	正常	应急				
a	—	15	—	80	4	7	—	—
b	—	19	—	90	2	14	—	—
c	—	22	—	30	2	3	—	—

续表 F7-7

工序	时间/天		成本/万元		时间最长缩量/天	应急增加成本/万元·天$^{-1}$	压缩时间/天	应急增加成本/万元
	正常	应急	正常	应急				
d	25	—	38	—	2	11	—	—
e	26	—	18	—	2	4	—	—
f	—	23	—	102	2	7	—	—
g	28	—	19	—	5	4	—	—
h	—	23	—	30	0	—	—	—
i	—	26	—	55	1	15	—	—
j	—	14	—	21	4	1	—	—
k	35	—	25	—	5	2	5	10
l	—	25	—	60	3	10	—	—
m	30	—	45	—	4	3	1	3
n	—	20	—	28	5	2	—	—
合计			145	496				13

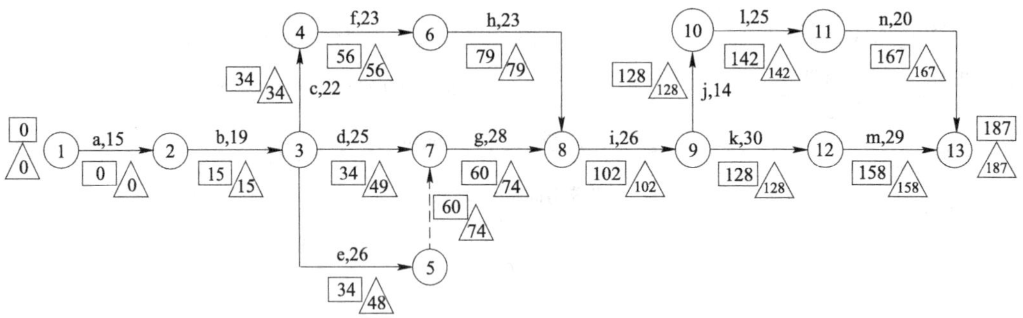

图 F7-7　总成本最低的项目时间参数优化方案

4）考虑缩短关键工序的时间，选择一天应急增加的成本不大于 6 万元的关键工序缩短时间，这样的工序有 c、j、n，工序 c 缩短 2 天，工序 j 缩短 4 天，工序 n 缩短 2 天。对正常作业网络图 F7-4 进行关键工序压缩调整得到图 F7-8，得到两条关键路线：①→②→③→④→⑥→⑧→⑨→⑩→⑪→⑬和①→②→③→④→⑥→⑧→⑨→⑫→⑬，工序 k 和 m 新增为关键工序，项目完工期为 202 天，缩短了 8 天。总成本变动额为：2×3+4×1+2×2=8×6=−34（万元）。

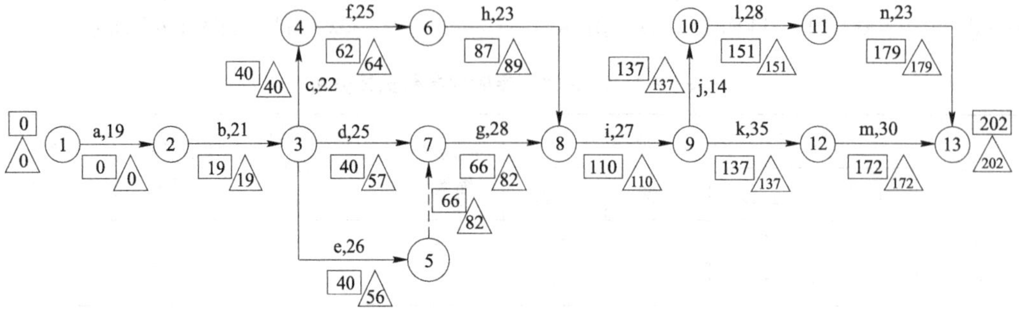

图 F7-8　关键工序时间压缩第一次调整

经过第一次调整后得到的两条关键路线中，一天应急增加的成本不大于 6 万元的全部关键工序中，工序 n 还可以缩短 3 天，工序 j 无法缩短，工序 l 无法缩短，工序 k 可以缩短 3 天，工序 m 可以缩短 4 天。考虑到要缩短工期必须两条关键路线同时缩短时间，①→②→③→④→⑥→⑧→⑨→⑩→⑪→⑬路线工序 n 还能缩短 3 天，因此①→②→③→④→⑥→⑧→⑨→⑫→⑬路线只对工序 k 缩短 3 天。对图 F7-8 再调整一次得到图 F7-9，项目的完工期为 199 天，又缩短了 3 天，总成本变动额为：3×2+3×2−3×6=−6（万元）。

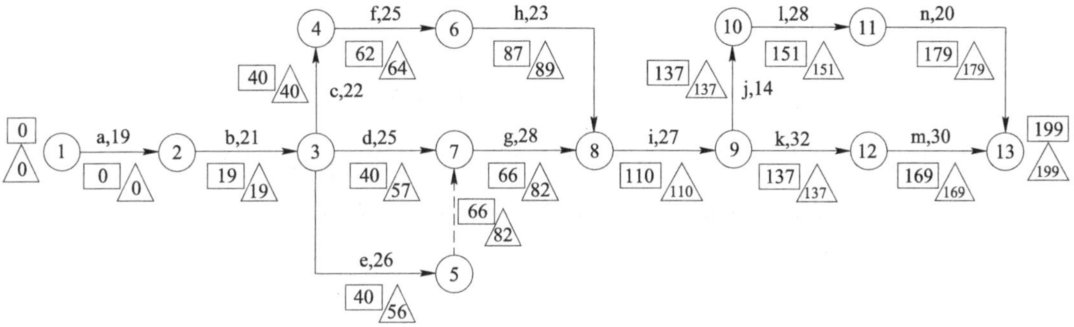

图 F7-9　关键工序时间压缩第二次调整

经继续检查发现，缩短任何关键工序都不能降低成本，则总成本最低的项目工期是 199 天，总成本为：506−34−6=466（万元）。

（13）根据工序时间数据计算工序平均时间和方差见表 F7-8，利用平均时间代替工序时间的网络图如图 F7-10 所示。

表 F7-8　A 产品工序关系及时间参数信息

工序	工序最短时间 a/周	工序最可能时间 m/周	工序最长时间 b/周	工序平均时间 $(a+4m+b)/6$/周	方差 $\sigma^2=((b-a)/6)^2$
a	1.5	2.0	2.5	2	0.028
b	2.0	2.5	6.0	3	0.444
c	1.0	2.0	3.0	2	0.111
d	1.5	2.0	2.5	2	0.028
e	0.5	1.0	1.5	1	0.028
f	1.0	2.0	3.0	2	0.111
g	3.0	3.5	7.0	4	0.444
h	3.0	4.0	5.0	4	0.111
i	1.5	2.0	2.5	2	0.028

图 F7-10 中关键路线为：①→②→④→⑥→⑦→⑧，关键工序为 a、b、g、h、i。完成时间近似服从正态分布，均值为关键路线上各关键工序时间均值之和 15，方差也为关键路线上各关键工序时间方差之和 1.05。若产品要求 16 周内生产完成，则 $T=16$，$E(T)=15$，相应的：

$$u=\frac{T-E(T)}{\sigma}=\frac{16-15}{\sqrt{1.05}}=0.976$$

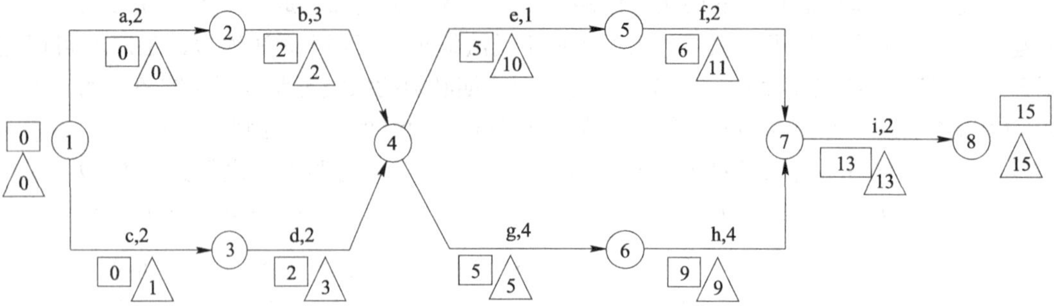

图 F7-10　A 产品的工序网络及参数计算

查正态分布表可知，完工概率为 0. 8355，即 16 周内完工的概率为 83. 55%。

（14）绘制该项目的网络图，时间参数计算如图 F7-11 所示。

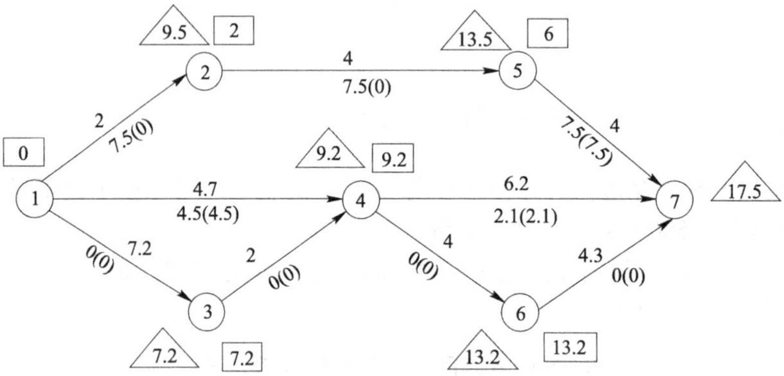

图 F7-11　项目作业网络

要缩短工期 17. 5−15＝2h，才能准时完工，必须先找出关键路线，再找关键路线上最小边际费用处，缩短作业时间，逐渐调整至满足工期需要。关键路线上有（1，3），（3，4），（4，6），（6，7）四项作业，边际费用最小的作业为（4，6）为 3 元，需缩短的时间为：

$$\Delta t = \min\begin{Bmatrix}\text{工期需要缩短}\\\text{该作业最多可缩短}\\\text{出现新关键路线}\end{Bmatrix} = \min\begin{Bmatrix}2.5\\3\\2.1\end{Bmatrix} = 2.1(\mathrm{h})$$

未能满足工期要求继续调整，改进网络后，（4，7）为新增网络的关键作业，边际费用最小的作业为（3，4）为 4 元，需要缩短时间为：

$$\Delta t = \min\begin{Bmatrix}\text{工期需要缩短}\\\text{该作业最多可缩短}\\\text{出现新关键路线}\end{Bmatrix} = \min\begin{Bmatrix}0.4\\1\\4.5\end{Bmatrix} = 0.4(\mathrm{h})$$

调整改进之后的作业网络如图 F7-12 和图 F7-13 所示，两次调整的累计费用为：3×2. 1+4×0. 4＝7. 9（元）。

（15）首先整理各项作业的次序见表 F7-9。

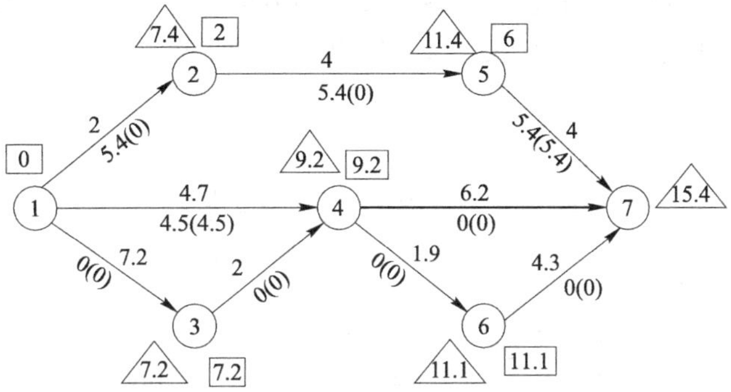

图 F7-12　第一次调整之后的项目作业网络

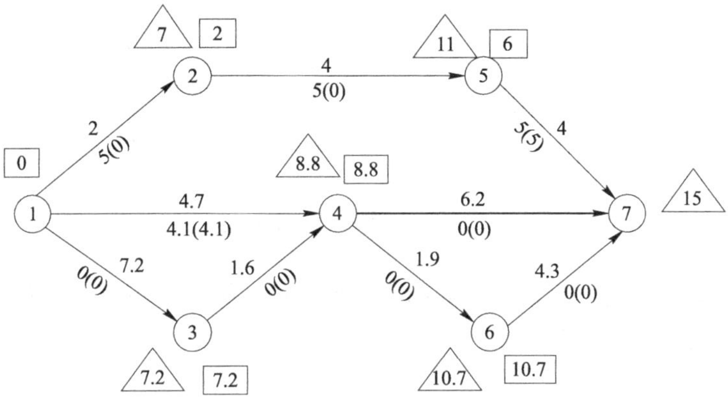

图 F7-13　第二次调整之后的项目作业网络

表 F7-9　整理后的作业顺序

作业名称	G	D	B	F	E	C	A	H	J	I	K
先行作业	—	—		G	G	B	D	CE	FAE	FAE	J
作业时间/天	20	15	18	11	20	24	13	20	20	10	10

根据上表的内容，绘制网络图如图 F7-14 所示。其中，从节点 6 到节点 5 为虚箭线，从节点 7 到节点 6 为虚箭线，分别表示节点之间的先后逻辑关系。

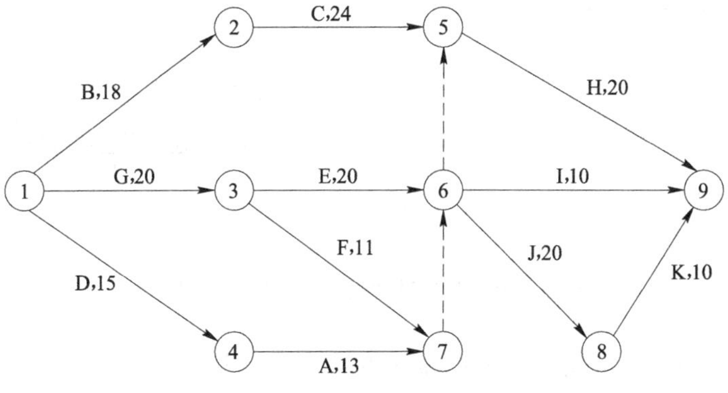

图 F7-14　项目作业网络

计算总工期和关键路线，分别计算各个节点的最早开工时间和最迟结束时间，得到总工期为 70 天，关键路线为：G→E→J→K，如图 F7-15 所示。

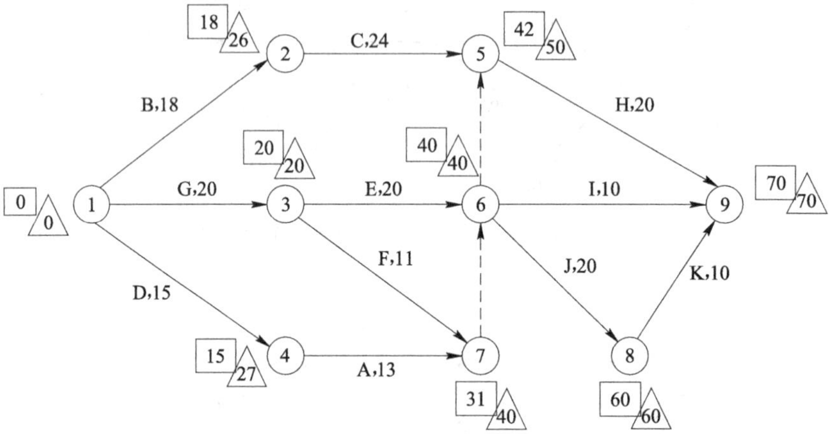

图 F7-15 项目作业参数计算

按最早开始时间绘制作业甘特图如图 F7-16 所示。从甘特图中可以得知，在第 0~10 天，同时开工的有作业 B、D、G。

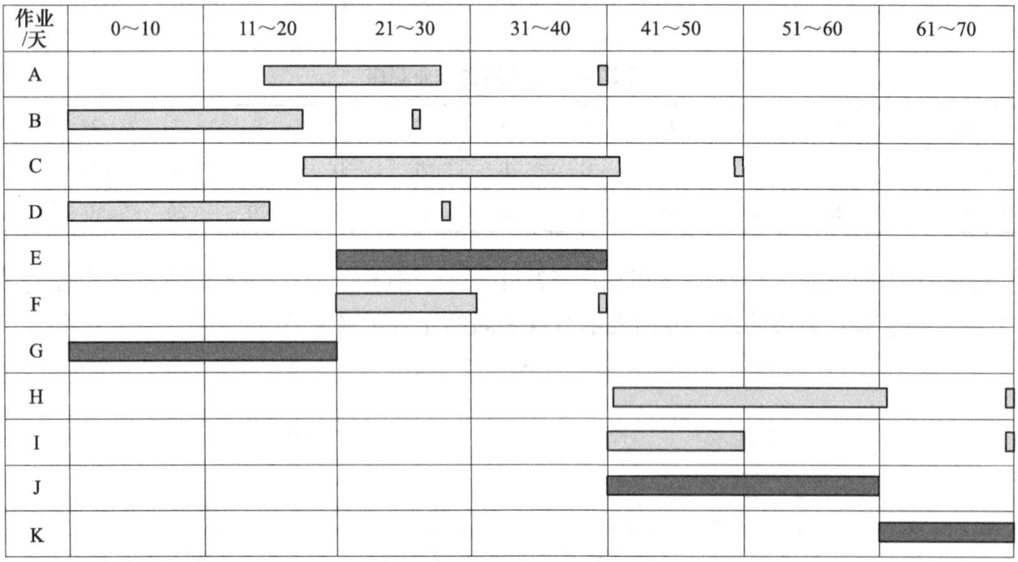

图 F7-16 按最早开始时间的作业甘特图

（16）1）约翰逊-贝尔曼规则最优排序方案为 J_1、J_2、J_3、J_5、J_4；2）画出维修甘特图，计算平均加工时间为：(17+26+31+37+39)/5=30（min）。

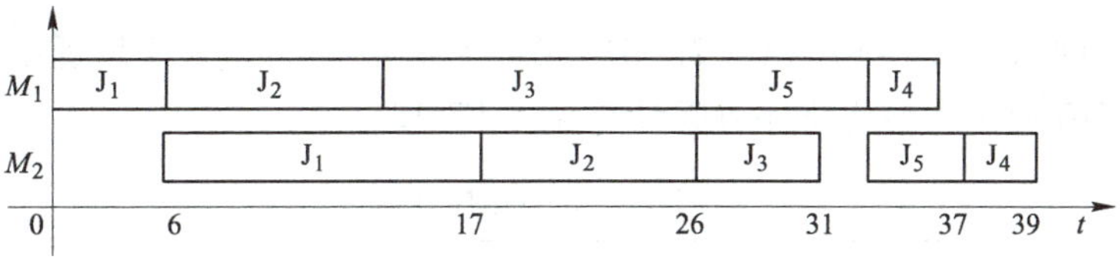

甘特图

(17) Johnson（约翰逊）算法最优加工顺序为 $S=(C, B, D, E, A)$，画出进度甘特图，计算作业最大流程时间 $F_{max}=13.7$（h）。

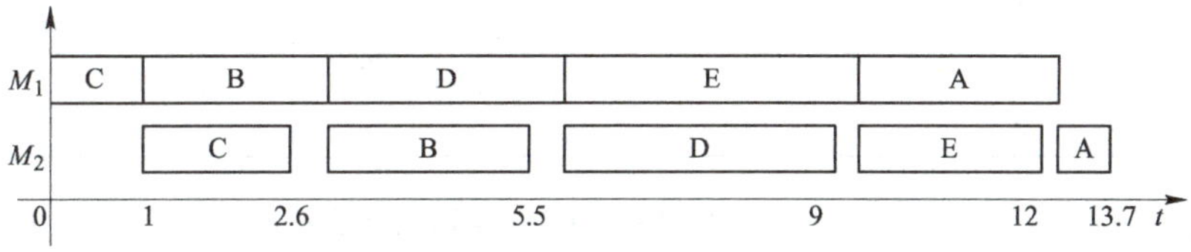

甘特图

(18) 总加工周期最短的作业顺序：J_6、J_1、J_4、J_2、J_5、J_3；画出甘特图，计算出最大流程时间 $F_{max}=64$（min）。

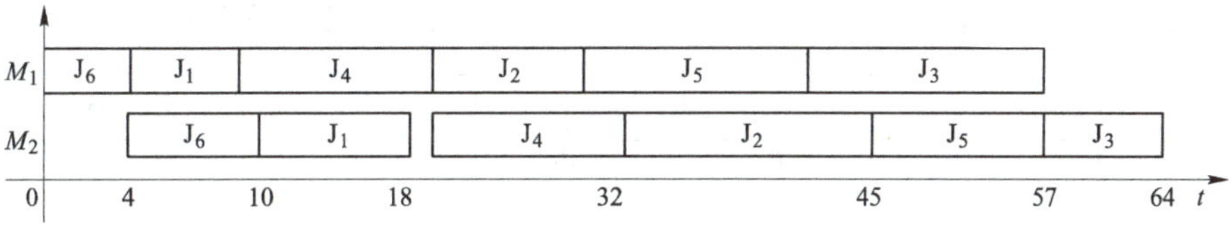

甘特图

(19) 按 SPT 规则求最优排序方案计算见表 F7-10。

表 F7-10　作业排序计算　（天）

加工顺序	1	2	3	4	5	6
零件号	3	6	1	4	2	5
作业时间	2	3	4	5	8	9
流程时间	2	5	9	14	22	31
等待时间	0	2	5	9	14	22
预定交货期	8	13	24	6	23	32
交货延期	0	0	0	8	0	0

平均流程时间为：(2+5+9+14+22+31)/6=13.83（天），最大交货延期为 8 天。

(20) 按 EDD 规则求最优排序方案计算见表 F7-11。

表 F7-11　作业排序计算　（天）

加工顺序	1	2	3	4	5	6
零件号	4	3	6	2	1	5
作业时间	5	2	3	8	4	9
流程时间	5	7	10	18	22	31
等待时间	0	5	7	10	18	22
预定交货期	6	8	13	23	24	32
交货延期	0	0	0	0	0	0

平均流程时间为：(5+7+10+18+22+31)/6=15.5（天），最大交货延期为 0 天。

（21）按 EDD 规则求最优排序方案计算见表 F7-12。

表 F7-12　作业排序计算　　（天）

加工顺序	1	2	3	4	5	6	7	8
零件号	5	4	8	3	2	6	7	1
作业时间	4	1	6	3	6	8	7	10
流程时间	4	5	11	14	20	28	35	45
预定交货期	6	8	9	11	20	25	28	35
交货延期	0	0	2	3	0	3	7	10

平均流程时间为：(4+5+11+14+20+28+35+45)/8=20.25（天），最大交货延期为 10 天。

（22）最优维修方案为：B—D—A—C—E，绘制甘特图可知最大维修周期为 22h，可以得到合同。

（23）按 SPT 规则作业排序为 J_3、J_2、J_1、J_5、J_6、J_4，作业甘特图如图 F7-17 所示。

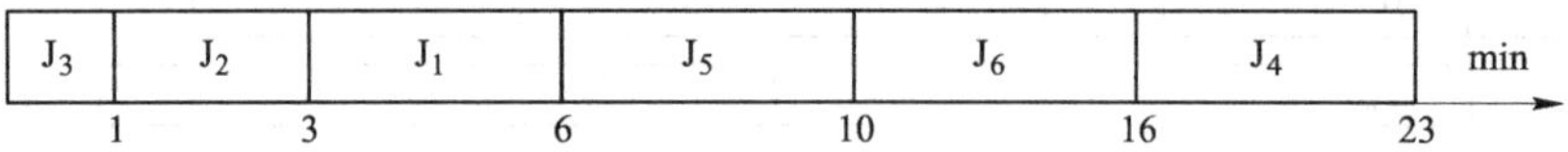

图 F7-17　SPT 规则作业甘特图

作业平均流程时间为：(1+3+6+10+16+23)/6=9.83（min）

按 EDD 规则作业排序为 J_3、J_4、J_5、J_6、J_2、J_1，作业甘特图如图 F7-18 所示。

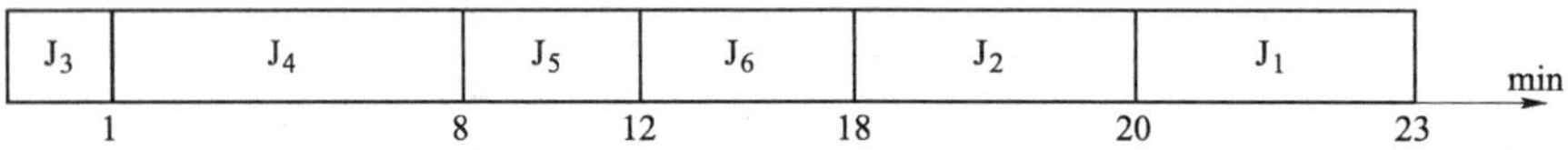

图 F7-18　EDD 规则作业甘特图

作业平均流程时间为：(1+8+12+18+20+23)/6=13.67（min）。

（24）全部零件加工周期最短的加工排序方案为：J_4—J_3—J_8—J_5—J_7—J_6—J_2—J_1，加工甘特图如图 F7-19 所示。

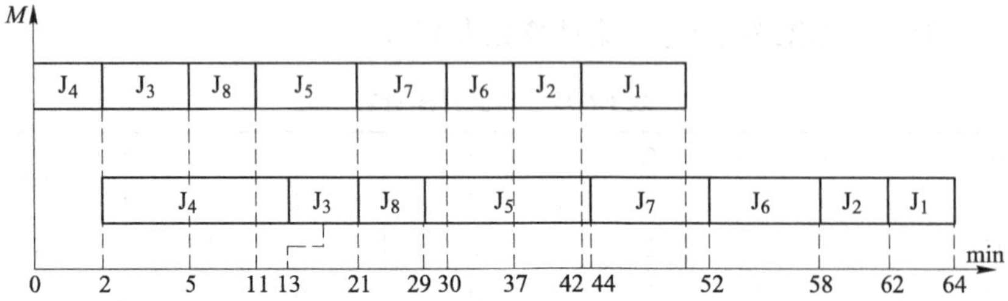

图 F7-19　加工甘特图

则总加工周期为：13+21+29+44+52+58+62+64=343（min）；

平均加工周期为：343/8＝42.875（min）。

（25）根据 Johnson-bellman 算法最优修理顺序：B-A-D-E-C，绘制甘特图，计算平均修理时间为：(14+39+58+67+70)/5＝49.6（min）。

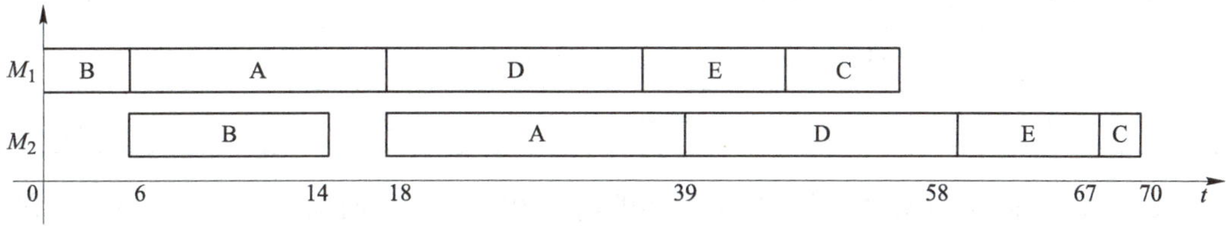

甘特图

（26）利用典型的 FCFS、SPT、EDD、STR 和 LCFS 等规则排序，得到的加工顺序及加工时间等统计见表 F7-13。以 FCFS 规则为例按订货排序的加工顺序为 A—B—C—D—E，对应的开始时间分别为 0—3—7—9—15，结束时间分别为 3—7—9—15—16，延期时间分别为 0—1—2—6—14，平均流程时间为：(3+7+9+15+16)/5＝10（天），平均延期为：(0+1+2+6+14)/5＝4.6（天）。

表 F7-13　不同优先规则对应的加工顺序及统计指标　　（天）

规则	加工顺序	开始时间	结束时间	延期时间	平均流程时间	平均延期
FCFS	A—B—C—D—E	0—3—7—9—15	3—7—9—15—16	0—1—2—6—14	10	4.6
SPT	E—C—A—B—D	0—1—3—6—10	1—3—6—10—16	0—0—1—7—7	7.2	2.4
EDD	E—A—B—C—D	0—1—4—8—10	1—4—8—10—16	0—0—2—3—7	7.8	2.4
LCFS	E—D—C—B—A	0—1—7—9—13	1—7—9—13—16	0—0—2—7—11	9.2	4
STR	E—A—B—D—C	0—1—4—8—14	1—4—8—14—16	0—0—2—5—9	8.6	3.2

从表中统计指标来看，单规则排序中 SPT 规则比其他规则要好，在 N 个作业 1 台设备的情况下，SPT 准则最优。

（27）按 EDD 规则得到的工件加工顺序 J_4—J_3—J_5—J_2—J_1，此时平均延期为 0。如果存在延误期为 0 的排序方案，则采用 EDD+SPT 混合规则排序可以使平均流程时间最小，混合规则排序步骤如下：

1）$d_H \geqslant \sum p_i$（d_H表示 H 零件的交货期）；

2）$d_j \geqslant \sum p_i$的所有 j，当 $p_H \geqslant p_j$，H 排在 j 之后。

对本题来讲，$\sum p_i=3+7+1+5+4=20$，J_1和 J_2交货期符合要求，J_2排最后面第 5 位；剩下工件：$\sum p_i=3+1+5+4=13$，J_1和 J_5交货期符合要求符合要求，J_5排后面第 4 位；剩下工件：$\sum p_i=3+1+5=9$，J_1交货期符合要求，J_1排后面第 3 位；剩下工件：$\sum p_i=1+5=6$，J_3和 J_4交货期符合要求，J_4排后面第 2 位，最后剩下 J_3排第 1 位。最终加工顺序为：J_3—J_4—J_1—J_5—J_2。方案对比见表 F7-14，可以看出 SPT+EDD 混合规则在延期为 0 的情况下，平均流程时间相对 EDD 规则减少 1.8 天。

表 F7-14 不同规则的工件加工顺序及统计指标 （天）

规则	加工顺序	开始时间	结束时间	平均流程时间	平均延期
SPT	J_3—J_1—J_5—J_4—J_2	0—1—4—8—13	1—4—8—13—20	9.2	1.4
EDD	J_4—J_3—J_5—J_2—J_1	0—5—6—10—17	5—6—10—17—20	11.6	0
SPT+EDD	J_3—J_4—J_1—J_5—J_2	0—1—6—9—13	1—6—9—13—20	9.8	0

（28）应用 Johnson 算法，从加工时间矩阵中找出最短加工时间为 1 个时间单位，它出现在 M_1上，相应的工件 2 应尽可能地往前排，即将工件 2 排在第 1 位。划去工件 2 的加工时间。余下加工时间中最小者为 2，它出现在 M_2上，相应的工件 3 应尽可能往后排，于是排到最后一位第 6 位，划去工件 3 的加工时间，继续按 Johnson 算法安排余下工件的加工顺序。最后求得最优加工顺序为：J_2—J_5—J_6—J_1—J_4—J_3，画出加工甘特图如图 F7-20 所示，求得最优方案的最大流程时间为 $F_{max}=28$（min），平均流程时间为：$(3+11+15+22+26+28)/6=13.21$（min）。

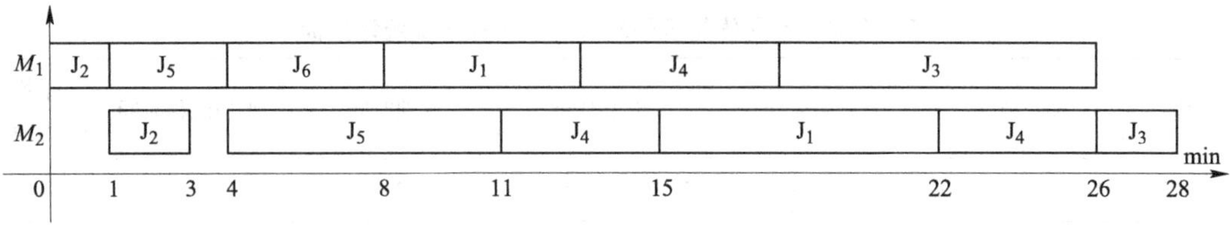

图 F7-20 最优顺序对应的加工甘特图

（29）$\lambda_i=\sum_{k=1}^{m}[k-(3+1)/2]\times p_{ik}\quad k=1，2，3$

$\lambda_i=-p_{i1}+p_{i3}$，$\lambda_1=-p_{11}+p_{13}=-1+4=3$，$\lambda_2=-p_{21}+p_{23}=-2+5=3$，$\lambda_3=-p_{31}+p_{33}=-6+8=2$，$\lambda_4=-p_{41}+p_{43}=-3+2=-1$。按 λ_i 不增的顺序排列工件，得到加工顺序 J_1—J_2—J_3—J_4和 J_2—J_1—J_3—J_4，恰好这两个顺序都是最优顺序。若不是这样，则从中挑选较优者。在最优顺序 J_1—J_2—J_3—J_4下，画出加工甘特图如图 F7-21 所示，求得最优方案的最大流程时间为 $F_{max}=28$（min），平均流程时间为 $(13+18+26+28)/4=21.25$（min）。

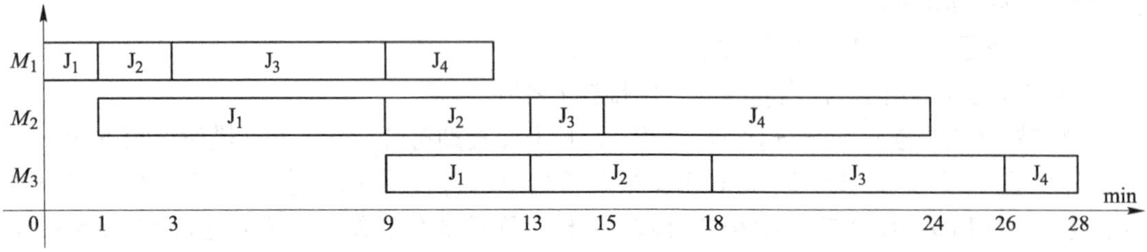

图 F7-21 最优顺序对应的加工甘特图

（30）按关键工件法计算出工件在每台设备上的单件工时与总工时矩阵表见表 F7-15。

表 F7-15　加工时间及总工时矩阵　(min)

工件 J_i	J_1	J_2	J_3	J_4
M_1（p_{i1}）	1	2	6	3
M_2（p_{i2}）	8	4	2	9
M_3（p_{i3}）	4	5	8	2
$P_i=\sum p_{ij}$	13	11	16	14

1）总加工时间最长的工件为 3 号工件 J_3，总加工时间 $p_3=16$（min）。

2）余下的工件为 1、2、4 号工件，$p_{i1}\leqslant p_{i3}$的工件为 1、2 号；按 p_{i1}不减（相等或增加，$p_{11}=1$，$p_{21}=2$）的顺序排成一个序列 $S_a=(J_1，J_2)$；$p_{i1}>p_{i3}$的工件为 4 号工件，按 p_{im}不增（相等或减少）顺序排成一个序列 $S_b=(J_4)$。

3）近优解的顺序（S_a，C，S_b）即为（J_1—J_2—J_3—J_4），求得该近优解的最大流程时间为 $F_{max}=28$（min）。若有多个选择方案则选择最优的一个方案。

（31）对 $4/3/F/F_{max}$问题，采用 CDS 法求解见表 F7-16。

表 F7-16　用 CDS 法求解结果　(min)

工件 J_i		J_1	J_2	J_3	J_4
M_1（p_{i1}）		1	2	6	3
M_2（p_{i2}）		8	4	2	9
M_3（p_{i3}）		4	5	8	2
$L=1$	p_{i1}	1	2	6	3
	p_{i3}	4	5	8	2
$L=2$	$p_{i1}+p_{i2}$	9	6	8	12
	$p_{i2}+p_{i3}$	12	9	10	11

$L=1$ 时，按 Johnson 算法得到的加工顺序为 J_1—J_2—J_3—J_4，此时 $F_{max}=28$（min）。$L=2$ 时，按 Johnson 算法得到的加工顺序为 J_2—J_3—J_1—J_4，此时 $F_{max}=29$（min）。相应的取加工顺序 J_1—J_2—J_3—J_4的排序为最优结果。

（32）1）画出装配网络图如图 F7-22 所示。

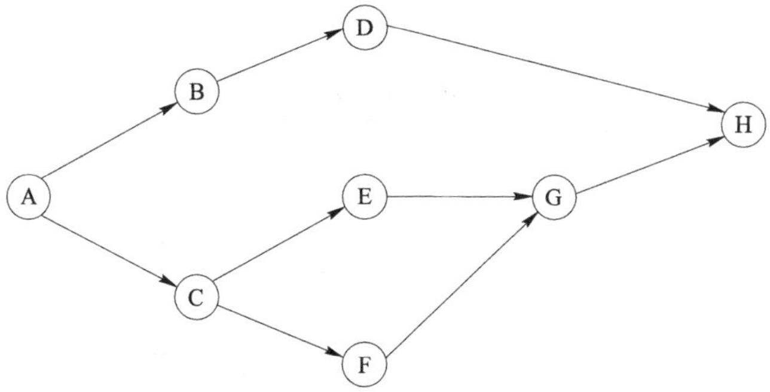

图 F7-22　装配网络图

2）计算生产节拍 $C=F_e/N=450/360=1.25$min/单位$=75$s/单位。

3）用后续作业最多规则平衡该装配线，用作业时间最长规则作为第二规则，可能最小工作地数=作业时间和/节拍=275/75=4（取整数），流水线平衡结果见表 F7-17。

表 F7-17 流水线平衡结果

工作地	待分配作业	剩余时间/s	可能的后续作业	选择的作业
1	A	45	B，C	C
	C	15	—	—
2	B	40	D，E	E
	E	25	—	—
3	D	40	—	—
4	F	10	—	—
5	G	35	H	H
	H	10	—	—

4）流水线平衡后的效率为：[275/(75×5)]×100%=73.3%。

（33）某生产线计划每天产量为 240 单位，日工作时间为 8 小时，各作业的时间及作业的先后顺序如图 F7-23，试对生产线进行平衡。要求：1）计算生产线节拍；2）计算所需最少的工作站数量的理论值；3）绘制各作业的关系图；4）使用最长作业时间原则以最少的工作地数量进行作业装配分配；5）进行作业分配见表 F7-18。

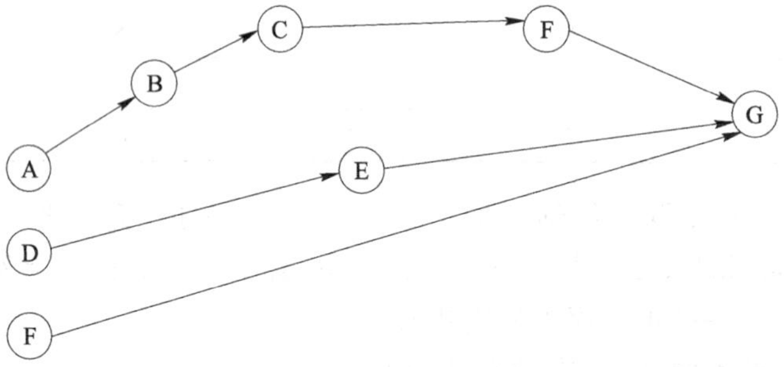

图 F7-23 各作业的关系

表 F7-18 作业装配分配

工作地	剩余时间/min	待分配的作业	分配作业	工作地空闲时间/min
1	2.0	A，D	D	
	1.6	A，E	E	
	0.4	A	A	0.2
2	2.0	B	B	
	1.6	C	C	
	1.4	F	F	0.2
3	2.0	G	G	1.0

8 “精益生产管理习题”参考答案

8.1 对错判断题

(1)~(5)√√√×× (6)~(10)√√√×√ (11)~(15)××√×√
(16)~(20)×√××× (21)~(25)×√√×× (26)~(30)×××××
(31)~(35)×××√√ (36)~(40)×√√×√ (41)~(45)××××√

8.2 单项选择题

(1)~(5)DCDDB (6)~(10)ABDAC (11)~(15)BBCAA (16)~(20)AACDC
(21)~(25)BBDBB (26)~(30)BCBAD (31)~(35)DDDAA (36)~(37)BC

8.3 多项选择题

(1)ABCDE (2)ABCDE (3)ABDE (4)ACE (5)ACE
(6)ABCDE (7)ABE (8)ABCD (9)ABCD (10)ABCDE

8.4 专业名词翻译题

(1) 准时制生产 (2) 基于时间的竞争 (3) 丰田生产方式
(4) 目视管理 (5) 最优生产技术 (6) 精益生产
(7) 生产工程 (8) 制造工程 (9) 敏捷制造
(10) 智能制造

8.5 简答题

(1) 物料库存成本包括哪些内容?

1) 物料成本：是指购买或生产物料所花的费用，它等于物料的单价（生产成本）乘以年总需求量；2) 订货成本：又称为采购成本，用于对外订货，是指每次订货或采购所发生的全部费用；3) 工装、设备调整费用：又称为作业更换成本，生产准备成本，是指在批量生产方式下，加工对象发生变化（即作业更换）时所发生的费用；4) 库存保管成本：又称为储存成本、保存成本，是指储存、保管库存物料所发生的各项费用；5) 缺货成本：试制生产、经营过程中因库存不足出现缺货所造成的各项损失。

(2) JIT 的含义和主要思想是什么?

JIT（Just In Time）是 20 世纪 80 年代初日本丰田汽车公司创立的一种生产管理技术，JIT 的基本思想是“只在需要的时候，按需要的量，生产所需的产品”。JIT 的管理理念是在正确的时间、正确的地点、干正确的事情，以期达到零库存、无缺陷和低成本的理想生产模式。

(3) 库存有哪些作用和弊端?

库存的作用是维持销售产品的稳定、维持生产的稳定、平衡企业物流、平衡流通资金的占用。库存的弊端主要有：占用企业大量资金、增加了企业的产品成本与管理成本、掩盖了企业众多管理问题，如计划不周、采购不力、生产不均衡、产品质量不稳定和市场销售不力等。

(4) 简述零库存管理的目的。

零库存管理的目的是通过降低库存，发现管理中存在的问题，然后解决这些暴露出来的问题，使生产系统得到改善，零库存管理体现出精益生产和追求尽善尽美的管理思想。

(5) 为什么说 JIT 是一种理想的生产方式?

JIT 是一种理想的生产方式：1）设置了一个最高标准，一种极限，就是“零缺陷”“零库存”，使得改进永无止境；2）提供一个不断改进的途径，即降低库存—暴露问题—降低库存（提高质量）—暴露问题，无限循环的过程。

（6）JIT 的目标是什么？

JIT 的目标是彻底消除无效劳动和浪费，具体要达到以下目标：1）废品量最低（零废品）；2）库存量最低（零库存）；3）准备时间最短（零准备时间）；4）生产提前期最短；5）减少零件搬运，搬运量低；6）机器损坏低。

（7）什么是浪费？制造过程中有哪些浪费？

不增加价值的活动就是浪费。制造过程中存在着八种浪费：1）库存的浪费；2）制造过多的浪费；3）不良修理的浪费；4）搬运的浪费；5）停滞的浪费；6）管理的浪费；7）动作的浪费；8）过分加工的浪费。

（8）简述精益生产的特点。

精益生产的主要特点包括：1）强调人的作用，推行“以人为中心”的管理；2）改变传统观念，永无休止地、无情地消除浪费，以尽善尽美作为追求目标；3）实现生产过程的同步化；4）将“推动式”生产控制系统变为“拉动式”生产控制系统。

（9）简述精益生产的基本原理。

1）不断改进（指导思想）：改进就是永远不满足于现状，不断地发现问题，寻找原因，提出改进措施，改变工作方法，使工作质量不断提高；2）消除对资源的浪费（目标）：对资源的占用和对资源的利用只能做出相对比较，而对库存和质量可以给出一个绝对的标准，那就是零库存和零缺陷。只有达到“双零”，才能说在质量与库存方面完全消除了浪费；3）协力工作，团队合作：团队工作是将职业、背景和专长不同的人组织到一起，以团队的形式完成特定任务的工作方式，它是对传统的分工方式的革命；4）沟通（实现精益生产的保证）：人员之间、部门之间、本企业与顾客、供应厂之间都需要沟通和及时传递信息，相互了解，促进现代化的通信手段是实现组织之间沟通的物质条件。

（10）什么是网络化制造？

网络化制造是指通过采用先进的网络技术、制造技术及其他相关技术，构建面向企业特定需求的基于网络的制造系统，并在系统的支持下，突破空间对企业生产经营范围和方式的约束，开展覆盖产品整个生命周期全部或部分环节的企业业务活动，实现企业间的协同和各种社会资源的共享与集成，高速度、高质量、低成本地为市场提供所需的产品和服务。

（11）什么是智能制造？

智能制造包含智能制造技术和智能制造系统：智能制造技术是指利用计算机模拟制造专家的分析、判断、推理、构思和决策等智能活动，并将这些智能活动与智能机器有机地融合起来，将其贯穿应用于整个制造企业的各个子系统，以实现整个制造企业经营运作的高度柔性化和集成化，从而取代或延伸制造环境中专家的部分脑力劳动，并对制造业专家的智能信息进行收集、存储、完善、共享、继承和发展的一种极大地提高生产效率的先进制造技术。智能制造系统是指基于 IMT，利用计算机综合应用人工智能技术（如人工神经网络、遗传算法等）、智能制造机器、代理技术、材料技术、现代管理技术、制造技术、信息技术、自动化技术、并行工程、生命科学和系统工程的理论与方法，在国际标准化和互换性的基础上，使整个企业制造系统中的各个子系统分别智能化，并使制造系统形成由网络集成的、高度自动化的一种制造系统。

8.6 论述题

（1）精益生产的主要内容包括与用户的关系、新产品开发、准时生产制、与供应商的关系等方面。

第一，与用户的关系：1）营销组织体系，通常是通过自己的销售渠道而不是中间商销售产品。2）销售方式，由经销人员登门拜访，挨家挨户推销，被称为主动销售。

第二，新产品开发：不断开发新产品是形成竞争优势的一个主要因素。如何缩短新产品开发周期，是成功推出新产品形成竞争优势的一个主要因素，是成功推出新产品的关键。精益生产在产品开发上有四个方面与大量生产不同：领导，协力工作，沟通，并行开发。

第三，准时生产制：就是按必要的时间、必要的数量、生产必要的产品，准时生产制是一种讲求最大经济效益的生产管理制度，强调"准时"和"准量"，不单纯追求高设备开工率、高劳动生产率和高产值。它的基本思想在于，严格按用户要求生产产品，尽量缩短生产周期，压缩在制品用量，从而最大限度地节约开支，提高效率，降低成本，增加收入。准时生产的特点是：1）后工序到前工序提取零部件；2）小批量生产，小批量传送；3）用最后的装配工序来调节整个生产过程。组织准时生产的条件有：1）生产过程的均衡化；2）设备的快速装换调整；3）工序设计与设备合理化布置；4）预防性设备维修；5）多技能作业员；6）标准化作业；7）全面质量管理。

第四，与供应商的关系：1）典型的 JIT 系统有着密切的供应商关系，他们希望供应商经常提供小运输量的高质量产品；2）供应商必须愿意且能提供进行规则的小批量运送，理想中的供应商自己也在 JIT 系统下运作，买方往往根据自己的经验帮助供应商转换到 JIT 生产系统；3）在 JIT 采购系统中，好的卖方关系很重要。买方设法减少供应商名单，重点维持和几个好供应商之间的密切关系。

9 “生产计划与控制系统开发习题”参考答案

9.1 单项选择题

(1)~(5) ADCAA　(6)~(9) CDBC

9.2 简答题

(1) 需求分析的任务是什么?

一般说来，需求分析阶段的任务包括：确定对系统的综合需求；分析系统的数据需求；导出系统的逻辑模型；修正系统开发计划；开发原型系统。

(2) 信息系统对企业管理的影响是什么?

企业管理主要包括计划、组织、领导和控制四大职能方面，其中任何一方面都离不开信息系统的支持。1) 信息系统对计划职能的支持主要包括：支持计划编制中的反复试算，支持对计划数据的快速、准确存取，支持计划的基础——预测，支持计划的优化；2) 信息系统对组织职能的支持在于信息技术是现阶段对企业组织进行改革的有效的技术基础，信息技术的发展促使企业组织重新设计、企业工作的重新分工和企业职权的重新划分，从而进一步提高企业的管理水平；3) 信息系统对领导职能的支持：领导者在信息方面的职责是作为信息汇合点和神经中枢，对内对外建立并维持一个信息网络，以沟通信息，及时处理矛盾和解决问题，由此可见信息系统在支持领导职能方面的重要作用；4) 信息系统对控制职能的支持：为了实现管理的控制职能，需要随时掌握反映管理运行动态的系统监测信息和调控所必要的反馈信息，而这些都要由信息系统支持和辅助。

(3) 简述物理数据模型的特点和作用。

物理数据模型（Physical Data Model，PDM）提供了系统初始设计所需要的基础元素，以及相关元素之间的关系。用于存储结构和访问机制的更高层描述，描述数据是如何在计算机中存储的，如何表达记录结构、记录顺序和访问路径等信息。使用物理数据模型，可以在系统层实现数据库，自动从模型中导出数据库的架构。

(4) 什么是 B/S 架构，B/S 架构的特点?

B/S 即 Browser/Server 结构，就是只安装维护一个服务器（Server），而客户端采用浏览器（Browser）运行软件，B/S 架构应用程序相对于传统的 C/S 架构应用程序是一个非常大的进步。B/S 架构的主要特点是分布性强、维护方便、开发简单、共享性强和总体拥有成本低。但数据安全性问题、对服务器要求过高、数据传输速度慢和软件的个性化特点明显降低，难以实现传统模式下的特殊功能要求，实现复杂的应用构造有较大的困难。

9.3 分析题

(1) 学生选课局部 E-R 图如图 F9-1 所示，教师授课局部 E-R 图如图 F9-2 所示，全局 E-R 图如图 F9-3 所示（图中，1∶1 表示 1 对 1 关系，1∶m 和 1∶n 表示 1 对多关系，m∶n 表示多对多关系）。

该全局 E-R 图转换为等价的关系模型表示的数据库逻辑结构如下：

单位（单位名，电话）；

教师（教师号，姓名，性别，职称，单位名）；

课程（课程编号，课程名，单位名）；

学生（学号，姓名，性别，年龄，单位名）；

讲授（教师号，课程编号）；

选修（学号，课程编号）。

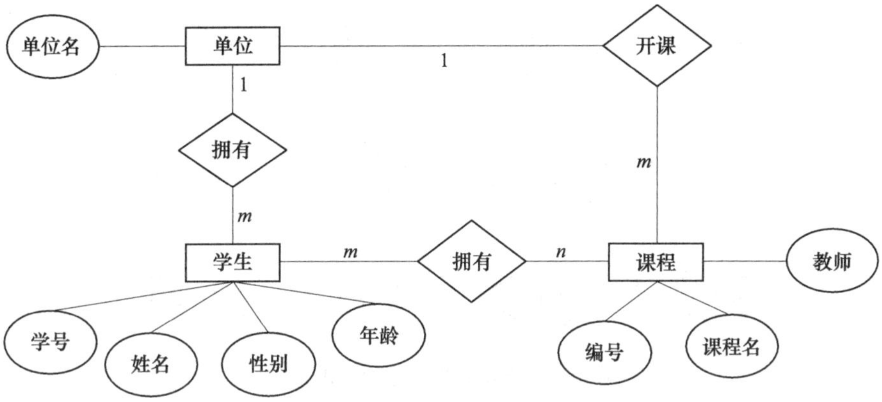

图 F9-1　学生选课局部 E-R 图

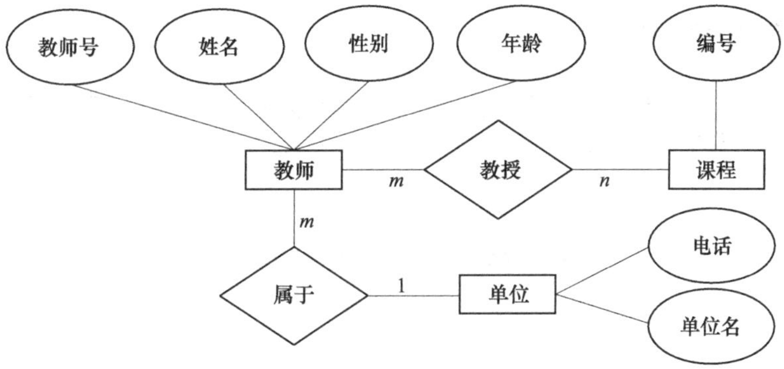

图 F9-2　教师授课局部 E-R 图

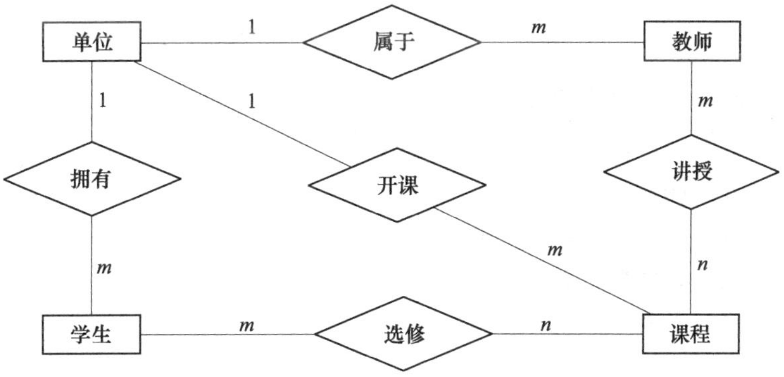

图 F9-3　全局 E-R 图

（2）学籍管理 E-R 图如图 F9-4 所示，教师授课 E-R 图如图 F9-5 所示（图中，1∶1 表示 1 对 1 关系，1∶n 和 1∶m 表示 1 对多关系，m∶n 表示多对多关系）。

学籍管理子系统的各个实体的属性分别为：

学生（学号，姓名，性别，出生日期，系别，何时入校，平均成绩）；

班级（班级号，学生人数）；

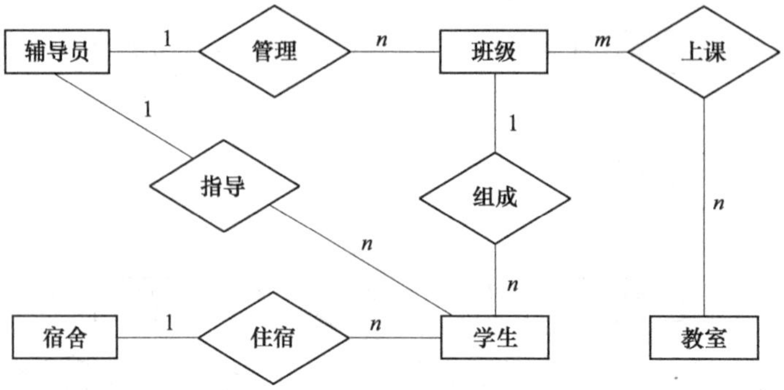

图 F9-4 学籍管理子系统的 E-R 图

辅导员（职工号，姓名，性别，工作时间）；
宿舍（宿舍编号，地址，人数）；
教室（教室编号，地址，容量）。

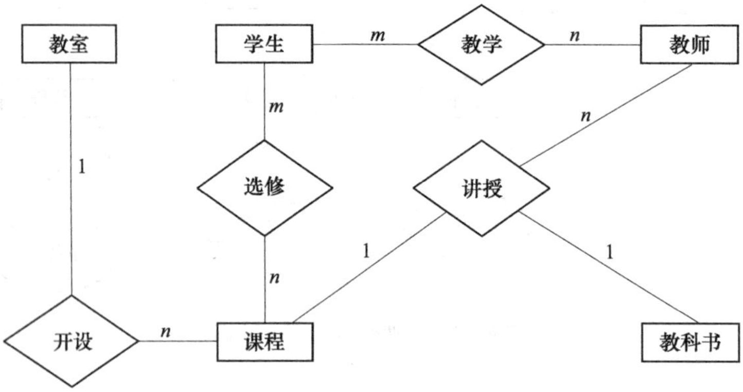

图 F9-5 教师授课局部 E-R 图

课程管理子系统各个实体的属性分别为：
学生（学号，姓名，性别，年龄，入学时间）；
课程（课程号，课程名，学分）；
教科书（书号，书名，作者，出版日期，关键字）；
教室（教室编号，地址，容量）；
教师（职工号，姓名，性别，职称）。

10 “生产计划与控制新发展习题”参考答案

10.1 对错判断题

(1)~(5)√√×√×　(6)~(10)×√×√√　(11)~(15)×√√√√

(16)~(20)√×√×√　(21)~(25)√√√√√

10.2 单项选择题

(1)~(5)DDCAB　(6)~(10)DDCCB　(11)B

10.3 多项选择题

(1)ABCE　(2)ABCDE　(3)ABCDE　(4)AD　(5)BCDE　(6)ABE　(7)ACDE

(8)ACDE　(9)ABCDE

10.4 专业名词翻译题

(1) 制造执行系统　(2) 先进制造技术　(3) 高级计划与排程

(4) 企业流程再造　(5) 生产线平衡　(6) 团队工作

(7) 按订单装配　(8) 推动式生产　(9) 拉动式生产

(10) 人力资源　(11) 供应链管理　(12) 全面质量管理

(13) 计算机集成制造系统　(14) 个人对个人模式　(15) 商家对个人模式

(16) 商家对商家模式　(17) 顾客服务

10.5 简答题

(1) 简述5W2H分析法。

5W2H分析法为企业管理、技术活动以及日常活动，尤其是决策和执行性的活动提供了一种整体性的思维方法，即思考为什么（Why）、做什么（What）、何人做（Who）、何时（When）、何地（Where）、如何（How）、多少（How much）的问题。

(2) 什么是业务流程重组？

业务流程重组强调以业务流程为改造对象，以关心客户满意度为目标，对企业或部分业务流程进行根本的再思考和彻底的再设计，最终实现企业经营在成本、质量、服务和速度等方面的改善，业务流程重组的四个核心内容是“根本性”“彻底性”“戏剧性”和“流程”。

(3) 简述企业流程再造的特性。

1）企业流程再造的出发点是顾客而不是上司；2）企业流程再造的对象是业务流程而不是组织结构；3）企业流程再造需要应用信息技术但不等于自动化；4）企业流程再造适用于各类企业而不只是困境企业。

(4) 简述企业流程再造理论提出的历史背景。

1）传统劳动分工理论的失效；2）“3C”力量的冲击，即顾客、竞争、变化三要素对传统的组织形式、管理模式和业务流程提出挑战；3）企业中僵化的官僚体制和人的因素对企业再造的影响。

(5) 企业流程再造的实施需要做好哪些准备工作？

1）选好企业流程再造的领导人；2）树立适度的危机意识和勾画公司远景，形成“形势宣言”和“远景宣言”；3）组建强而有力的再造工程指导团；4）做好面对阻力的思想准备。

（6）创新设计新流程可采用的主要策略有哪些？

1）废除：以“是否确信为必要活动”的眼光重新审定向来被企业视为“理 所当然”的活动，废除对产品“增值”无效的环节；2）合并：把分散在不同职能部门、由多名专业人员完成的几项活动，压缩成一项相对独立的任务，由一个人或一个团队来完成；3）分散：将专业的职能打散融进各系统中；4）改变：改变活动间的顺序或改变活动间的逻辑关系；5）自动化：在企业流程再造中有效地使用信息技术。

（7）实现大规模定制的主要障碍是什么？

1）客户需求采集：客户需求采集非常困难，主要是因为网上的沟通存在许多障碍；2）生产流程的柔性：对于每一个产业来说，也只有某些特定的流程达到了足够的柔性，因此只有某些特定的产品特性能够客户化；3）物流支持：物流并不仅仅是困扰大规模定制的一个难题，事实上它也是进行所有的电子商务（如 B2C、B2B 等）所面临的问题。

（8）“推动式”与“拉动式”生产作业管理方式的区别是什么？

推动式与拉动式是两种不同的作业管理方式。推动方式下，每一工序工作中心按计划制造工件，不管后续工序工作中心当时是否需要。而拉动式系统，由代表顾客需求的订单开始，根据市场需求制定主生产计划和总装顺序计划，从产品总装配出发，每个工作中心按照当时对零部件的需要，向前一工序提出要求，发出工作指令，前工序中心完全按照这些指令进行生产。这样反工艺顺序地逐级“拉动”前面的工作中心，直至“拉”到供应厂或协作厂。

（9）简述延迟制造模式实施的前提条件。

产品可以模块化生产，零部件可标准化、通用化，经济上具有可行性，适当的交货提前期，过短的提前期不利于延迟制造的实施，过长的提前期则无需实施延迟制造。

（10）供应链管理的含义？

供应链管理围绕核心企业，主要通过信息手段对供应各个环节中的各种物料、资金、信息等资源进行计划、调度、调配、控制与利用，形成用户、零售商、分销商、制造商、采购供应商的全部供应过程的功能整体；以最小的成本，从采购开始到满足最终顾客的所有过程，包括工作流、实物流、资金流和信息流，均能有效地操作，把合适的产品以合理的价格，及时送到消费者手上。

（11）什么是牛鞭效应？哪些因素造成了牛鞭效应？

营销过程中的需求变异放大现象被通俗地称为“牛鞭效应”，具体是指供应链上的信息流从最终客户向原始供应商端传递时候，由于无法有效地实现信息的共享，使得信息扭曲而逐渐放大，导致了需求信息出现越来越大的波动。造成牛鞭效应的因素：1）基于订单的预测；2）批量订货；3）竞争性的价格策略；4）产品短缺时按比例供应的策略。

10.6　案例分析题

（1）以流线化生产思想为指导，根据目标和现状分析，考虑产线平衡建立 4 条生产线；将工序及其设备按顺序集中摆放，采用单件流动方式，减少在制品数量；放弃一人一工序的单能工配置方式，采用多能工配置方式，以生产节拍为基础决定人员配置。改善后的铸造厂生产流程示意图如图 F10-1 所示，改善效果模拟对比如图 F10-2 所示。

（2）解决问题的方案应当在不牺牲顾客服务水平前提下改善这一状况。减少库存和同时提供高质量的服务应成为公司管理的重点，并着重于供应商管理以降低供应的不确定

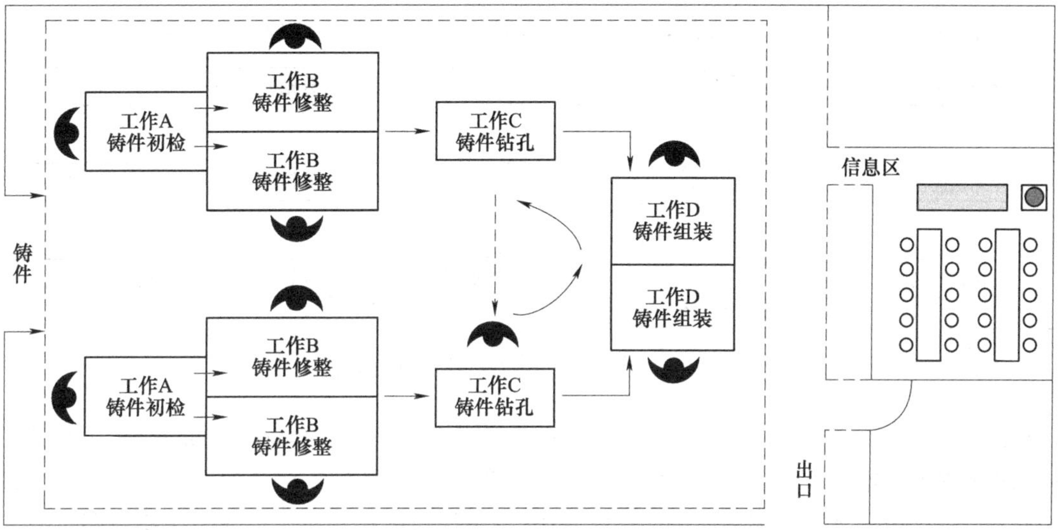

图 F10-1　改善后铸造厂生产流程示意图

项目	改善前	改善后	改善成果
交货期	7天	3天	后续持续改善目标1天
作业人员	11人	9人	减少2人，持续提高自动化水平
生产能力	110件/日	280件/日	劳动生产率提高155%
返修率	23%	13%	返修率降低43%
空间占用	1450m^2	920m^2	减少37%
无形成果			现场环境改善 物料顺畅距离减少，员工有效协作

图 F10-2　生产流程改善效果模拟对比

性，减少机器闲置时间。提高对需求不确定性的适应能力。改进之前的供应链模式如图 F10-3 所示。

针对安全库存过高、海运时间较长、供应链过程中的不确定性等问题，采用延迟制造策略，将最终产品的制造由生产商延迟到销售商处实现。在温哥华生产通用打印机（中间产品），分销中心进行定制化工作。温哥华惠普公司完成主要的生产制造过程，包括印刷电路板组装与测试（Printed Circuit Board Assembly and Test，PCAT）和总机装配（Final Assembly and Test，FAT）。PCAT 过程中，电子组件（诸如 ASICs、ROM 和粗印刷电路板）组装成打印头驱动板，并进行相关的测试；FAT 过程中，电动机、电缆、塑料底盘和外壳、齿轮、印刷电路板总装成打印机，并进行测试，其中的各种零部件原材料由惠普的子公司或分布在世界各地的供应商供应。

分销中心主要完成最终产品的定制化工作，包括印刷电路板组装与测试（Printed

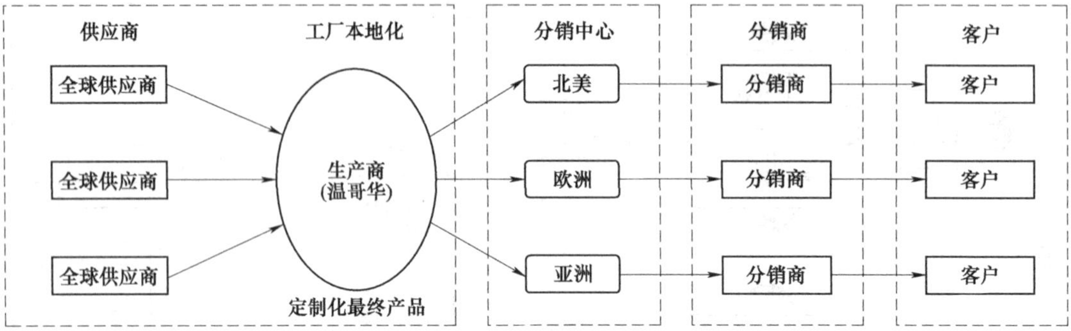

图 F10-3　改进之前的惠普打印机供应链模式

Circuit Board Assembly and Test，PCAT）和总机装配（Final Assembly and Test，FAT）。PCAT 过程中，电子组件（诸如 ASICs、ROM 和粗印刷电路板）组装成打印头驱动板，并进行相关的测试；FAT 过程中，电动机、电缆、塑料底盘和外壳、齿轮、印刷电路板总装成打印机，并进行测试。其中的各种零部件原材料由惠普的子公司或分布在世界各地的供应商供应。改进之后的惠普打印机供应链模式如图 F10-4 所示。

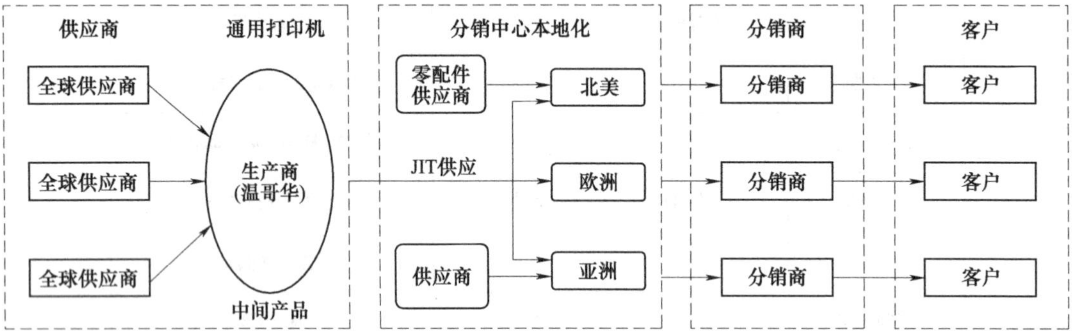

图 F10-4　改进之后的惠普打印机供应链模式

采用延迟制造策略后，改变了以前由温哥华的总机装配厂生产不同型号的产品，保持大量的库存以满足不同需求的情况。成品库存量大幅度缩减，成本也相应降低，电路板组装与总装厂之间基本实现无库存生产。同时，打印机总装厂对分销中心实施 JIT 供应，以使分销中心保持目标库存量。通过供应链管理，惠普公司实现了降低打印机库存量的目标，提高了服务水平。通过改进供应商管理，减少了因原材料供应而导致的生产不确定性和停工等待时间。安全库存周期相比以前减少，减少了库存投资，降低了库存管理成本。

除了降低成本，客户化延迟使得产品在企业内的生命周期缩短，从而对需求预测不准确性或者外界的需求变化都具有很好的适应性，一旦发现决策错误，可以在不影响顾客利益的情况下以较小的损失较快地加以纠正。由于通用打印机的价格低于同类客户化产品，从而又进一步节省了运输、关税等项费用。

10.7　论述题

（1）从用户角度看，企业的信息化工作不完善。现在许多系统在基础信息的收集方面已经做了不少工作，但是这些资源的利用效率与利用水平还很低；对于 BPR 的概念和重要性，许多企业还没有充分重视。(2) 大量的研究与实践表明，ERP 应用的成败并不取决于技术、资金、互联网系统、应用软件和软件实施，而主要取决于企业自身主体意识。企业能否科学地做出推进 ERP 应用的决策；能否善于把 ERP 管理系统工程与企业创新工程实行有机的结合，以提高 ERP 应用水平和管理水平。(3) 企业自身的管理存在问题。自身的计划混乱使企业不知道自己的近期和远期目标是什么，管理中的随意性、有规矩不遵守等现象都阻碍了企业向规范化企业发展。(4) 除了企业自身原因之外，对于 ERP 实施的失败，厂商也有不可推卸的责任。有些厂商不在理论推广、软件研制、实施服务上下功夫，而是热衷于做言过其实的广告，使企业失去了对厂商的信任。(5) 从服务角度看，现在还缺乏专业化的 ERP 服务业。软件供应商每卖出一套软件，就必须承担一个客户企业的售后服务工作。但是售后服务工作量大，以至售后服务成为制约软件厂商发展的障碍。(6) 从咨询角度来看，咨询公司是厂商和用户之间的桥梁，帮助厂商减轻负担，帮助用户重组、规划以及提出有益的建议。但是咨询公司按小时计算的高昂收费常常使企业用户望而却步，咨询公司并没有真正起到桥梁的作用。(7) 要保证企业成功实施 ERP，首先离不开企业高层强有力的支持。如果企业高层不能清醒认识实施 ERP 的目的和风险，就不会注入足够资源到项目中，不会投入足够精力参与项目的各种重大决策。(8) 企业业务部门的参与。业务部门的充分参与使项目组有足够的授权，不但可以使项目中问题的决策周期大大缩短，而且更重要的是使企业整体更早做好迎接管理变革的准备。(9) 项目资源充分。大多数企业由于开始没有充分认识到 ERP 项目的意义，只是投入少数人员组成项目小组，使项目组在实施中面临极大的压力。(10) 企业与咨询方的密切合作和项目理解。咨询方的责任是很重要的，它主要向用户提供管理改进的建议、技术支持以及知识传递。(11) 合理期望和明确的项目目标。对第一次实施大规模 ERP 系统的企业来说，应该制定合理的、需要阶段性实现的目标；而且他们必须认识到实施 ERP 最根本的成果是把企业资源整合起来，提高企业整体管理水平和运作效率。(12) 内部沟通要充分，顺畅的沟通可以提高问题处理和决策的效率。(13) 充分的用户培训，使用 ERP 系统将在较大程度上改变员工现有的操作方式或流程。

参 考 文 献

[1] 程控，革扬 . MRP Ⅱ/ERP 原理与应用［M］. 北京：清华大学出版社，2008.

[2] 王丽莉 . 生产计划与控制［M］. 北京：机械工业出版社，2006.

[3] 王巍，姜雪松 . 生产计划与控制［M］. 哈尔滨：东北林业大学出版社，2016.

[4] 邓华 . 生产计划与控制［M］. 北京：中国纺织出版社，2017.

[5] 李怀祖 . 生产计划与控制［M］. 北京：中国科学技术出版社，2005.

[6] 孙树栋，杨宏安 . 生产运作与管理［M］. 北京：科学出版社，2010.

[7] 张英奎，姚水洪 . 生产运作与管理［M］. 北京：高等教育出版社，2017.

[8] 冯根尧 . 生产运作与管理［M］. 重庆：重庆大学出版社，2009.

[9] 谷祥盛 . 生产运作与管理［M］. 广州：广东经济出版社，2013.

[10] 赵雪松 . ERP 基础［M］. 北京：清华大学出版社，2014.

[11] 潘尔顺 . 生产计划与控制［M］. 上海：上海交通大学出版社，2015.

[12] 马士华，林勇 . 供应链管理［M］. 北京：机械工业出版社，2016.

[13] 陈荣秋，马士华 . 生产运作与管理［M］. 北京：高等教育出版社，2017.

[14] 汤铃，余乐安，李建平，等 . 复杂时间序列预测技术研究［M］. 北京：科学出版社，2017.

[15] 王立柱 . 时间序列模型及预测［M］. 北京：科学出版社，2019.

[16] 余建国 . 工业生产计划与控制［M］. 北京：冶金工业出版社，2020.

[17] 约瑟夫 · G. 蒙克斯运营管理学习指南与习题集［M］. 任建标，译 . 北京：机械工业出版社，2005.

[18] 王晶 . 生产与运作管理核心理论及习题集［M］. 北京：机械工业出版社，2013.

[19] 杨宏安 .《生产计划与控制》作业集［M］. 西安：西北工业大学出版社，2006.

[20] 时瑛 . 现代企业管理习题册［M］. 2版 . 北京：中国劳动社会保障出版社，2019.

[21] 马风才 . 运营管理 . 学习指导与习题集［M］. 5 版 . 北京：机械工业出版社，2020.